हिमाचली सांस्कृतिक धरोहर के संरक्षक

डॉ.गौतम शर्मा 'व्यथित'

डॉ. सुरेश शर्मा

WKRISHIND
Nature's Creation

हिमाचली सांस्कृतिक धरोहर के संरक्षक: डॉ.गौतम शर्मा 'व्यथित'

Publisher: WKRISHIND.in
ISBN: 978-81-977924-2-7
Edition: I (2025)
MRP: ₹ 599

डॉ. सुरेश शर्मा

प्रकाशक की ओर से

यह हमारे लिए गर्व और प्रसन्नता का विषय है कि डॉ. सुरेश शर्मा द्वारा रचित यह उत्कृष्ट कृति "हिंमाचली सांस्कृतिक धरोहर के संरक्षक: डॉ. गौतम शर्मा 'व्यथित' " पाठकों के समक्ष प्रस्तुत की जा रही है। यह पुस्तक न केवल हिमाचल प्रदेश की समृद्ध सांस्कृतिक विरासत को समझने का माध्यम है, बल्कि डॉ. गौतम शर्मा 'व्यथित' जैसे समर्पित साहित्यकार, संस्कृति कर्मी, सांस्कृतिक विरासत के संरक्षक एवं संवर्धक, एवं अद्वितीय व्यक्तित्व को भी जीवंत रूप में हमारे समक्ष प्रस्तुत करती है।

डॉ. गौतम शर्मा 'व्यथित' का सम्पूर्ण जीवन हिमाचली संस्कृति के संरक्षण और संवर्धन के लिए समर्पित रहा है। उनका गहन अध्ययन, शोधकार्य ,साहित्यिक योगदान, और समाज सेवा का भाव आने वाली पीढ़ियों के लिए प्रेरणा का स्रोत है। इस पुस्तक के माध्यम से उनकी जीवनी और उनके कार्यों को व्यापक रूप से जन-जन तक पहुंचाना एक महत्वपूर्ण प्रयास है जिसे डॉ. सुरेश शर्मा ने अपनी लेखनी से साकार किया है। डॉ.सुरेश अपने आप में एक जानी-पहचानी शख्सियत हैं। वे संगीत, लेखन और नाट्य तथा सृजनात्मक कार्य में निरंतर लगे रहते हैं। शब्दों के चयन में सतर्कता, भावों की संवेदनशीलता तथा भाषा की गम्भीरता उनसे बेहतर और कौन समझ सकता है? डॉ. शर्मा वास्तव में संगीत, कला, साहित्य तथा संस्कृती के समर्पित पुजारी हैं।

पुस्तक के लेखन में लेखक का परिश्रम और शोध-वृत्ति स्पष्ट झलकती है। यह कृति न केवल इतिहास, साहित्य, लोक साहित्य, लोक कलाओं तथा संस्कृति के विद्वानों बल्कि शोधकर्ताओं के के लिए भी उपयोगी सिद्ध होगी। यह पुस्तक उन सभी पाठकों के लिए भी प्रेरणादायक होगी जो हिमाचल की सांस्कृतिक जड़ों को जानने और समझने में रुचि रखते हैं।

हम डॉ. सुरेश शर्मा के प्रति हार्दिक धन्यवाद व्यक्त करते हैं कि उन्होंने यह महत्वपूर्ण पुस्तक लिखने का दायित्व उठाया। हमें आशा ही नहीं बल्कि पूर्ण विश्वास है कि यह पुस्तक पाठकों के हृदय में एक विशेष स्थान बनाएगी और हिमाचली संस्कृति तथा सांस्कृतिक कार्यों में अपना जीवन समर्पित करने वालों को और अधिक समझने और सराहने के लिए प्रेरित करेगी।

आप सभी पाठकों का इस पुस्तक को अपनाने और सराहने के लिए आभार।

श्यामंकर सिंघरी (अतुल सिंह)
प्रकाशक, WKRISHIND.in (व्कृषिंद)

कृतज्ञता ज्ञापन

प्रस्तुत पुस्तक की निर्विघन प्रस्तुति के लिए लेखक सर्वप्रथम विद्या, बुद्धि, ज्ञान तथा संगीत की देवी माँ सरस्वती के श्री चरणों में नमन करता हुआ माता-पिता तथा गुरुओं के चरणों में नतमस्तक होकर श्रद्धा-सुमन अर्पित करता है जिनकी अपार कृपा, स्नेह, आशीर्वाद, एवं प्रोत्साहन से यह कार्य पूर्ण हो सका है।

मेरी संगीत यात्रा में सुरों के दिग्दर्शन करवाने हेतु पूज्य गुरुवर श्रद्धेय पण्डित भीम सेन शर्मा का हृदय की गहराईयों से आभार व्यक्त करता हूँ जिनकी कृपा से मुझे संगीत तथा जीवन दर्शन का वास्तविक बोध हुआ। कृतज्ञता, आभार जैसे शब्दों से मैं गुरुवर की गरिमा को हल्के में नहीं आँकना चाहता। गुरुवर के अथाह स्नेह, आशीर्वाद तथा अनुकम्पाओं के लिये नतमस्तक हूँ। मेरी प्रारम्भिक संगीत शिक्षा में पूजनीय गुरु प्रो. शुक्ला शर्मा का विशेष योगदान रहा है आपके श्री चरणों में शीश झुकाते हुये कृतज्ञता ज्ञापित करता हूँ। लेखक स्वर्गीय डॉ. सरयू कालेकर, पंडित एल. के पंडित तथा डॉ. सौभाग्यवर्धन वृहस्पति का भी उनकी कृपाओं के लिए कृतज्ञता ज्ञापित करता है।

लेखक इस पुस्तक के लिए विवेच्य व्यक्ति डॉ. गौतम शर्मा 'व्यथित' का विशेष रूप से आभार प्रकट करता है जिन्होंने कला, लोक संस्कृति, लोक संगीत, लोक नाट्य के गूढ़ अर्थों को समझाया तथा इस विषय पर भरपूर सहयोग देकर इस कार्य को सरल तथा सुगम बनाया। निश्चित रूप से यह सौभाग्य की बात है कि कला, संस्कृति, लोक साहित्य, लोक संगीत तथा लोक नाट्य

के क्षेत्र में हिमाचल प्रदेश में डॉ. गौतम शर्मा 'व्यथित' जैसा विद्वान, गुणी, साहित्यकार, संस्कृति कर्मी, विश्लेषक, लेखक, संरक्षक, तथा संवर्धक व्यक्ति तत्पर है जिसने अपना पूर्ण जीवन प्रदेश की कला, साहित्य, लोक संगीत, लोक विधाओं के संरक्षण तथा संवर्धन के लिए समर्पित कर दिया।

86 वर्षीय यह वयोवृद्ध संस्कृति कर्मी वर्तमान में भी हज़ारों कलाकारों, संगीत, लोक संगीत तथा लोक कलाकारों के लिए ऊर्जा, प्रोत्साहन तथा प्रेरणा का स्रोत है। लोक कलाओं के संकलन, संरक्षण एवं संवर्धन करने वाले डॉ. गौतम शर्मा 'व्यथित' का हृदय से आभार करते हुए लेखक उनके अच्छे स्वास्थ्य तथा दीर्घायु की कामना करता है। लेखक सौभाग्यशाली हैं कि उन्हें ऐसे गुणी, अनुभवी तथा कर्म-योगी का सानिध्य प्राप्त हुआ।

लेखक अपने मित्र तथा सहपाठी संगीत विभागाध्यक्ष हिमाचल प्रदेश विश्वविद्यालय जीतराम शर्मा जी का हृदय से आभार प्रकट करता है जिनकी प्रेरणा, प्रोत्साहन, सहयोग एवं मार्गदर्शन से यह कार्य संपन्न हो सका है। डॉ. जीत राम शर्मा एक सहृदय, सरल, गुणों से भरपूर विद्वान व्यक्ति तथा गुणी संगीतज्ञ हैं। इस कार्य में प्रत्यक्ष एवं अप्रत्यक्ष सहयोग के लिए लेखक हिमाचल प्रदेश विश्वविद्यालय के संगीत विभाग के सेवा निवृत्त आचार्य परमानन्द बसंल का विशेष रूप से आभार प्रकट करता है जिन्होंने हर समय लेखक को सकारात्मक ऊर्जा, प्रेरणा तथा सहयोग प्रदान किया। लेखक अपने परम प्रिय छोटे भाई एवं संगीताचार्य स्वर्गीय डॉ. लाल चंद को श्रद्धांजलि अर्पित करता है जिन्होंने इस कार्य को प्रारंभ करने के लिए पूर्ण सहयोग दिया। अल्पायु में इस गुणी एवं महान कलाकार का दुनियाँ से विदा हो जाना अपूर्णीय क्षति है।

लेखक इस कार्य में रचनात्मक सहयोग तथा साक्षात्कार देने के लिए हिमाचल प्रदेश के पूर्व मुख्यमंत्री शांता कुमार, सेवानिवृत्त पूर्व भारतीय प्रशासनिक अधिकारी के. सी. शर्मा, प्रसिद्ध दैनिक हिमाचल समाचार पत्र के मुख्य संपादक अनिल सोनी, हिमाचल प्रदेश संगीत अकादमी के सचिव डॉ. कर्म सिंह, स्वतंत्रता सेनानी तथा वरिष्ठ पत्रकार जय कुमार, डॉ. मीनाक्षी दत्ता, प्रसिद्ध हिंदी उपन्यासकार तथा कवियित्री प्रो. रेखा डढवाल, पूर्व हिमाचल प्रशासनिक अधिकारी प्रभात शर्मा, सेवानिवृत प्राचार्या मँजुला शर्मा, वरिष्ठ संगीत प्राध्यापक डॉ. हेमराज चंदेल, प्रबुद्ध चिंतक एवं वाग्येयकार डॉ. टी. सी. कौल, रमेश चन्द मस्ताना, पवनेन्द्र गुप्ता, नवनीत शर्मा, प्रसिद्ध हिमाचली लोक गायक करनैल राणा, सेवानिवृत प्राचार्य डॉ. बलवन्त ठाकुर, हिमाचल प्रदेश शिक्षा विभाग के संयुक्त निर्देशक डॉ. विद्या सागर, प्राचार्य प्रो. राम कृष्ण, डॉ. कोशपाल ठाकुर तथा सुशील पुण्डीर का उनके सहयोग के लिए हृदय से आभार प्रकट करता है। लेखक अपने प्रिय मित्र तथा गुणी प्राध्यापक साथी सचिन कुमार एवं उनकी धर्म-पत्नी प्रतिभा का उनके नि:स्वार्थ योगदान के लिए धन्यवाद प्रकट करता है।

लेखक अपने पूजनीय माता-पिता के श्री चरणों में नतमस्तक हैं जिन्होंने मुझे जीवन में किसी भी प्रकार की कमी का एहसास नहीं होने दिया। वे ही मेरे जीवन की संपत्ति हैं। लेखक अपनी धर्मपत्नी रेखा शर्मा का हृदय से आभार प्रकट करता है जिन्होंने अपना संपूर्ण जीवन शिक्षा, संगीत, समाज तथा गरीबों की सेवा के लिए अर्पित कर दिया। श्रीमती रेखा शर्मा स्वयं भी एक उत्कृष्ट एवं समर्पित संगीत शिक्षिका सिद्धांतवादी प्रशासक तथा उदाहरणीय समाज सुधारक हैं। शिक्षा जगत में उनकी ऐतिहासिक उपलब्धियाँ भी समाज के सामने हैं। वे ही लेखक के

संगीतिक, शैक्षिक तथा सामाजिक जीवन की शक्ति हैं। लेखक अपने बच्चों सुरंजन शर्मा, सुरनन्दिनी शर्मा तथा दामाद अपार तिवारी का हृदय से आभार प्रकट करता है। लेखक के सांगीतिक संघर्ष में परिवार के प्रत्यक्ष और अप्रत्यक्ष त्याग एवं सहयोग के बिना यह कार्य सम्भव नहीं था।

अंत में, लेखक व्कृषिंद **(WKRISHIND.in)** प्रकाशन के निदेशक श्यामंकर सिंघरी (अर्थात् अतुल सिंह) का हृदय से आभार व्यक्त करता है।

डॉ. सुरेश शर्मा

मंगल कामना

जैसे ही मुझे ज्ञात हुआ कि डॉ. सुरेश शर्मा विख्यात एवं वरिष्ठ साहित्यकार, संस्कृति कर्मी, संरक्षक तथा संवर्धक डॉ.गौतम शर्मा व्यथित के जीवन पर हिमाचली सांस्कृतिक धरोहर के संरक्षक डॉ. गौतम शर्मा 'व्यथित' शीर्षक से एक पुस्तक लिख रहे हैं उसी समय मैंने निश्चय किया कि पुस्तक के लिए मंगलकामना स्वरुप दो शब्द मैं लिखूंगी। उसके तीन कारण रहे-

मैं स्वयं भी वर्षों से शिक्षा, संगीत, संस्कृति तथा कलाओं के व्यवहार से जुड़ी रही हूँ तथा मैंने अपने व्यवसायिक जीवन में विद्यार्थियों में सांगीतिक, सांस्कृतिक, सामाजिक तथा मानवीय मूल्यों तथा संस्कारों को ही रोपित करने का प्रयास किया है। दम्पति के रूप में भी हम दोनों का जीवन कला, साधना लेखन, शिक्षण तथा बच्चों के जीवन निर्माण के लिए समर्पित रहा है। शैक्षिक और सांस्कृतिक यात्रा में मैंने भी अपने जीवन में पाया कि सांस्कृतिक, सामाजिक चारित्रिक तथा कलात्मक संस्कार ही भविष्य की पीढ़ियों को बचा सकते हैं अन्यथा जीवन मार्ग पर पतित होने के तो असंख्य कारण उपलब्ध हैं। विद्यार्थियों में कला तथा संस्कृति के गुणों का समावेश अति आवश्यक है क्योंकि इसी वजह से वे अपनी सांस्कृतिक विरासत की जड़ों से जुड़ कर पथभ्रष्ट होने से बच सकते हैं।

दूसरे मैंने धर्मशाला, कांगड़ा हिमाचल प्रदेश में लगभग पच्चीस वर्षों के अन्तराल में डॉ.गौतम शर्मा 'व्यथित' जैसे विद्वान

को धरातल पर संगीत, लोकसंगीत, लोकनाट्य तथा विभिन्न लोक कलाओं का प्रचार-प्रसार तथा संरक्षण एवं संवर्धन करते देखा है। वे एक धीर-गम्भीर मृदु भाषी, शालीन,भद्रपुरुष तथा समर्पित व्यक्तित्व हैं। मैंने उनको एक उत्कृष्ट विचारक, तपस्वी, श्रेष्ठ गुरु सृजनकर्ता तथा समाज सुधारक के रूप में पाया है। इतने वर्षों में मैंने उन्हें एक उदाहरणीय तथा अनुकरणीय व्यक्ति, कला कर्मी, शिक्षाविद् , साहित्यकार, कलाओं तथा कलाकारों के प्रोत्साहन कर्ता के रूप में देखा है। विभिन्न कला उत्सवों, समारोहों तथा अवसरों पर हम एक शोधकर्ता, शिक्षक, सांस्कृतिक स्पर्धाओं में निर्णायक के रूप में हम साथ रहे हैं। मैंने डॉ.गौतम 'व्यथित' एक श्रेष्ठ शिक्षक, गुरु, मार्गदर्शक, प्रेरक तथा प्रोत्साहन कर्ता के रूप में में देखा है।

तीसरे इस पुस्तक के लेखक डॉ.सुरेश शर्मा को मैं लगभग चालीस वर्षों से जानती हूं। वे मेरे एक समर्पित मित्र, सखा, सहपाठी तथा पति हैं। सहधर्मिणी के रूप में मैं उनकी समस्त प्रतिभाओं से वाक़िफ हूं। डॉ. सुरेश शर्मा एक समर्पित शिक्षक ,गायक, अभिनेता, लेखक, प्रखर चिंतक, जागरूक नागरिक तथा श्रेष्ठ तथा संवेदनशील व्यक्ति हैं। वे जीवन के आदर्शों, सिद्धांतों तथा व्यवहारों को बहुत ही सूक्ष्मता एवं शालीनता से समझते हैं। दिन-रात गायन, लेखन तथा संवेदनशील चिंतन करना उनकी दिनचर्या में शामिल है। चौबीस घण्टे जीवन मूल्यों, अपने विद्यार्थियों के कल्याण के लिए सोचना, समाज, प्रांत, देश तथा दुनियां के विभिन्न संवेदनशील विषयों पर चिंतन करना तथा कुछ अच्छा करने की इच्छा करना उनके जीवन का अभिन्न अंग रहा है। गरिमामय जीवन जीवन जीने वाले अपने स्वाभिमान से जीवन जीने वाले डॉ.सुरेश शर्मा जीवन मूल्यों, मानवीय मूल्यों संस्कारों तथा सु व्यवहारों के लिए किसी

से कभी समझौता नहीं करते। सभी प्रेम, सम्मान तथा सर ऊंचा कर जियें। सभी में एक ही अल्लाह, ईश्वर वाहेगुरु तथा जीज़स क्राइस्ट बसता है। जाति-धर्म, प्रांत की सीमाओं के बन्धनों को छोड़कर वे केवल मानवीय संवेगों, संवेदनाओं, व्यवहारों तथा संस्कारों में विश्वास रखते हैं। इसी कारण डॉ. सुरेश कभी भी चौबीस घण्टे में लेखन तथा गायन से अपनी भावनाओं की अभिव्यक्ति करने में मस्त तथा वयस्त रहते हैं। जीवन के प्रति उनकी बहुत ही सुंदर और सकारात्मक दृष्टि है। मैंने उनमें एक स्वाभिमानी तथा गरिमा पूर्ण व्यक्ति, जुझारू नेता, संवेदनशील कलाकार, प्रखर वक्ता तथा अभिनेता तथा जागरूक लेखक देखा है। इसलिए एक समर्पित कलाकार ही एक समर्पित व्यक्तित्व को समझ सकता है। डॉ. गौतम शर्मा 'व्यथित' को विभिन्न मुलाकातों तथा अवसरों पर डॉ. सुरेश शर्मा ने बहुत नज़दीक से समझा, जाना तथा पहचाना है। इस कार्य के लिए मैं ही नहीं हमारे दोनों बच्चे सुरनन्दिनी तथा सुरंजन अनेकों बार डॉ. व्यथित के दस्तावेज़ी कर्ण के लिए तकनीकी सहायता प्रदान करने के लिए उनके पास घण्टों बैठे हैं। वे भी कला, कलाकारों तथा उनके संस्कारों को बहुत ही संवेदनशीलता को गम्भीरता से समझते हैं। इसी कारण उनका भी इस कार्य में प्रत्यक्ष तथा अप्रत्यक्ष सहयोग प्रशंसनीय है।

मैं ये समझती हूं कि डॉ.गौतम शर्मा के जीवन तथा कला साधक, साहित्यकार संस्कृति कर्मी तथा कला संरक्षक तथा संवर्धक के रूप में एक विद्वान कला साधक द्वारा बहुत नज़दीक से देखा ,समझा तथा अनुभूत किया गया यह कार्य लोक कलाकारों, साहित्यकारों, शोधकर्ताओं तथा विद्यार्थियों के लिए बहुत ही उपयोगी एवं लाभदायक होगा। मेरा विश्वास है कि डॉ. गौतम शर्मा व्यथित के अनुकरणीय एवं कला, संस्कृति तथा साहित्य

लेखन का यह समर्पित जीवन नवोदित कलाकारों, साहित्यकारों,संस्कृति कर्मियों शोधकर्ताओं, तथा जिज्ञासु विद्यार्थियों के लिए बहुत ही उपयोगी साबित होगी। मेरा यह भी मानना है यह पुस्तक हिन्दी जगत , संगीत जगत विविध कलाओं तथा विश्वविद्यालयों के शोधकार्यों में भी प्रमाणित तथा उपयोगी साबित होगी। डॉ.गौतम शर्मा 'व्यथित' से पुस्तक लेखक की कांगड़ा लोकसाहित्य परिषद् पुस्तकालय नेरटी ज़िला कांगड़ा स्थित राजमंदिर परिसर तथा डॉ.व्यथित के लेखन कक्ष में अनेकों भेंटवार्ताओं तथा चर्चाओं से निकली यह प्रमाणिक जानकारी निश्चित रुप से पाठकों के लिए लाभदायक होगी। लेखक द्वारा पुस्तक के अन्त में निष्कर्ष रुप में कलाकारों, साहित्यकारों, विद्यार्थियों, शोधकर्ताओं को आवश्यक बिन्दुओं पर विशेष रुप से केन्द्रित होने के साथ-साथ शैक्षणिक संस्थाओं, कलाओं भाषाओं तथा संस्कृति विभागों तथा सरकारी स्तर पर कलाओं के उत्थान, संरक्षण तथा संवर्धन के लिए भी अनुभव,अध्ययन तथा शोध के उपरांत अपनी संस्तुतियां दी हैं जो निश्चित रुप से प्रदेश तथा देश में भारतीय कलाओं के समग्र विकास के लिए लाभदायक होंगी। इस पुस्तक में डॉ. व्यथित से सम्बंधित छाया-चित्र पाठकों तथा शोध कर्ताओं के लिए प्रेरणा एवं प्रोत्साहन का कारण बनेंगे।

मेरी ओर से पुस्तक के विवेच्य एवं केन्द्रित व्यक्ति डॉ. गौतम शर्मा 'व्यथित' तथा लेखक डॉ.सुरेश शर्मा को उनके कठिन तपस्या के लिए बहुत-बहुत बधाई, साधुवाद एवं अनन्त शुभकामनाएं। आपका यह निःस्वार्थ एवं कल्याणकारी प्रयास सफल हो , ऐसी मेरी शुभेच्छा एवं ईश्वर से प्रार्थना है है।

अनन्त मंगलकामनाएं।

रेखा शर्मा

कला साधक एवं प्रधानाचार्या

आमंत्रण

यह एक शुष्क समय है
यह एक अंधकारपूर्ण समय है
यह एक बौना समय है
क्या सचमुच ऐसा है?
बिल्कुल नहीं।

जो ऐसा सोचते हैं, निश्चित ही उनकी मुलाकात डॉ. गौतम शर्मा व्यथित से नहीं हुई है।

उनके पास बैठो तो ऐसा लगता है मानो इस तथाकथित रेगिस्तानी समय में एक प्राचीन नदी के पास बैठे हों, जिसका विस्तार महासागरीय है। एक ऐसी नदी जिसमें असंख्य जलधाराओं की गुनगुनाहट सुनाई देती है, एक ऐसी नदी जिसमें समाहित हैं धरती के गीत, बुजुर्गों की कहानियाँ, किसानों, चरवाहों, घर की महिलाओं के हृदय में बजने वाला संगीत, पुरातन मंदिरों में बजने वाली घंटियों की झंकार, खेतों, खलिहानों, जंगलों की जीवित हरीतिमा, सदियों-सदियों से संचित और पीढ़ीगत हस्तांतरित लोक परंपरा की गूँज-अनुगूँज और न जाने क्या-क्या। नदी केवल संचित ही नहीं करती है, मुक्तहस्त से वितरित भी करती है, सिंचित और पोषित भी करती है। यह सरकारों नदी केवल प्रवाहित ही नहीं होती, यह अपने साथ जीवन, आशा, आस्था, ऊर्जा और विरासत भी धारण करती है, बाँटती हुई चलती है। डॉ. व्यथित की पुस्तकें, उनके आलेख, उनकी प्रस्तुतियाँ, उनके शिक्षण-प्रशिक्षण, उनके सन्देश, और

उनके आशीर्वचन की जलधाराएँ न केवल हमारे वर्तमान को पोषित कर रही हैं बल्कि हमारे भविष्य को भी पोषित-संवर्धित करती रहेंगी।

उनके पास बैठो तो ऐसा लगता है मानो इस तथाकथित अंधकारपूर्ण समय में किसी खुली खिड़की के पास बैठे हों, जहाँ से सूरज की किरणें भीतर आकर मन के अंध तमस का हरण कर लेती है। यह खिड़की केवल प्रकाश की नहीं, बल्कि ज्ञान, समझ और प्रेरणा की भी है। इस खिड़की से आती है ताज़ा हवा जो विचारों के बंजर रेगिस्तानों को हरा-भरा कर देती है। इस खिड़की से आती सुनाई पड़ती है वे विस्मृत गाथाएँ, अनसुने गीत जो समय के धूल में दब गई थीं लेकिन डॉ. व्यथित की कृतियों में वे पुनरुजीवित हो उठती हैं। यह खिड़की हमें अतीत के संघर्ष, साहस, सौंदर्य, वर्तमान के विद्रूप और यथार्थ, और भविष्य की आकांक्षाओं, आशाओं से जोड़ती है। डॉ. व्यथित के विचार, उनके शब्द, उनके शिक्षण इस खिड़की के भीतर प्रवाहमान उस प्रकाश पुंज की तरह हैं जो न केवल अंधकार को मिटाते हैं, बल्कि आत्मा के गहरे अंधेरों में भी एक नई राह दिखाते हैं। उनका ज्ञान न सिर्फ़ हमें मार्गदर्शन देता है बल्कि हमारे भीतर की सृजनात्मकता और सकारात्मक ऊर्जा को भी जागृत करता है। इस खिड़की के पास बैठकर ऐसा लगता है जैसे समय की सीमाएँ विलीन हो गई हों और हर पल में एक नूतन संसृति की सर्जना हो रही हो।

उनके पास बैठो तो ऐसा लगता है कि इस तथाकथित बौने समय में आप एक विशाल वटवृक्ष के छाया में बैठे हों, जहाँ हर पत्ते की सरसराहट में अनगिनत जीवन की अद्भुत कहानियाँ समाई हुई हों । यह वटवृक्ष न केवल अपनी गहरी जड़ों से पृथ्वी से जीवन की शक्ति को खींचते हुए अपनी विस्तृत शाखाओं-प्रशाखाओं से एक आच्छादित स्थान प्रदान करता है, बल्कि अपने

भीतर इतिहास, संस्कृति और ज्ञान के अनगिनत बीज भी छुपाए रखता है। इस विशाल वृक्ष के नीचे बैठते ही ऐसा लगता है जैसे वर्तमान क्षण अनंत में विस्तीर्ण हो गया हो और हम ब्रह्मांड के विस्तार के एक अंश मात्र बन गए हों। इसकी छांव में बैठकर हर विचार गहनता से अंकित हो जाता है हर भावना को एक नया अर्थ मिल जाता है और हर प्रश्न का उत्तर सहज ही प्रकट हो जाता है। डॉ. व्यथित का अस्तित्व इस वटवृक्ष के समान है जिसकी गहरी और मजबूत जड़ें हैं,जो हमें जीवन के मूलभूत तत्वों से जोड़ती हैं और जिसकी शाखाएँ ज्ञान और विचारों के हर कोने के स्पर्श के लिए आतुर हो जाती हैं। उनकी शिक्षाएँ, उनके विचार, उनके शब्द न केवल वर्तमान को सहारा देते हैं, बल्कि भविष्य के अज्ञात पथ के पाथेय भी सिद्ध होंगे। इस वटवृक्ष की छांव में बैठकर ऐसा लगता है जैसे बौने समय की सीमाएँ मिट गई हों और हम अनंत संभावनाओं के एक अद्भुत संसार में प्रवेश कर चुके हों। डॉ. व्यथित की उपस्थिति इस वृक्ष की तरह है–अड़िग, स्थिर, परंपरा में निष्ठ, आधुनिकता की ओर उन्मुख।

अब ये आम समझ बन चुकी है कि लोक संस्कृति हमारी परिवर्तनशील जीवन की संजीवनी है, अतः संरक्षणीय है और हर स्तर पर इसके संरक्षण के लिए प्रयास भी चल रहे हैं। किन्तु जब डॉ. व्यथित इस क्षेत्र में संनद्ध हुए थे तब ऐसी व्यापक समझ नहीं बनी थी और उनका मार्ग सुगम नहीं रहा, लेकिन लोक संस्कृति के रचनात्मक अभिव्यक्तियों प्रति उनका अनन्य और उद्दाम प्रेम, उनकी कर्मठता और श्रम शीलता ने उनकी सफलता सुनिश्चित कर दी। मेरा दृढ़ विश्वास है कि जो हमारी धरोहर का संरक्षण करते हैं वे भी हमारी धरोहर हैं और उन्हें भी संरक्षित, परिपोषित और प्रोत्साहित करने की आवश्यकता है। जैसे संस्कृति का

दस्तावेज़ीकरण आवश्यक है वैसे ही उनके संरक्षकों के कृत्यों का भी दस्तावेज़ीकरण आवश्यक है।

मेरे अभिन्न अग्रज डॉ. सुरेश शर्मा जी ने इसी श्रमसाध्य, दु:साध्य कृत्य का संकल्प लिया और इस पुस्तक के माध्यम से फलीभूत करने का प्रयास किया। सांगीतिक, सांस्कृतिक तथा साहित्यिक यह भी बहुत सुखद है कि है कि इस डॉ.गौतम शर्मा 'व्यथित' जी की जीवन गाथा उस व्यक्ति ने लिखी जो स्वयं भी शिक्षा, संस्कृति, संगीत, लेखन तथा अभिनय के क्षेत्र में वर्षों से नि:स्वार्थ तथा समर्पण से कार्य कर रहे हैं। मुझे पूर्ण आशा और विश्वास है लोकहित में डॉ. सुरेश शर्मा द्वारा किया गया यह कार्य लेखकों, साहित्यकारों, कला साधकों ,संस्कृति कर्मियों, शोधार्थियों तथा सांस्कृतिक नीति निर्माताओं के लिए उपयोगी साबित होगा।

किन्तु प्रश्न यह भी है कि डॉ. व्यथित जैसे महाकाव्यात्मक व्यक्तित्व को एक पुस्तक में कैसे समेट सकते हैं? इस सतत् प्रवाहित, विस्तृत नदी को, इस खुली खिड़की को, इस अनंत शाखा-प्रशाखाओं वाले वृक्ष को ढाई सौ पृष्ठों में समेटना असंभव कार्य है। स्वाभाविक है डॉ. व्यथित के जीवन के बहुविध रंग नहीं आ सकते, कुछ का छूटना स्वाभाविक है, किन्तु फिर भी जितना संभव था उसका परिपूर्ण रूप इस पुस्तक के रूप में प्रस्तुत है।

यह आलेख एक आमंत्रण है एक नदी के पास बैठने का, उसके जल से आचमन का, उसमें नहाने, तैरने और डूबने का, यह आमंत्रण है एक वटवृक्ष के साये में बैठ कर अपनी संस्कृति की गहनता, विविधता, बहुलता और विराटता की अनुभूति का, एक खुली खिड़की से आती ऊष्मा से ऊर्जस्वित होने का। आमंत्रण है एक समर्पित संस्कृति कर्मी , लोक को श्लोक में रूपांतरित करने वाले शलाका पुरुष, एक अत्यंत साधारण असाधारणता वाले

'बड़े' व्यक्ति के व्यक्तित्व और कृतित्व को समझने, सराहने और उससे सीखकर अपने जीवन को और बेहतर बनाने का। दिनकर की पंक्तियाँ याद आती है-

बड़ी कविता जो इस भूमि को सुंदर बनाती है,
बड़ा वह ज्ञान जिस से व्यर्थ की चिंता नहीं होती,
बड़ा वह आदमी जो ज़िंदगी भर काम करता है
बड़ी वह रूह जो रोए बिना तन से निकलती है।

और जैसा कि अज़रबैजान में कहते हैं-आपकी उम्र लोकगीतों जितनी लंबी हो! अस्तु!!

डॉ.सचिन कुमार
प्राचार्य (महाविद्यालय संवर्ग)

प्राक्कथन

ईश्वरीय संरचना में प्रकृति मुख्य है। प्रकृति की संरचना में मनुष्य एक मुख्य घटक है। नाद या ध्वनि की अनुपस्थिति में यह जीवन संभव नहीं हो सकता। ध्वनि के मूल में वायु तथा अग्नि है। ध्वनि इस सृष्टि का एक मुख्य घटक है। ध्वनि या नाद के बिना सृष्टि का कोई अस्तित्व नहीं है। ध्वनि इस सकल जगत या प्रकृति के निर्माण का कारण है इसलिए इस ब्रह्माण्ड को नादात्मक कहा जाता है।

प्राचीन काल से ही यह सृष्टि नाद और लय के कारण गतिशील रही है। यही गति प्रकृति के अनुशासन तथा संजीवता को व्यक्त करती है, इसीलिए यह अजर और अमर है। यह अविनाशी है। मनुष्य इस प्रकृति का मुख्य घटक है जो इसी गतिशीलता के कारण क्रियाशील है लेकिन मनुष्य का जीवन क्षणभंगुर है। इसलिए वह प्रकृति की सीमाओं में बंधा है। प्रारम्भ से ही सृजन एवं संग्रह मनुष्य की प्रवृत्ति रही है। इस मानवीय यात्रा में वह सौंदर्यात्मकता तथा सृजनात्मकता से अविभूत रहा है। संकलन एवं संग्रहण ने इस मानवीय जीवन को निरंतरता तथा गतिशीलता प्रदान की है। ज्ञान की पिपासा ने मनुष्य को रचनात्मकता तथा नवीनता के लिए प्रेरित किया है।

अपनी ज्ञानेन्द्रियों से सृजित ज्ञान को मनुष्य ने हमेशा ही संग्रहित, संकलित तथा संरक्षित किया है। वर्षों से संचित यही ज्ञान हमारी पीढ़ियों तथा परम्पराओं का वाहक तथा साक्षी है। फिर चाहे यह ज्ञान सामाजिक, सांस्कृतिक, व्यवसायिक या फिर

मानवीय भरण-पोषण तथा जीवन के किसी भी पक्ष का हो मनुष्य की ज्ञान पिपासा, कर्मशीलता, सृजनात्मकता तथा रचनात्मकता ही नवीन ज्ञान का कारण रही है तथा उसका संग्रहण, संकलन, संरक्षण एवं उसकी संवर्धन कृति वर्षों से मनुष्य द्वारा संचित यह परम्परागत ज्ञान ही भविष्य की पीढ़ियों के लिए कल्याणकारी है।

मनुष्य की आन्तरिक जिज्ञासा सदा से ही नवीन खोज तथा अनुसंधान का कारण बनती रही है। यही विचार लेखक को नवीन जानकारी तथा नवीन तथ्यों या रहस्यों को पुष्ट तथा प्रतिष्ठापित करने के लिए प्रेरित करता है। वह पुस्तक के उपलब्ध विषय के तथ्यों मे विद्यमान को अपनी सूझ-बूझ, अनुभव, ज्ञान तथा सिध्दियों के द्वारा नवरुपायित तथा पुनरोपलब्ध करवाने का प्रयास करता है। नवीन पुस्तक से जहाँ नया ज्ञान एवं नए सिद्धांत प्रतिपादित एवं प्रतिष्ठित होते हैं वहाँ पर इसका संग्रह, संरक्षण एवं संवर्द्धन भी होता है। इस दुनियाँ के ज्ञान को पुष्ट, सारगर्भित तथा उपयोगी बनाने के लिए अनगिनत व्यक्तियों, समुदायों समाजों का जीवन खप चुका है। यही परम्परागत ज्ञान, संचित तथा संग्रहित होकर आज मानवीय व्यवहार की आवश्यकता बन चुका है।

मानव के ज्ञान तथा बुद्धि की संभावनाओं, शिक्षा जगत की बदलती आवश्यकताओं तथा पुस्तक के बदलते प्रतिमानों एवं आयामों के मद्देनज़र किसी भी ज्ञान क्षेत्र तथा विषय का विस्तार आवश्यक है। हमारे जीवन में नित नवीन घटनाएँ तथा नवीन सृजन हो रहे है। ज्ञान का सृजन, संचार तथा संग्रह हो रहा है। इस ज्ञान सागर में अनगिनत व्यक्ति नवीन सृजन तथा उसकी खोज मे गोते लगा रहे हैं। परम्परागत ज्ञान के संरक्षण एवं संवर्धन में अनेकों व्यक्तियों ने अपना सर्वस्व न्योछावर कर दिया है परंतु ऐसे अनगिनत व्यक्तियों का योगदान तथा संघर्ष भरा जीवन समाज के

सामने नहीं आ पाता। इसलिए पुस्तक के माध्यम से विभिन्न ज्ञान क्षेत्रों तथा विषयों में नींव का पत्थर बन कर चुप्पी से कार्य कर रहे व्यक्तियों को समाज के सम्मुख प्रस्तुत करना वर्तमान की आवश्यकता है।

सितम्बर, 2015 में वैश्विक राष्ट्र महासभा की शिखर बैठक में 193 सदस्य देशों ने सतत् विकास के लक्ष्यों को प्राप्त करने के लिए 304 उद्देश्यों के साथ 17 सतत् विकास के मुख्य लक्ष्य निर्धारित किए। वर्ष 2030 तक इन लक्ष्यों को प्राप्त करने के लिए एजेण्डा जनवरी 2016 से प्रभावित हुआ। इन लक्ष्यों को निर्धारित करने के लिए हुई अभूतपूर्व परामर्श प्रक्रिया में विश्व की अनेकों राष्ट्रीय सरकारों तथा दुनिया भर के लाखों-करोड़ों नागरिकों ने मिलकर बातचीत की और अगले 15 वर्ष के लिए सतत् विकास हासिल करने का वैश्विक मार्ग अपनाया। जिसमें ग़रीबी, भुखमरी, शिक्षा, स्वास्थ्य, और ख़ुशहाली, लैंगिक समानता, जल एवं स्वच्छता, ऊर्जा, आर्थिक वृद्धि, और उत्कृष्ठ कार्य, बुनियादी सुविधाएँ, उद्योग एवं नवाचार, असमानताओं में कमी, संवहनीय शहर, उपभोग एवं उत्पादन, जलवायु कार्यवाही, पारिस्थितिक प्रणालियां, शान्ति, न्याय एवं भागीदारी आदि मुख्य लक्ष्य हैं। इस समग्र एजेण्डा में माना गया है कि अब केवल आर्थिक वृद्धि पर फ़ोकस करना न्याय संगत नहीं है बल्कि निष्पक्ष, अधिक संरक्षित एवं अधिक सम्पन्न पृथ्वी पर केंद्रित करना होगा। इस एजेंडा के चार मुख्य स्तंभ हैं-

1. आर्थिक संपन्नता
2. सामाजिक समरसता
3. पर्यावरण संरक्षण
4. सांस्कृतिक विकास

2030 के लिए वैश्विक एजेंडा का मूल मन्त्र सार्वभौमिकता का सिद्धांत है। "कोई पीछे न छूटे" इन लक्ष्यों को प्राप्त करने के लिए सबसे लाचार और हाशिए पर जी रहे लोगों की भागीदारी होना सुनिश्चित किया गया है।

सतत विकास के वैश्विक 17 लक्ष्यों मे लक्ष्य क्रमांक ग्यारह के दस उद्देश्य निश्चित किये गए हैं जिन्हें 15 सूचकांकों से मापा जाएगा। इस लक्ष्य के उद्देश्य क्रमांक चार के अनुसार विश्व की सांस्कृतिक एवं प्राकृतिक धरोहर के संरक्षण, संवर्धन तथा सुरक्षा के प्रयासों को सुदृढ़ करने को सुनिश्चित किया गया है।

संसाधनों के विकास, औद्योगिक विकास, पर्यावरणीय विकास, आर्थिक विकास, स्वास्थ्य, शिक्षा, ग़रीबी, भुखमरी जैसी वैश्विक समस्याओं के पश्चात लक्ष्य क्रमांक ग्यारह संवहनीय शहरों एवं समुदायों के विकास (Sustainable cities and Communities) पर केंद्रित है। इस लक्ष्य में सांस्कृतिक एवं प्राकृतिक विरासत के संरक्षण एवं संवर्धन को केंद्रित किया गया है। इस लक्ष्य में ग्रामीण समुदाय में विभिन्न वर्गों द्वारा लोक कलाओं के संरक्षण, संवर्धन एवं परम्परागत पारिवारिक विरासत को पीढ़ी दर पीढ़ी ढ़ोने वाले लोक कलाकारों के आर्थिक विकास तथा विभिन्न लोक कलाओं के संरक्षण एवं संवर्धन पर ध्यान दिया गया है। यही कारण लेखक के इस पुस्तक लेखन का मुख्य कारण बना। प्राचीन काल से ही इन परम्पराओं के संरक्षण तथा संवर्धन के मूल मे विभिन्न वर्गों में सक्रिय रूप से कार्य कर रहे सांस्कृतिक कर्मी हैं जो कि इन समाजों की परम्परागत लोक कलाओं को सहेजने, संवारने तथा संरक्षण का कार्य कर इन वर्गों की जीविका तथा आर्थिकी को मज़बूत करने के लिए संघर्ष कर रहे हैं।

यह लक्ष्य तब तक पूर्ण नहीं हो सकता जब तक कि लोक कलाओं, लोक कलाकारों तथा पिछड़े वर्गों के ये सामान्य कलाकार आर्थिक रूप से सबल नहीं होंगे। इन सांस्कृतिक लक्ष्यों को प्राप्त करने के लिए लुप्त हो रही इन लोक कलाओं, लोक कलाकारों तथा सक्रिय सांस्कृतिक कर्मियों पर नितांत गहन शोधकार्यों की आवश्यकता है।

आज विश्व में चहुमुखी विकास हुआ है। मनुष्य की जीवन-शैली सुखद हुई है। भौतिक-वाद एवं उपभोक्तावादी सोच तथा वर्तमान संस्कृति ने विश्व को बाज़ार की दृष्टि से देखना एवं समझना शुरू कर दिया है। अब मनुष्य एक व्यक्ति न रह कर बिकने या ख़रीदने की वस्तु रह गया है। जहाँ एक ओर ज्ञान-विज्ञान, कृषि, उद्योग, तकनीक तथा भौतिक संसाधनों ने नए आयाम स्थापित किए हैं वहीं पर अनंत आर्थिक विकास तथा संसाधनों के फलस्वरूप मनुष्य आगे बढ़ने की अपेक्षा मानवीय दृष्टि से पिछड़ा भी है।

विचारणीय है कि क्या विकास का मतलब, भौतिक तथा आर्थिक विकास ही है? जहाँ हम विकास की बात करते हैं यह मानवीय जीवन की क़ीमत पर नहीं हो सकता। यदि मानवीय जीवन है तभी विकास के मायने हैं। यदि विकास जीवन की आवश्यकताओं के मद्देनज़र न हो तो उसका कोई अर्थ नहीं दिखता। वैसे भी यह निर्विवाद सत्य है कि जीवन मे हमें कुछ पाने के लिए कोई न कोई क़ीमत चुकानी पड़ती है। विकास तथा विनाश हमेशा से ही सिक्के के दो पहलू रहे हैं। इसलिए संतुलित विकास के मद्देनज़र सितंबर 2015 में संयुक्त राष्ट्र महासभा की शिखर बैठक में निर्धारित 17 सतत् संतुलित एवं समग्र विकास की ओर संकेत करते हैं। अंततः यह विकास है किसके लिए? इसके मूल में मानवीय जीवन ही है। आर्थिक तथा भौतिक विकास

ने जहाँ हमारे जीवन की काया पलट दी हो लेकिन इसके लिए मनुष्य को भारी क़ीमत चुकानी पड़ी है। सितंबर 2015 में संयुक्त राष्ट्र महासभा ने 193 देशों की शिखर बैठक में निश्चित 17 सतत् विकास में लक्ष्य क्रमांक 11 संवहनीय शहर एवं समुदायों पर आधारित है जिसके 10 उद्देश्य तथा 15 मानक सूचकांक निर्धारित है। इसमें बिंदु क्रमांक 4 विश्व की सांस्कृतिक एवं प्राकृतिक धरोहर के संरक्षण, संवर्धन एवं सुरक्षा के प्रयासों को और अधिक सुदृढ़ करने का संकेत करता है। इसके अनुसार आप तब तक विकसित नहीं समझे जा सकते जब तक सांस्कृतिक रूप से सशक्त एवं विकसित नहीं है।

विश्व की सांस्कृतिक एवं प्राकृतिक विरासत में अनन्त कहानियां छिपी हैं जिन्हें समझे बिना हम सतत एवं समग्र रूप से विकसित नहीं समझे जा सकते। दुनिया की इन अनगिनत संस्कृतियों में न जाने कितने मानवीय इतिहासों के अविरल पन्ने छुपे हैं।

मनुष्य की जीवन-शैलियां, खान-पान, परिधान, सांस्कृतिक परिवेश, मनोरंजन के साधन, बोलियाँ, भाषाएँ, विश्वास, अंधविश्वास, मान्यतायें, धार्मिक प्रवृत्तियां, देव पूजा पद्धतियों को समझने-जानने, संग्रहण तथा संवर्धन के लिए अनगिनत पुस्तक ग्रंथों की अनिवार्यता तथा आवश्यकता है। इस दिशा में विभिन्न स्थानों, प्रदेशों तथा देशों में घटित अनन्त काल के इन परिवर्तनों, व्यक्तियों तथा उनकी लोक कलाओं को पुनः एवं पूर्ण रूप से शोधन की आवश्यकता है। लोक कलाओं, लोक साहित्यों, लोक गीतों, लोक नाट्यों, लोक रीति रिवाज़ों, लोक वाद्यों, लोक परिधानों, लोक विधि-विधानों, लोक खान-पान, तथा लोक व्यवहारों को आज भी जानने, समझने, संग्रहण, संरक्षण तथा संवर्धन की आवश्यकता है।

सांस्कृतिक विकास के मूल में आज भी अनेकों संस्कृति कर्मी सक्रिय हैं जो व्यक्तिगत प्रयासों से संस्कृति को ढोने का प्रयास कर रहे हैं। इन लोक कलाओं के मूल तथा पृष्ठभूमि में अदृश्य अनुसूचित जातियों, जन-जातियों तथा सामाजिक रूप से सामान्य रूप से जीवन यापन कर रहे लोक कलाकार हैं। ग्रामीण पिछड़े तथा दूर-दराज़ के क्षेत्रों में जी रहे ये लोक कलाकार भौतिक-वाद की चकाचौंध में लुप्त हो रही उनकी कलाओं को जीवित रखने का प्रयास कर रहे हैं। इन ग्रामीण लोक कलाकारों के प्रयासों को सबल देने के लिए कई संस्कृति कर्मी प्रयास कर रहे हैं जो उनकी लुप्त हो रही कलाओं का संरक्षण तथा संवर्धन कर नगरीय मंचों पर प्रस्तुत करने का प्रयास कर रहे हैं।

वर्तमान में इन सांस्कृतिक विरासतों, लोक कलाओं, लोक कलाकारों, तथा संस्कृति कर्मियों पर पुस्तक होना सतत सांस्कृतिक विकास के लक्ष्यों को प्राप्त करने के लिए अति आवश्यक है अन्यथा संस्कृति का तथा परम्परागत विरासत को समेटे हुए यह ग्रामीण लोक कलाकार तथा सांस्कृतिक कर्मी वर्तमान में सामाजिक संरक्षण, आर्थिक अनुदान न मिलने के कारण अपने पुश्तैनी तथा परम्परागत कार्यों को छोड़कर शहरों की चकाचौंध में छोटी-मोटी नौकरी, रेहड़ी तथा काम-धंधा करने के लिए विवश हो चुका है।

सांस्कृतिक विकास के बिना सतत एवं समग्र विकास नहीं हो सकता। लोक संस्कृति के संरक्षण हेतु विश्व भर में बहु स्तरीय एवं बहुआयामी प्रयत्न हो रहे हैं जिसमें अनगिनत संस्थाएँ सम्मिलित हैं। इसमें जहाँ यूनेस्को जैसे वैश्विक अभिकरण जुड़े हैं वहीं भारत में संस्कृति मंत्रालय संगीत नाटक अकादमी जैसे राष्ट्रीय संस्थान भी अपना पूरा प्रयत्न कर रहे हैं। इनके अतिरिक्त सैकड़ों ग़ैर सरकारी संस्थाएँ निरंतर प्रयत्नशील हैं। राष्ट्रीय स्तर पर क्रियाशील कुछ

प्रमुख संस्थान हैं- INTACH, SPICE MACAY, IGNCA, NCPA कला मंदिर आदि है। ध्यातव्य है कि इन संस्थाओं के पीछे समर्पित व्यक्तियों की दृष्टि एवं उनका सम्बल रहा है। जिन संस्थानों के नाम उल्लेखित किए गए हैं उनके पीछे पुपुल जयकर, कपिला वात्स्यायन, किरण सेठ तथा कोमल कोठारी जैसे व्यक्तियों की प्रेरणा तथा प्रयत्न रहे हैं। जहाँ इन मनीषियों ने लोक संस्कृति के विविध पक्षों के प्रलेखन, संरक्षण तथा संवर्धन में अपनी भूमिका निभाई है वहीं कुछ ऐसे संस्कृति कर्मी हुए हैं जिन्होंने लुप्तप्राय विद्याओं को संजीवनी दी है या उसके फ़लक का विस्तार किया है। उदाहरण के लिए शिवराम कारंथ द्वारा यक्षगान का पुनर्जीवन।

हिमाचल प्रदेश में भी ऐसे ही साहित्यकार लोक संस्कृति, लोक संगीत, लोक नाट्य एवं संस्कृति कर्मी हैं- डॉ. गौतम शर्मा 'व्यथित' जो लोक कलाओं के संरक्षक, संग्रहक तथा संवर्धक हैं। जो प्रत्यक्ष रुप से प्रख्यात लोक गायक, लोग वादक, लोक नर्तक तथा लोक नाट्य कर्मी के रुप में लोगों के समक्ष तो प्रत्यक्ष नहीं रहे, परन्तु लोक कलाओं के उत्थान के लिए परोक्ष रुप से लगभग पचास वर्षों से अधिक समय से चट्टान की तरह खड़े रहे। डॉ. गौतम शर्मा संस्कृति के सच्चे रक्षक, संग्रहक तथा संवर्धक हैं जो ना केवल लोक संस्कृति बल्कि लोक कलाकारों, लोक साहित्य, लोक संगीत, लोक नाट्य तथा लोक नृत्यों के सामान्य कलाकारों के पीछे एक सबल बनकर हमेशा खड़े रहे। जिन्होंने न केवल झमाकड़ा जैसे काँगड़ा जनपद के विवाह लोकनृत्य को राष्ट्रीय तथा अंतर्राष्ट्रीय पहचान दिलाई बल्कि इस क्षेत्र की इंद्रधनुषी लोक संस्कृति के विविध रुपों को अपनी संस्था काँगड़ा लोक साहित्य परिषद द्वारा वर्तमान एवं भावी संस्कृति कर्मियों को दिशा निर्देश प्रदान किए। डॉ. गौतम शर्मा 'व्यथित' एक प्रतिष्ठित

हिन्दी साहित्यकार, कथाकार, कहानीकार, कवि, शायर, पहाड़ी कवि, नाट्य कर्मी, उपन्यासकार, लोक संगीतकार तथा क्षेत्रीय संस्कृति कर्मी के रूप में वर्षों से हिमाचल प्रदेश की संस्कृति के सेवक रहे हैं।

यह पुस्तक डॉ. गौतम शर्मा 'व्यथित' के महान लोक सांस्कृतिक योगदान तथा इनके व्यक्तित्व एवं कृतित्व पर केंद्रित है। डॉ. शर्मा जैसे व्यक्तित्व प्रत्यक्ष रूप से तो नहीं बल्कि परोक्ष रूप से सांस्कृतिक उत्थान के लिए नींव के मज़बूत पत्थर बनकर चट्टान की तरह खड़े रहे हैं जो दिखते ही नहीं बल्कि सच में होते हैं।

डॉ. गौतम शर्मा 'व्यथित' हिमाचल प्रदेश के विद्वान शिक्षाविद, विचारक, साहित्यकार एवं साहित्य कर्मी हैं जिन्होंने हिंदी साहित्य के क्षेत्र में लोक कलाओं, लोक नृत्य, लोक संगीत, लोक नाट्य, लोक भाषाओं, तथा लोक साहित्य के क्षेत्र में अद्वितीय कार्य कर विशेषकर काँगड़ा जनपद की संस्कृति का संरक्षण एवं संवर्धन किया है। कृषि परिवार से संबंध रखने वाले डॉ. 'व्यथित' ग्रामीण परिवेश से संबंध रखते हैं। इनका आचार, व्यवहार, संस्कार तथा शिक्षा सामान्य जन-जीवन के परिवेश में विकसित हुआ जिस कारण इन्होंने जनसाधारण के जीवन को दिशा देने के लिए एक संस्कृति कर्मी के रूप में कार्य करने का संकल्प लिया। डॉ. व्यथित ने अपने संघर्षपूर्ण जीवन में प्राथमिक स्तर से विश्वविद्यालय स्तर तक शिक्षण कार्य किया। हिमाचल प्रदेश विशेषकर काँगड़ा जनपद की लोक संस्कृति, इतिहास, बोलियों, लोक साहित्य तथा लोक कलाओं पर इनका पूर्ण अधिकार है। पत्र-पत्रिकाओं समाचार पत्रों, आकाशवाणी, दूरदर्शन पर विभिन्न कलात्मक एवं साहित्यिक विषयों पर आप सक्रिय रहे हैं। शिक्षा, लोक साहित्य, लोक कलाओं तथा लेखन

के क्षेत्र में डॉ. व्यथित को आदर एवं सम्मान की दृष्टि से देखा जाता है।

लोक साहित्य, लोक कलाओं तथा संस्कृति कर्मी के रूप में डॉ. व्यथित का प्रदेश में उल्लेखनीय योगदान रहा है। डॉ. गौतम शर्मा ने विभिन्न लोक गायन शैलियों तथा लोक नाट्यों को ग्रामीण परिवेश से नगरीय मंचीय प्रस्तुतीकरण की दिशा में सराहनीय कार्य किया है। इससे सामान्य, पिछड़ी जातियों के ग्रामीण कलाओं के जीवन में सामाजिक तथा आर्थिक रूप से आशातीत परिवर्तन एवं विकाश हुआ है। डॉ. व्यथित ने लोक साहित्य, लोक संगीत तथा लोक नाट्य के अतिरिक्त अन्य विधाओं में भी उदाहरणीय कार्य किया है। इनकी लगभग 58 पुस्तकें हिन्दी साहित्य, लोक संस्कृति, उपन्यास, कविता, नाट्य तथा कहानियों पर छप चुकी हैं। डॉ. व्यथित ने अपना संपूर्ण जीवन ग्रामीण कलाओं तथा कलाकारों के लिए समर्पित कर दिया है। 86 वर्ष की आयु में भी डॉ. व्यथित सक्रिय सांस्कृतिक कर्मी के रूप में कार्य कर रहे हैं। आकाशवाणी, दूरदर्शन, पत्र-पत्रिकाओं, समाचार पत्रों तथा विभिन्न सांस्कृतिक कार्यक्रमों में उनकी उपस्थिति आज भी देखने को मिलती है। समाज सुधारक एवं संस्कृति कर्मी के रूप में उनका व्यक्तित्व बहुत ही उदाहरणीय एवं अनुकरणीय है। इस आयु में भी उनका संस्कृति के उत्थान में कार्य करने का उत्साह बहुत से युवाओं तथा विविध कला क्षेत्रों में कार्य करने वाले व्यक्तियों के लिए प्रेरक है। उपरोक्त सभी कारणों से डॉ. गौतम शर्मा 'व्यथित' को इस पुस्तक के लिए विवेच्य व्यक्तित्व के रूप में प्रस्तुत किया गया है।

विषय-सूची

डॉ. गौतम शर्मा ‘व्यथित’ व्यक्तित्व एवं कृतित्व

डॉ. गौतम शर्मा ‘व्यथित’ हिमाचल प्रदेश का एक ऐसा व्यक्तित्व है जिन्होंने प्रदेश की कला, भाषा, संस्कृति, लोक संगीत (गायन-वादन-नृत्य) हिंदी साहित्य (गद्य-पद्य-नाट्य-लेखन) लोक साहित्य, लोक नाट्य अभिनय, लेखन, निर्माण, निर्देशन, रचनाकार के अतिरिक्त अनेकों लोक गायन, लोक वादन, लोक नृत्य तथा लोक नाट्य शैलियों का दस्तावेजीकरण किया है। डॉ. व्यथित ने अपना संपूर्ण जीवन एक सक्रिय सांस्कृतिक के रूप में लेखन, निर्देशन, निर्माता तथा लोक कलाओं को नगरीय मंच्चीयकरण के लिए समर्पित कर दिया। हिमाचल, विशेषकर काँगड़ा-चंबा की लोक संस्कृति को ग्रामीण कलाओं तथा संस्कृति को प्रदेश, देश तथा अंतर्राष्ट्रीय मंचों पर प्रस्तुत कर पहचान दिलाई। एक सफल एवं सक्रिय सांस्कृतिक कर्मी के रूप में विभिन्न विधाओं के कलाकारों के लिए डॉ. गौतम शर्मा ‘व्यथित’ अनुकरणीय, उदाहरणीय तथा आदरणीय हैं।

व्यक्तित्व

किसी भी संगीतकार, साहित्यकार, कलाकार तथा सांस्कृतिक कर्मी की सफलता का मूल्यांकन करने से पूर्व उसके व्यक्तित्व तथा कृतित्व को जानना, समझना, परखना, विश्लेषण तथा प्रत्येक दृष्टि से अवलोकन करना परम आवश्यक हो जाता है।

एक साहित्यकार, कलाकार तथा सांस्कृतिक कर्मी में उसकी वैचारिकता, शिक्षा, संस्कार, आस्था, दर्शन, तथा चरित्र मुख्य घटक होते हैं जो उसके लिए आदर्श, सिद्धान्त तथा प्रेरणा श्रोत होते हैं। उनकी सोच, जीवन दर्शन, दृष्टिकोण उनके आंतरिक एवं बाह्य और आंतरिक जीवन से प्राप्त संस्कार ही होते हैं जो उनके चिंतन, गुणों, चिंतन-कार्यों तथा संस्कारों में परिवर्तित, परिलक्षित, प्रतिविंबित तथा प्रतिष्ठित होते हैं।

किसी भी व्यक्ति की शिक्षा, संस्कार, पालन-पोषण, पारिवारिक एवं सामाजिक पृष्ठभूमि, सामाजिक एवं सांस्कृतिक परिवेश, व्यक्तिगत अनुभूतियाँ, दुख, दर्द, पीड़ाएँ, अनुभव उसके वाह्य तथा आंतरिक व्यक्तित्व के निर्माण में मुख्य तत्व, घटक या अवयव होते हैं। व्यक्ति के जीवन में साधनों के अभाव या संपन्नता का भी उस पर विशेष प्रभाव रहता है। इन सभी पहलुओं को पृथक रखकर किसी भी सृजनात्मक एवं रचनात्मक व्यक्ति के व्यक्तित्व तथा कृतित्व को जानना, पहचानना तथा परखना लगभग असंभव ही होता है।

मानव का व्यक्तित्व एक इकाई है उसका विभाजन संभव नहीं है। किसी भी साहित्यकार, संगीतकार तथा साहित्यिक कर्मी के जीवन के दो पक्ष होते हैं- आंतरिक पक्ष एवं वाह्य पक्ष। इसका अर्थ यह हुआ कि किसी भी व्यक्ति के वाह्य प्रभाव तथा आंतरिक शक्तियाँ मिलकर उसके व्यक्तित्व का निर्माण करती हैं। किसी भी मनुष्य का मानसिक, भावनात्मक एवं बौद्धिक विकास उसका

आंतरिक गुण कहलाता है जबकि उसका व्यवहारिक आचरण, चरित्र, विचार, संस्कार तथा वेष-भूषा आदि उसके वाह्य गुण हैं। अतः वाह्य एवं आंतरिक गुण एक दूसरे पर आधारित एवं आश्रित हैं। इन दोनों पक्षों का संयोग किसी व्यक्ति विशेष का व्यक्तित्व कहलाता है।

किसी भी व्यक्ति के व्यक्तित्व निर्माण में उसकी पारिवारिक परिस्थितियों, परिवेश, शिक्षा, संस्कारों, सम्पर्कों तथा राष्ट्र एवं युग के तत्कालिक वातावरण का विशेष योगदान रहता है।

व्यक्तित्व विकास में वंशानुक्रम तथा परिवेश दो प्रधान तत्व हैं। वंशानुक्रम व्यक्ति को जन्मजात शक्तियाँ प्रदान करता है। बालक के व्यक्तित्व पर सामाजिक परिवेश विशेष प्रभाव डालता है। ज्यों-ज्यों बालक विकसित होता है वह उस समाज या समुदाय की शैली को स्वतः आत्मसात कर लेता है जिसमें वह विकसित होता है और उस व्यक्ति के गुण के गुण ही व्यक्तित्व पर गहरी छाप छोड़ते हैं। [1]

व्यक्तित्व व्यक्ति की अंतर्वाह शक्तियों का समुच्चय है। संस्कार रूप में पुष्ट प्रभावों के परिवेश में विकसित सारी विशेषताएँ इस शब्द से द्योतित होती है। व्यक्तित्व को कई पद्धतियों से देखा-समझा जा सकता है। कभी-कभी वाह्य सामग्री और सृजन के आधार पर व्यक्तित्व का रुप खड़ा किया जा सकता है और कभी कृतित्व में मिलने वाली प्रतिद्वियों का संकलन प्राप्त करके उसका बोध किया जा सकता है। [2]

व्यक्तित्व के दोनों रूपों में एक रूप बाहरी जगत को और दूसरा मानो जगत को प्रभावित करने की क्षमता रखते हैं। व्यक्ति

---

[1] व्यक्तित्व विकास, विकीपीडिया

[2] डॉ. भगीरथ मिश्रा, व्यक्तित्व एवं कृतित्व, डॉ. पी ललिताम्बा

के सोच-विचार तथा चिंतन का उसके कार्यों तथा कृतित्वों का उसके आंतरिक व्यक्तित्व पर प्रभाव पड़ना स्वाभाविक है।

डॉ. गौतम व्यथित सजग, प्रभावशाली व्यक्ति, शिक्षाविद् एवं सक्रिय सांस्कृतिक कर्मी हैं। इन्होंने समाज की समस्याओं तथा मानवीय संवेदनाओं को बड़ी सूक्ष्मता से देखा, समझा तथा अनुभूत किया है। मनुष्य के दुःख-दर्द तथा सभी अनुभूतियों को बहुत ही मार्मिक ढंग से अपने साहित्य में अभिव्यक्त किया है। डॉ. 'व्यथित' ने ना केवल एक साहित्यकार, उपन्यासकार, कहानीकार, तथ एक कवि के रूप में एक आम व्यक्ति की वेदनाओं को प्रस्तुत किया है बल्कि एक लोक साहित्यकार अध्येयता, रंग-कर्मी, लोक संगीत, लोक संस्कृति तथा लोक नाट्य के उत्थान के लिए एक सांस्कृतिक रंगकर्मी के रूप में समाज में अपने आपको स्थापित किया है। हिमाचल प्रदेश के सहित्य, लोक साहित्य, कवि, लेखक, कहानी लेखकों में इनका एक विशिष्ठ स्थान है। लोकगीतों, लोक परंपराओं, लोकनाट्यों, लोक वाद्यों तथा लोक गायकों के लिए हिमाचल प्रदेश में संरक्षण एवं संवर्धन का कार्य कर श्रेष्ठ साहित्यकार के अतिरिक्त एक प्रतिष्ठित सांस्कृतिक कर्मी के रूप मे भी अतुलनीय एवं प्रशंसनीय कार्य किया है। साहित्य, संस्कृति एवं लोक कथाओं के क्षेत्र में डॉ. गौतम 'व्यथित' एक सशक्त हस्ताक्षर हैं। विभिन्न लोक कलाओं तथा लोक विधाओं के प्रचार-प्रसार सहित, कलाकारों के उत्थान तथा प्रोत्साहन के अतिरिक्त सभी लोक शैलियों के संरक्षण, संवर्धन तथा दस्तावेजीकरण में डॉ. व्यथित ने उल्लेखनीय कार्य कर हिमाचल प्रदेश विशेषकर काँगड़ा-चम्बा जनपदीय संस्कृति को सहेजने तथा पोषित करने के उद्देश्य से संरक्षण के रूप में समर्पित भाव से योगदान दिया है।

बहुमुखी प्रतिभा संपन्न व्यक्तित्व के धनी साहित्यकार, कवि, कहानीकार, सम्पादक आदि की भूमिकाओं के अतिरिक्त लोक गायन शैलियों, लोक नृत्यों, लोक वाद्यों, लोक नाट्यों के अध्ययन तथा उनके उत्थान के लिए सांस्कृतिक समाज के सम्मुख एक मुख्य एवं महत्वपूर्ण भूमिका निभाई है। कला से सराबोर एवं परिपूर्ण अपने जीवन में इन्होंने विभिन्न कलाओं के उत्थान के साथ-साथ बहुत से नये लोक कलाकारों को दिशा, निर्देश, प्रेरणा, प्रोत्साहन देने के साथ-साथ मार्गदर्शन किया है। सामान्यतः एक लेखक या कलाकार पहचान पाने तथा प्रतिष्ठित होने के पश्चात प्रायः आम व्यक्तियों या कलाकारों से कटता चला जाता है परन्तु डॉ. 'व्यथित' ने अनेकों लेखकों, लोक गायकों, लोक नर्तकों, लोक वादकों तथा लोक नाट्यकारों को निःस्वार्थ भावना से आगे लाने के लिए काँगड़ा लोक साहित्य परिषद (पंजीकृत नवम्बर 1974) के माध्यम से अथक प्रयास कर अपना बहुमूल्य समय एवं योगदान दिया है।

हिमाचल प्रदेश के कला क्षेत्र में रचनात्मकता, सृजनात्मकता, साहित्य तथा लोक कलाओं के क्षेत्र में डॉ. गौतम शर्मा 'व्यथित' एक संपूर्ण एवं सक्रिय संस्कृति कर्मी हैं। साहित्य लेखन, नाटक, गायन, वादन, नृत्य, लोक नाटकों तथा लोक कलाओं के प्रोत्साहन, उत्थान, संरक्षण तथा संवर्द्धन में डॉ. व्यथित ने हमेशा ही एक रचनात्मकता भूमिका निभाकर योगदान दिया है। इसके अतिरिक्त काँगड़ा जनपदीय लोक कलाओं के निष्पादन, प्रस्तुतिकरण, दस्तावेजीकरण एवं उत्थान में डॉ. व्यथित का उल्लेखनीय योगदान रहा है। काँगड़ा जनपदीय महिला लोकनृत्य 'झमाकड़ा' (1975) तथा विरसा लोक कलाकारों ने नृत्यनाटिका चन्द्रावली (1978) मंचीय संगीत तथा कोरियोग्राफ़ी द्वारा नगरीय मंचों पर पहचान बनाने में महत्वपूर्ण भूमिका निभाई है।

"यद्यपि इन्होंने संगीत में कोई विश्वविद्यालय स्तर के प्रमाण पत्र प्राप्त नहीं किये हैं तथापि युवा काल में संगीतज्ञों की महफ़िलों में श्रोता के रूप में उनके प्रस्तुतिकरण के आरोह-अवरोह तथा स्वर-ताल तथा लय को परंपरागत ढंग से ग्रहण किया है। लोक गीतों की पारंपरिक लोक धुनों तथा स्वर-सरगमों पर अनेक गीत रचे हैं जिनमें प्रेम, हास्य विनोद, बारहमासा, होली गायन आदि शैलियाँ प्रमुख हैं। डॉ. गौतम 'व्यथित' युवाकाल में अपनी स्वरचित पहाड़ी, हिमाचली कविताएँ, गीत ग़ज़लें, विशाल मंचों पर गाकर (सस्वर) प्रस्तुत किया करते थे"। [1]

इनके व्यक्तित्व की ये उपरोक्त विशेषतायें स्वतः ही प्रमाणित करती है कि इनमें संगीत या गायन की प्रवृत्ति जीवन घुट्टी में रही है। इनका सम्पूर्ण परिवेश लोक गायन शैलियों के गायकों की समृद्ध परम्परा का रहा है। इनके पुरखों का देवस्थान के प्रबन्धन से जुड़े रहने के कारण प्रायः कथावार्ताओं, भजन-कीर्तन लोकगायन एवं शास्त्रीय गायन के मंच-आयोजन होते रहते। नि:संदेह परिवेश व्यक्ति के जीवन और उसके व्यक्तित्व विकास में अनायास सहायक होता है। ऐसा इनके जीवन कृत्यों से भी प्रमाणित होता है।

जीवन परिचय एवं पारिवारिक पृष्ठभूमि

डॉ. गौतम शर्मा 'व्यथित' का जन्म तत्कालीन पंजाब प्रांत में जिला काँगड़ा के गाँव नेरटी (शाहपुर) में दीक्षित ब्राह्मण परिवार में श्री फ़क़ीर चन्द के घर 15 अगस्त 1938 को हुआ। एक सितंबर 1972 को इनका क्षेत्र तथा जिला हिमाचल प्रदेश में शामिल किया गया है। इनके दादा वैद्य सरण दास दीक्षित उस समय अपने क्षेत्र के जाने-माने आयुर्वेद, ज्योतिष और कर्मकांड के

[1] डॉ. गौतम शर्मा 'व्यथित' से भेंटवार्ता से प्राप्त जानकारी निवास स्थान नेरटी 03जुलाई, 2021 (शनिवार)

प्रकांड विद्वान थे। इनके पिता लोक चिकित्सक, पुरोहित होने के साथ एक कृषक भी थे। इनकी माता श्रीमती शीला देवी पढ़ी-लिखी नहीं थी परन्तु उनकी अतिथ्य भावना एवं मृदुल स्वभाव सर्वप्रिय था। इनके परिवार में कुल ग्यारह सदस्य थे जिनमें इनके दादा, माता-पिता, छः भाई तथा दो बहनें शामिल थे।

इनका आरंभिक जीवन ग्रामीण परिवेश में बड़ी कठिनाइयों से गुज़रा है। भूमि विवादों के कारण वर्ष 1952 में इनकी आर्थिक स्थिति अव्यवस्थित हो गई। इसी कारण इन्हें दसवीं की परीक्षा पास करने के उपरांत कॉलेज की पढ़ाई का अवसर प्राप्त नहीं हुआ। अपने बचपन की कठिनाइयों, अनुभवों तथा आभाओं को डॉ. व्यथित के साहित्य तथा लेखन में भी देखा जा सकता है। अपने बचपन के अनुभवों को इन्होंने अपने साहित्य सृजन की अनेक विधाओं में व्यक्त किया है।

इनकी धर्मपत्नी श्रीमती स्वर्णलता एक कुशलगृहणी हैं। धर्म-कर्म, संस्कार तथा अतिथ्य के लिए श्रीमती शर्मा इनकी अर्धांगिनी होने के साथ-साथ परिवार की एक महत्वपूर्ण कड़ी हैं। प्राथमिक विद्यालय अध्यापिका होने के साथ-साथ इनकी हर सांस्कृतिक गतिविधियों में सहयोगी की भूमिका निभाती हैं।

डॉ. व्यथित की दो बेटियां तथा दो बेटे हैं। इनकी बड़ी बेटी मीनाक्षी दत्ता राजकीय महाविद्यालय शाहपुर से प्राचार्या के पद से सेवा निवृत्त हुई हैं। छोटी बेटी रेणु हैं। इनके दो पुत्र दुर्गेश एवं लोकेश हैं। दोनों के पास साहित्य, सृजन एवं मंचीय गतिविधियों की विरासत है। दोनों स्नातकोत्तर शिक्षा के बाद अध्यापन, प्रबंधन एवं संस्कृति के क्षेत्र में समर्पित हैं। व्यथित जी बड़ी कुशलता के साथ अपने पारिवारिक एवं सामाजिक दायित्वों का निर्वहन करते हैं। आज उनका जीवन पारिवारिक, सामाजिक, सांस्कृतिक तथा आर्थिक रूप से पूर्णतः समृद्ध है। डॉ. 'व्यथित'

नवीन सृजनात्मकता तथा रचनात्मकता से भरपूर एक सक्रिय सांस्कृतिक कर्मी के रूप में अपना जीवन व्यतीत कर रहे हैं। [1]

'व्यथित' उपनाम के मायने एवं आशय

अपने नाम के अन्त में 'व्यथित' उपनाम लगाने के लिये लेखक द्वारा जिज्ञासा प्रकट करने पर डॉ. गौतम शर्मा ने कहा- वर्ष 1957 में मेरी नियुक्ति तहसील काँगड़ा के बोह की प्राथमिक पाठशाला में हुई। विकास से अछूते उस गाँव में जीवन अनेक चुनौतियों से भरा था। अतः उस समय स्वाध्याय की ओर लगाया। उसी समय कविता तथा साहित्य लेखन का नया-नया शौक़ पैदा हुआ। तब लेखक अपने नाम के आगे उपनाम या तख़ल्लुस रखते थे। मैंने भी इसी बात से प्रभावित होकर 'व्यथित' उपनाम जोड़ लिया। मुझे कई लोगों ने पूछा कि आप व्यथित या दुःखी क्यों हो? मैं उनको यह बताता हूँ कि हाँ मैं व्यथा, दुःख, पीड़ा या दर्द को अनुभूत करता हूँ जब मैं किसी को किसी भी कारण से दुःख, दर्द, बीमारी या अभाव से ग्रस्त देखता हूँ तो मुझे जो तक़लीफ़, पीड़ा या वेदना होती है उससे मैं संवेदित होता हूँ। इस कारण 'व्यथित' हूँ। [2]

शिक्षा एवं व्यावसायिक पृष्ठभूमि

डॉ. गौतम शर्मा ने अपनी प्रारंभिक शिक्षा डिस्ट्रिक्ट बोर्ड लोअर मिडल स्कूल नेरटी काँगड़ा से प्राप्त की तत्पश्चात् कक्षा छठी से दसवीं तक की पढ़ाई हाई स्कूल रैत से ग्रहण की। दसवीं पास करने के पश्चात नौकरी की खोज में वे सबसे पहले चम्बा गये और उसके बाद बेरका अमृतसर में ज्येष्ठ मामा विश्नदास क्षेत्रीय

---

[1] साक्षात्कार डॉ. गौतम व्यथित 9 जनवरी 2021 शनिवार नेरटी निवास स्थान

[2] साक्षात्कार भेंटवार्ता डॉ. गौतम शर्मा व्यथित 3 जुलाई, 2021 शनिवार निवास स्थान नेरटी ज़िला काँगड़ा

के पास चले गये। दुर्भाग्यवश नौकरी न मिलने के कारण घर वापिस लौट आए। तदोपरांत सन 1956-57 में सनातन धर्म कॉलेज बैजनाथ में एक वर्ष की जे. बी. टी. का प्रशिक्षण लेकर मात्र 19 वर्ष की आयु में शिक्षक के रूप में कार्यरत हो गए।

डॉ. गौतम शर्मा व्यथित की प्रथम नियुक्ति 25 नवम्बर, 1957 को तहसील काँगड़ा के पहाड़ी दुर्गम गाँव 'बोह' की प्राथमिक पाठशाला में हुई। इन्होंने सन उन्नीस 1966 में प्रशिक्षित स्नातक अध्यापक बी. एड. का प्रशिक्षण लिया तथा 1968 में पंजाब विश्वविद्यालय चंडीगढ़ से हिन्दी विषय में स्नातकोत्तर की उपाधि प्राप्त की। मार्च 1970 में सेकंडरी स्कूल स्तर के प्रवक्ता बने तथा जनवरी 1974 में गुरुनानक विश्वविद्यालय अमृतसर से विद्यावाचस्पति (पी. एच. डी.) की उपाधि प्राप्त की। मार्च, 1974 में ही डॉ. गौतम शर्मा 'व्यथित' हिंदी विषय में प्राध्यापक नियुक्त हुए। डॉ. गौतम शर्मा 'व्यथित' को गुरुनानक विश्वविद्यालय के हिन्दी विभाग के प्रथम पी. एच. डी. (11 जनवरी, 1974) होने का गौरव प्राप्त है। [1]

सन 1977 में डॉ. गौतम शर्मा 'व्यथित' ने राजकीय महाविद्यालय धर्मशाला के स्नातकोत्तर हिंदी विभाग में प्राध्यापक के रूप में कार्य करना प्रारंभ किया तथा 31 अगस्त 1996 को इसी महाविद्यालय से लगभग बीस वर्ष कार्य करने के उपरांत वरिष्ठ प्राध्यापक के रूप में सेवा निवृत हुए। सेवानिवृत होने के पश्चात इन्होंने अपने बौद्धिक तथा व्यक्तित्व विकास के लिए दर्शन निष्णात तथा पी. एच. डी. के छात्रों को दिशा निर्देश देने का कार्य प्रारंभ किया, तत्पश्चात् वर्ष 1997 से 1999 तक सनातन धर्म महाविद्यालय बड़ोह जिला काँगड़ा में प्राचार्य के रूप में नियुक्त होकर दो वर्ष तक समर्पित भाव से कार्यरत रहे। इसके पश्चात वर्ष

---

[1] भेंटवार्ता डॉ. गौतम शर्मा 'व्यथित', 9 नवम्बर निवास स्थान नेरटी

1982 में इनके द्वारा स्थापित किए गए विजयशील आदर्श विद्यालय में प्रबंधक एवं निर्देशक के पद पर कार्य किया। वर्ष 2002-2007 तक हिमाचल प्रदेश विश्वविद्यालय क्षेत्रीय अध्ययन केंद्र धर्मशाला में पुनः अतिथि संकाय के अन्तर्गत प्राध्यापन किया। वर्ष 2016-2017, 2019-2020 के मध्य हिमाचल प्रदेश केंद्रीय विश्वविद्यालय, धर्मशाला में हिंदी विभाग में शिक्षण सेवायें दी। वर्तमान में भी डॉ. गौतम शर्मा 'व्यथित' कई सरकारी, गैर सरकारी, सांस्कृतिक संगठनों के साथ सक्रियता से जुड़े हुए हैं। सामाजिक, शैक्षिक तथा सांस्कृतिक अवसरों पर एक विशिष्ट कला कर्मी के रूप में आपकी उपस्थिति कार्यक्रमों की गरिमा को बढ़ाती है। वयोवृद्ध, शिक्षाविद, सांस्कृतिक कर्मी, साहित्यकार तथा समाज सुधारक के रूप में समाज में बहुत ही प्रतिष्ठित हैं। इन्होंने 1982 में अपने गाँव में विजय शील शिक्षा संस्कृति संस्थान की स्थापना कर 1982 में विजय शील आदर्श विद्यालय आरंभ किया जो 2019 तक 10+2 स्तर तक कला तथा विज्ञान संकाय संचालित किया। वर्ष 1984 में इसी शिक्षण संस्थान की एक शाखा चड़ी गाँव में शुरु की जो अब वहाँ डडियाला कॉलोनी में चल रही है। ये शिक्षण संस्थाएँ डॉ. व्यथित की शिक्षा, संस्कृति, लोक संगीत, लोक नृत्य, लोक नाट्य आदि की कर्मभूमि रही है जिनका प्रशिक्षण, प्रदर्शन राजमंदिर परिसर नेरटी में स्थापित ग्रामीण निष्पादन कला केंद्र में वर्ष 1972 से आज तक हो रहा है।[1]

सांस्कृतिक कर्मी के रूप में दृष्टि एवं विचारधारा

डॉ. गौतम शर्मा 'व्यथित' एक लोकप्रिय साहित्यकार, सांस्कृतिक कर्मी एवं बहुमुखी व्यक्तित्व हैं। जिन्होंने सामाजिक

---

[1] साक्षात्कार डॉ. गौतम 'व्यथित' निवास स्थान नेरटी 3 जुलाई 2021 शनिवार

परिवेश में मानव जीवन की परिवेशगत समस्याओं एवं मानवीय संवेदनाओं को बड़ी ही गहराई एवं गंभीरता से अनुभूत कर साहित्यिक तथा लोक साहित्य का सृजन किया है। डॉ. गौतम 'व्यथित' हिमाचल प्रदेश के एक प्रसिद्ध एवं प्रतिष्ठित शिक्षाविद, साहित्यकार, समाज सुधारक एवं सांस्कृतिक कर्मी हैं जिन्होंने न केवल हिंदी साहित्य के क्षेत्र में बल्कि लोक कलाओं, लोक संगीत, लोक नृत्य, लोक भाषाओं, लोक नाट्यों तथा लोक साहित्य के क्षेत्र में अद्वितीय, उदाहरणीय तथा उल्लेखनीय हिमाचल के काँगड़ा जनपद की धरोहर का संरक्षण एवं संवर्धन किया है।

ग्रामीण कलाओं को नगरीय कला मंचों पर प्रस्तुत करने, ग्रामीण कलाकारों को विशाल मंचों पर कला प्रदर्शन के अवसर प्रदान करने के लिए डॉ. व्यथित का योगदान उदाहरणीय है। सामाजिक विकृतियों, कुरीतियों, बुरी आदतों तथा बुरी संगति के विरोध में डॉ. व्यथित लगभग 50 वर्षों से समाज में उत्कृष्ट तथा सराहनीय कार्य कर रहे हैं।

लोक गीतों पर पुस्तक करते हुए इनकी लोक प्रवृत्ति लोक संस्कृति की पारंपरिक धाराओं से जुड़ती गई जिसको शब्द एवं मंच प्रदान करने के उद्देश्य से अपने सह कलाकर्मियों को साथ लेकर वर्ष 1973 में 'काँगड़ा लोक साहित्य परिषद' की स्थापना की। इन्होंने सामाजिक सुधार हेतु अपने गाँव में राजमंदिर नेरटी में सन 1978 में युवा बाल विकास मंच का पंजीकरण करवा कर स्थापना की तथा इसे ही सामाजिक जागरूकता एवं सुधार का माध्यम बनाया। समाज में जातिवाद को दूर करने के लिये डॉ. व्यथित हर समय तत्पर रहते हैं। इन्हीं सामाजिक कार्यों तथा सक्रियता का प्रभाव इनकी विचारधारा, चिंतन तथा व्यक्तित्व पर भी पड़ा।

एक सांस्कृतिक कर्मी के कृतित्व को उसके व्यक्तित्व, पारिवारिक जीवन, एवं सामाजिक परिवेश से पृथक करके नहीं देखा जा सकता क्योंकि एक साहित्यकार, लेखक, लोक कलाकार तथा सांस्कृतिक कर्मी के विचार, भावनायें तथा सृजनात्मक कार्य उसके जीवन की प्रतिछाया ही होते हैं। वह युग की परिस्थितियों तथा सामाजिक सरोकारों से विमुख नहीं हो सकता। इसी कारण इन्होंने आडम्बरों, रुढ़ियों, विकृतियों एवं विषमताओं को अपने साहित्य लोक साहित्य तथा सामाजिक सक्रियता में व्यक्त किया।

डॉ. गौतम व्यथित का विचार है कि व्यक्ति की अस्मिता और जागरुकता कर्मशीलता में ही बनी रहती है। डॉ. व्यथित एक धीर, गंभीर, चिंतक, संयमित, संवेदनशील तथा अनुशासित विद्वान हैं। इनकी कार्य के प्रति निष्ठा, तन्मयता तथा कर्मठता आज भी सभी के लिये अनुकरणीय एवं उदाहरणीय है। इन्होंने हिमाचल प्रदेश के काँगड़ा जनपदीय लोकनृत्य, लोक संगीत, लोक नाट्यों के विविध आयामों का संरक्षण, संवर्द्धन, संकलन, सम्पादन, शोधन, परिमार्जन एवं प्रस्तुतिकरण करते हुए उनका दस्तावेजीकरण किया है जिन्हें लोक साहित्य-संस्कृति पुस्तकालय राजमन्दिर नेरटी में संरक्षित किया गया है। डॉ. गौतम शर्मा व्यथित प्रदेश में सांस्कृतिक संस्था का पर्याय भी बन चुके हैं। काँगड़ा का प्रसिद्ध विवाह महिला नृत्य झमाकड़ा को देश तथा अंतर्राष्ट्रीय स्तर पर स्थापित करने में डॉ. गौतम व्यथित का अमूल्य एवं अतुलनीय योगदान रहा है। [1]

---

[1] संदर्भ – यंग इंडिया पत्रिका लंदन, वर्ष

शोध निर्देशन

डॉ. गौतम शर्मा 'व्यथित' ने शिक्षण, पुस्तक लेखन के साथ-साथ शोध निर्देशन भी बड़ी रुचि तथा व्यापक स्तर पर किया है। इनके निर्देशन में अब तक हिंदी में दो तथा लोक संगीत में पुस्तक कर विद्यावाचस्पति की उपाधि प्राप्त की है जिनमें डॉ. प्रेम भारद्वाज ने कथा साहित्य हिमाचल प्रदेश की लोक कथा का मनोवैज्ञानिक अध्ययन (1990) डॉ. प्रमोद पठानिया ने दुष्यन्त का काव्य वस्तु एवं शिल्प (1994) और डॉ. देवराज शर्मा ने काँगड़ा के लोक गीतों का स्वरांकन एवं अध्ययन पर पी. एच. डी. की उपाधियाँ इनके निर्देशन तथा मार्गदर्शन में प्राप्त की है।

इन्होंने डॉ. इन्दू पराशर, डॉ. राजेन्द्र गुरुंग, डॉ. बलवन्त ठाकुर, डॉ. सतीश ठाकुर को भी पी. एच. डी. के शोध कार्य में सह निर्देशन प्रदान किया है। डॉ. व्यथित ने लगभग 13 पाठकों का दर्शन निष्णात की उपाधि के लिये शोध निर्देशन किया है। विदेशी शोध छात्र भी डॉ. व्यथित से लोक संस्कृति एवं काँगड़ा की भाषा सम्बन्धी जानकारी प्राप्त कर लाभान्वित हुए हैं। निरंतर अध्ययनरत डॉ. व्यथित वर्तमान में पुस्तक लेखन, शिक्षण, सामाजिक गतिविधियों, सांस्कृतिक गतिविधियों में आज भी पूरी तरह से सक्रिय रहते हैं तथा सामाजिक कर्तव्य समझकर गौरवान्वित अनुभव करते हैं। विभिन्न परियोजनाओं, लेखन, प्रशिक्षण, स्वअध्ययन तथा सेवा के उद्देश्य से इन्होंने राजमंदिर नेरटी तहसील शाहपुर में लोक संस्कृति, पुस्तक संस्थान तथा पुस्तकालय को स्थापित कर ग्रामीण स्तर पर एक आदर्श स्थापित किया है। सांस्कृतिक, साहित्यिक एवं सामाजिक गतिविधयों के कारण राजमंदिर परिसर नेरटी को प्रदेश तथा देश के विभिन्न भागों में जाना जाता है। इन्हीं विशेषताओं के कारण वर्ष 2011 में इनका गाँव नेरटी प्रदेश सरकार की 'हर गाँव की कहानी' योजना

में सम्मिलित हुआ। इस योजना में यह गाँव जिला काँगड़ा का प्रथम था।

डॉ. गौतम व्यथित पर लघु शोध प्रबंध

1. डॉ. गौतम शर्मा 'व्यथित' व्यक्तित्व एवं कृतित्व हिमाचल प्रदेश विश्वविद्यालय शिमला 2004-2005 शोध छात्रा- कु. मीना शर्मा शोध निर्देशन- डॉ. मीनाक्षी दत्ता
2. डॉ. गौतम व्यथित के ग़ज़ल संग्रह अंजुरी का मूल्यांकन हिमाचल प्रदेश विश्वविद्यालय शोध छात्रा- रमन शर्मा शोध निर्देशन- डॉ. मीनाक्षी दत्ता

डॉ. व्यथित पर पीएचडी शोध कार्य

प्रो. सुरेश शर्मा (पुस्तक लेखक) ने अक्टूबर 2023 में काँगड़ा जनपदीय लोक संगीत एवं लोक नाट्य में डॉ. गौतम शर्मा 'व्यथित' का योगदान शीर्षक से शोध कार्य सम्पन्न कर पीएचडी की उपाधि प्राप्त की। यह शोध कार्य हिमाचल प्रदेश विश्वविद्यालय के संगीत विभागाध्यक्ष डॉ. जीतराम शर्मा के निर्देशन में सम्पन्न हुआ।

विभिन्न संस्थाओं एवं अकादमियों की सदस्यता एवं अवैतनिक पद

डॉ. 'व्यथित' साहित्य में गहन रुचि के साथ विभिन्न सरकारी, ग़ैर सरकारी, सांस्कृतिक, साहित्यिक, सामाजिक संस्थाओं एवं अकादमियों में भी सक्रिय सदस्य के रूप में कार्यरत रहे हैं। वे कई सरकारी, गैर-सरकारी संस्थाओं के सदस्य तथा पदाधिकारी भी रही हैं वर्षों पूर्व से वर्तमान में भी वे कई सामाजिक, सांस्कृतिक तथा साहित्यिक संस्थाओं के पदाधिकारी बन कर समाज निर्माण

में अपना सक्रिय तथा रचनात्मक सहयोग दे रहे हैं जिनका उल्लेख इस प्रकार है-

1. काँगड़ा लोक साहित्य परिषद पंजीकृत (साहित्यिक सांस्कृतिक अराजपत्रित) संगठन के संस्थापक वर्ष 1972
2. हिमाचल प्रदेश भाषा, कला संस्कृति अकादमी के मनोनीत सदस्य वर्ष 1985-1990 तक
3. सदस्य हिंदी साहित्य आकादमी (पटियाला) पंजाब 1986-88
4. सदस्य हिमाचल प्रदेश भाषा-संस्कृति अकादमी सामान्य परिषद शिमला 1982-1992
5. सदस्य पहाड़ी भाषा एवं साहित्य विकास स्थाई समिति हिमाचल भाषा-कला-संस्कृति अकादमी शिमला वर्ष 1993-1995 तथा 2002-2005
6. सदस्य अक्सर-कमेटी वर्ष 2000
7. सदस्य हिमाचल प्रदेश विश्वविद्यालय हिन्दी विभाग पाठ्यक्रम समिति 1994-1996
8. सदस्य काँगड़ा कल्चरल सोसाइटी धर्मशाला 1974-1990
9. सदस्य हिंदी साहित्य संगम तथा भाषा संगम 1960-1970
10. सदस्य तथा परामर्शदाता स्वर परीक्षा समिति (लोक संगीत, नाटक एवं उद्घोषक) आकाशवाणी धर्मशाला 1995-1999 तथा 2003-2006
11. उत्तर क्षेत्रीय सांस्कृतिक केन्द्र पटियाला में गणतंत्र दिवस सांस्कृतिक समिति के परामर्श सदस्य
12. सदस्य साहित्य अकादमी, नई दिल्ली में डोगरी सलाहकार समिति नौवाँ दशक
13. सदस्य केंद्रीय विकास भनाला (गोजू) विकास समिति 2002
14. परामर्श दाता, 'उरुषवति', सेंटर फ़ॉर कंटैपोररी आर्ट्स नई दिल्ली 2001 से 2002 तक

15. वरिष्ठ सलाहकार वर्ष 2001-2003 तक जिला काँगड़ा मान्यता प्राप्त निजी विद्यालयों के संगठन के अध्यक्ष तथा 2003 से अब तक
16. मनोनीत सदस्य हिमाचल भाषा कला संस्कृति विभाग अकादमी, सामान्य परिषद तथा सदस्य पहाड़ी भाषा एवं साहित्य विकास स्थाई समिति के पुनः मनोनीत सदस्य वर्ष 2004 से वर्तमान तक
17. संस्थापक निदेशक ग्रामीण कला विकास मंच व बाल रंगमंच नेरटी काँगड़ा
18. संस्थापक अध्यक्ष विजयशील शिक्षा-संस्कृति, पर्यावरण संस्थान नेरटी वर्ष 1982 अद्यतन
19. संस्थापक अध्यक्ष विवेकानंद शिक्षा संस्कृति, कला एवं पर्यावरण सोसाइटी डढम्भ, काँगड़ा वर्ष 2000 से
20. सदस्य जिला साक्षरता समिति 1995-2000
21. सचिव जिला साक्षरता समिति काँगड़ा 1996-1997
22. मुख्य संपादक 'अक्षर धारा' जिला साक्षरता समिति काँगड़ा, धर्मशाला 1992-2000
23. मुख्य संपादक वाणेश्वरी (पाक्षिक) 1987 से
24. मनोनीत सदस्य उपभोक्ता मंत्रालय भारत सरकार की हिन्दी सलाहकार समिति वर्ष 2004-2006
25. सदस्य अकादमी समिति हिमाचल प्रदेश स्कूल शिक्षा बोर्ड धर्मशाला अप्रैल 2004 अप्रैल 2008
26. संस्थापक सदस्य व परामर्शदाता 'हिम लोक' भाषा एवं आदिवासी अकादमी बड़ोदरा, गुजरात
27. मनोनीत सदस्य व कार्यकारी परिषद व सदस्य सामान्य परिषद हिमाचल प्रदेश भाषा संस्कृति अकादमी शिमला वर्ष जनवरी 2014 से 2017 संप्रति काल में प्रतिनिधि पहाड़ी – हिमाचल 2019

28. मनोनीत संयोजक पहाड़ी भाषा एवं साहित्य विकास स्थाई समिति हिमाचल प्रदेश भाषा-कला-संस्कृति अकादमी शिमला 2014 से 2017 तक

अधिछात्रवृत्तियां

1. विश्वविद्यालय अनुदान आयोग द्वारा प्रदत्त अधिछात्रवृत्ति वर्ष 1987-1988
2. हिमाचल प्रदेश भाषा संस्कृति अकादमी अधिछात्रवृत्ति वर्ष 1987-1988
3. मानव संसाधन एवं विकास मंत्रालय भारत सरकार की ओर से वर्ष 1989-1991 दो वर्षीय सीनियर फ़ेलोशिप
4. हिमाचल प्रदेश भाषा संस्कृति अकादमी पुस्तक परियोजना वर्ष 2007-2008

संस्कृति निष्पादन-कला, साहित्य एवं शिक्षा सम्मान

डॉ. गौतम व्यथित साहित्य, कला, लेखन, सृजन के साथ सांस्कृतिक गतिविधियों से निरंतर जुड़े रहे हैं। साहित्य, संगीत, लोक कलाओं, शिक्षा तथा संस्कृति के लिए उन्हें कई सामाजिक, शैक्षणिक तथा कला संस्थाओं द्वारा सम्मानित किया जा चुका है।

1. गुरु नानक विश्वविद्यालय अमृतसर के हिंदी विभाग से जनवरी 1974 में प्रथम पी. एच. डी. उपाधि प्राप्त करने पर साहित्य संगठन बैजनाथ (पंजीकृत) द्वारा साहित्य पुस्तक-सम्मान
2. हिमाचल भाषा-कला-संस्कृति अकादमी, लोक संस्कृति अकादमी अवार्ड 1983 (कागज़ का हंस) लोक कथा संग्रह प्रथम पुरस्कार
3. काँगड़ा जनपदीय लोक संस्कृति व साहित्य में योगदान हेतु पंजाब साहित्य अकादमी पटियाला द्वारा राष्ट्रपति भवन दिल्ली के आयोजन में राष्ट्रपति सम्मान-1986

4. पहाड़ी ग़ज़ल संग्रह "गास्सें हत्य पुजाणे कियां" हेतु हिमाचल प्रदेश भाषा कला संस्कृति अकादमी साहित्य अवार्ड 1988
5. हिमाचल केसरी लोक साहित्य अवार्ड-1988
6. काँगड़ा लोक साहित्य परिषद हेतु हिमोत्कर्ष अवार्ड-1988
7. डोगरी संस्था जम्मू द्वारा साहित्य अवार्ड 1996
8. बाल सहयोग अवार्ड वर्ष 2000 युनाइटेड चिल्ड्रन मूवमेंट नई दिल्ली
9. हिमाचल केसरी मंच पर महामहिम दलाई लामा द्वारा लोक संस्कृति अवार्ड (1988) से सम्मानित
10. शिक्षा एवं संस्कृति प्रचार हेतु लोक संस्कृति सम्मान-1998 (बडोह)
11. जिला साक्षरता समिति काँगड़ा स्थित धर्मशाला द्वारा साक्षरता मिशन में सहयोग हेतु साक्षरता सम्मान-2000
12. जैमिनी अकादमी पानीपत द्वारा साहित्य कला संस्कृति क्षेत्र में प्रदत्त सेवाओं के लिए सहस्त्राब्दी रत्न सम्मान-2000
13. रोटरी क्लब काँगड़ा द्वारा साहित्य संस्कृति में योगदान हेतु रोटरी क्लब सम्मान-2001
14. रामवृक्ष बेनीपुरी जन्म शताब्दी सम्मान-2002
15. पंजाब नैशनल बैंक नगर भाषा परिषद द्वारा भाषा सम्मान-2002
16. राष्ट्रभाषा रफ़ी सम्मान 2003
17. 'कर्मवीर उपाधि' डॉ. यशवंत सिंह परमार सम्मान 2004
18. हिमोत्कर्ष साहित्य अवार्ड व हिमाचल श्री उपाधि 2005
19. पुरोहित चंद्रशेखर वेवस स्मृति लोक साहित्य राष्ट्रीय सम्मान 2006-2007
20. महा पंजाब संस्कृति सम्मान तरनतारन अमृतसर-2007
21. हिमाचल केसरी साहित्य सम्मान-2007

22. राष्ट्रीय साहित्य अकादमी दिल्ली द्वारा हिमाचली-पहाड़ी भाषा एवं साहित्य में विशेष योगदान हेतु प्रदत्त भाषा सम्मान-2007
23. दिव्य हिमाचल समाचार समूह द्वारा हिमाचल एक्सीलेंस अवार्ड-2013 (आर्ट प्रमोटर ऑफ़ द ईयर)
24. साहित्य-संस्कृति प्रसार में योगदान हेतु कुनिहार कला मंच सम्मान-2013
25. राजकीय अध्यापक शिक्षा महाविद्यालय, धर्मशाला द्वारा जी. सी. टी. ई. अवार्ड ऑफ़ ऑनर-2013 से सम्मानित
26. सर्वहितकारी सभा सुजानपुर टीहरा में साहित्य-संस्कृति के क्षेत्र में माननीय मुख्यमंत्री वीरभद्र सिंह द्वारा शान-ए-हिमाचल अवार्ड-2014 से सम्मानित
27. डॉ. हर्ष नंदिनी भाटिया स्मृति सम्मान अगस्त-2021
28. इन्दिरा कला विश्वविद्यालय द्वारा सम्मानित वर्ष-2022
29. हिमाचल प्रदेश सरकार द्वारा वर्ष 2021 के लिए हिमाचल दिवस-2022 को हिमाचल गौरव पुरस्कार द्वारा सम्मानित

कृतित्व

किसी भी कलाकार, साहित्यकार तथा सांस्कृतिक कर्मी की अभिव्यक्ति उसके कृतित्व से होती है। उसके वर्षों की साधना तथा उसके कृतित्व से उसका व्यक्तित्व की पहचान होती है। किसी भी व्यक्ति विशेष में उसका प्रभाव उसके कृतित्व में झलकता है। इसका अर्थ यह है कि यदि व्यक्तित्व बड़ा है तो निश्चित रूप से उसका कृतित्व भी बड़ा होगा। किसी भी व्यक्ति के कार्यों से ही उसके व्यक्तित्व की पहचान होती है। कृतित्व से अभिप्राय उन सभी क्रियात्मक, व्यावहारिक, रचनात्मकता तथा विषय विशेष में सृजनात्मक कार्यों से है जो उस व्यक्ति ने समाज तथा भविष्य की पीढ़ियों के लिए संरक्षित किए हैं। एक

रचनाकार, संगीतकार, नाटककार, साहित्यकार, कलाकार तथा सांस्कृतिक कर्मी को समाज का प्रतिबिम्ब कहा जाता है। समाज की अच्छाई या बुराई उसकी कलाओं से प्रतिबिम्बित होती है। उसकी कला, लेखन तथा विभिन्न सृजनात्मक कार्यों से समाज में घटित हो रही सभी अच्छी या बुरी घटनाएँ प्रदर्शित होती हैं। कलाकार की कलाकृतियों तथा भावभिव्यक्ति में सामाजिक घटनाओं का प्रभाव पड़ना स्वाभाविक है। कलाकार सृजन तथा रचना करता है। वह जिस परिवेश तथा समाज में जन्म लेता है, अपना जीवन निर्वाह करता है उसके जीवन का हर पहलू समाज से जुड़ा रहता है। उसकी जीवन प्रक्रिया इसी समाज में समानांतर चलती रहती है। इसके सामाजिक परिवेश तथा वातावरण में घटित प्रत्येक घटना उसके मन मस्तिष्क पर गहरा प्रभाव छोड़ती हैं जो कालान्तर में उसके लेखन, साहित्य, संगीत, कला सृजन तथा कलाकृतियों के सृजन का आधार बनती है।

साहित्यकार, कलाकार, संगीतज्ञ, अभिनेता तथा सांस्कृतिक कर्मी सामान्य मनुष्य से अधिक संवेदनशील माने जाते हैं। उनकी भावनाएँ, संवेदनाएं, अनुभूतियों, घटनाओं के प्रभाव उसकी रचनात्मकता तथा सृजनात्मक प्रक्रिया पर प्रभाव डालते हैं।

व्यक्ति के विचार, व्यवहार, मान्यता तथा रचनात्मकता से किसी भी साहित्यकार, नाट्य-कर्मी, संगीतज्ञ या सांस्कृतिक कर्मी के कृतित्व का पता लगा सकते हैं। यह भी पता चल सकता है कि सृजनकर्ता ने किस परिवेश तथा परिस्थिति तथा मनः स्थिति में किस कृति की रचना की है। डॉ. गौतम शर्मा 'व्यथित' एक स्थापित एवं प्रतिष्ठित साहित्यकार, लेखक, कवि, कहानीकार तथा सांस्कृतिक कर्मी हैं तथा इनकी कृतित्व की पृष्ठभूमि में इनकी अनुभूति तथा दुःख, दर्द तथा वेदना को देखा एवं समझा जा

सकता है। डॉ. व्यथित का सम्पूर्ण जीवन ग्रामीण कलाओं के निष्पादन के प्रति समर्पित रहा है।

व्यक्ति की अभिव्यक्ति ही उसका कृतित्व है। व्यक्तिगत मान्यतायें, धारणायें और वैचारिक प्रतिक्रियायें कृतित्व में रूपायित होती हैं।

गौतम 'व्यथित' एक विशाल, धीर, गंभीर तथा विद्वान प्रतिभा संपन्न व्यक्ति है जो विभिन्न कला रूपों को अपने आप में आत्म सात किये हुए हैं। इन्होंने साहित्यकार, लोक साहित्यकार, अध्येयता, कवि, कहानीकार, उपन्यासकार एवं नाटककार, समाज सेवी, लेखक, सांस्कृतिक कर्मी तथा लोक कलाओं के विकास, संरक्षण एवं संवर्द्धन में एक संपूर्ण कलाकार चिंतक, विश्लेषक, संरक्षक एवं निर्देश के रूप में जीवन पर्यन्त कार्य किया है। [1]

इनका बहुयामी व्यक्तित्व, उनकी सोच तथा उनके किये गए कार्यों से ही समाज में प्रतिबिम्बित एवं प्रतिष्ठित हुआ है। इनके बहुयामी व्यक्तित्व की विशालता, समग्रता तथा उनके कृतित्व को विभिन्न भागों में वर्गीकृत किया जा सकता है।

लोकगीत, लोकनाट्य, लोक संस्कृति, लोक कलाओं के विकास तथा संरक्षण में कार्य

1. काँगड़ा जनपदीय महिला लोक नृत्य 'झमाकड़ा' का सर्वेक्षण, संपादन, मंचीय स्वरूप निर्धारण व मंच्चीयकरण 1974 में प्रथम प्रदर्शन
2. अपना उत्सव (1987) राष्ट्रीय लोक उत्सव दिल्ली में धर्मशाला महाविद्यालय की छात्राओं के माध्यम से अनेक खुले मंचों पर झमाकड़ा लोकनृत्य की प्रस्तुतियां

---

[1] डॉ. भगीरथ मिस्र, व्यक्तित्व एवं कृतित्व डॉ. पी ललिताम्बा

3. हिमाचल उत्सव (1988) में काँगड़ा लोक साहित्य परिषद के झमाकड़ा लोक नृत्य दल द्वारा भागीदारी महामहिम राज्यपाल हिमाचल प्रदेश द्वारा सम्मानित
4. संगीत नाटक अकादमी दिल्ली द्वारा आयोजित 5वें लोकोत्सव वर्ष 1988 में झमाकड़ा लोक नृत्य की प्रस्तुति
5. वर्ष 1976 में राजमन्दिर परिसर नेरटी (काँगड़ा) में ग्रामीण निष्पादन कला विकास मंच की स्थापना एवं निर्माण
6. वर्ष 2005 में राजमन्दिर परिसर नेरटी में लोक संस्कृति-साहित्य पुस्तक पुस्तकालय की स्थापना
7. काँगड़ा लोक साहित्य परिषद के झमाकड़ा नृत्य दल के दो सदस्यों व नरसिंगा वादक ने प्रदेश भाषा-संस्कृति विभाग द्वारा गठित लोकनृत्य दल में इंग्लैंड तथा पश्चिमी जर्मनी में जाने का अवसर प्राप्त किया
8. भगतिया थियेटर का प्रथम मंच्चीय प्रस्तुति राजकीय महाविद्यालय के सभागार में वर्ष 1989
9. उत्तर क्षेत्रीय सांस्कृतिक केन्द्र पटियाला के माध्यम से चंडीगढ़ तथा महावीर स्टेडियम हिसार में लोक नृत्य 'झमाकड़ा' व लोक नाट्य 'भगत' की प्रस्तुतियां
10. राजमंदिर परिसर नेरटी में अब तक 40 परम्परा उत्सवों का आयोजन
11. 70 से अधिक साहित्यकारों-कलाकारों का सम्मान-अलंकरण समारोह आयोजन
12. 200 से अधिक लोक संगीत, लोक वाद्यों, लोक साहित्य, लोक संस्कृति, लोक गीतों, लोक कलाकारों तथा लोक संस्कृति पर कार्यशालायें, सेमिनार, गोष्ठियाँ तथा प्रतियोगिताएं आयोजित
13. वर्ष 1974 से अनेक समारिकायें, पत्रिकायें प्रकाशित
14. वर्ष 1996 से 'वाणेश्वरी' पत्रिका का संपादन प्रकाशन (निरंतर)

फ़िल्म व वीडियो दस्तावेज़ी करण सम्बन्धी कार्य

1. भाषा विभाग हिमाचल प्रदेश द्वारा निर्मित 'गीत गाया पर्वतों ने' दस्तावेज़ी फ़िल्म में सहयोग
2. इंटैक द्वारा 'सुरभि' कार्यक्रम हेतु काँगड़ा लोकनृत्य झमाकड़ा के दस्तावेजीकरण/फ़िल्मांकन में भागीदारी
3. फ़िल्म प्रोड्यूसर शिव दत्त (जम्मू) को टेली फ़िल्म कम्पनी के लिए शिमला से किन्नौर तथा शिमला के प्राचीन/ऐतिहासिक भवन फ़िल्मों के लिए नैरेशन लेखन
4. काँगड़ा भगतिया थियेटर का दस्तावेजीकरण 1988-1989 संस्कृति मंत्रालय भारत सरकार
5. चैत्रगायन व रैली विवाह का दस्तावेजीकरण (संगीत नाटक अकादमी के आर्थिक सहायतानुदान) 2003-2004
6. काँगड़ा जनपदीय महिलाओं के व्रत-त्योहारों का वीडियो दस्तावेजीकरण 2004-2005 (संगीत नाटक अकादमी दिल्ली के आर्थिक सहायता अनुदान से)
7. काँगड़ा जनपदीय ऐंचली (अंचली) गायन वीडियो दस्तावेजीकरण वर्ष 2005-2006 (संगीत नाटक अकादमी)
8. नवोदय विद्यालय हमीरपुर की छात्राओं को एक मास की अवधि की कार्यशाला में झमाकड़ा लोकनृत्य प्रशिक्षण व वीडियो दस्तावेजीकरण
9. हिमाचल प्रदेश के पूर्व मुख्यमंत्री शांता कुमार के हिंदी उपन्यास 'लाजो' के लिए पहाड़ी हिमाचली की फ़िल्म हेतु पटकथा, संवाद व गीत लेखन (दिव्य हिमाचल की प्रस्तुति) 2005
10. काँगड़ा-चम्बा के लोक वाद्यों का वीडियो दस्तावेजीकरण 2009-2010 (संगीत नाटक अकादमी दिल्ली)

11. संस्कार मंत्रालय भारत सरकार के आर्थिक सहायता अनुदान से काँगड़ा जनपथ में पूर्व त्योहारों पर धरती (लिखणू) एवं भित्ति चित्र (दीवार पर पेंटिंग) लेखन का वीडियो दस्तावेजीकरण 2011-2012
12. काँगड़ा जनपदीय महिलाओं द्वारा जन्मगीत, लोकगीतों के गायन का वीडियो दस्तावेजीकरण 2011-2012, संगीत नाटक अकादमी के सहायता अनुदान से
13. काँगड़ा जनपदीय महिलाओं-पुरुषों द्वारा पक्खड़ू एवं छिंझोटी गायन परंपरा का वीडियो दस्तावेजीकरण, संगीत नाटक अकादमी दिल्ली की सहायतानुदान से 2012-2013
14. काँगड़ा के जीवित स्वतंत्रता संग्रामियों का वीडियो दस्तावेजीकरण भाषा विभाग हिमाचल प्रदेश शिमला वर्ष 2013-2014
15. डॉ. एवरहार्ड फ़िशर द्वारा स्वनिर्मित कलाफ़िल्म 'नैनसुख' में कहानी वाचक पंडित जी की भूमिका का अभिनय (वर्ष 2010)
16. बाल फ़ीचर फ़िल्म नन्हें-मुन्ने वीर सिपाही के लिए पटकथा, संवाद लेखन, प्रस्तुति चड्ढा फ़िल्म प्रोडक्शन धर्मशाला वर्ष 1988
17. काँगड़ा जनपद में गुग्गा गायन परंपरा-वीडियो दस्तावेजीकरण 2016-2017
18. काँगड़ा-चम्बा जनपदीय ढोलरू गायन परंपरा-वीडियो दस्तावेजीकरण 2017-2018
19. काँगड़ा-चम्बा जनपदीय होली लोक गायन परंपरा-वीडियो दस्तावेजीकरण 2019-20
20. काँगड़ा जनपद में कांगड़ी-गद्दयाली विवाह रीतियों का दस्तावेजीकरण 2020-2021

राज्य/राष्ट्रीय/अंतर्राष्ट्रीय स्तर की संगोष्ठियों में भागीदारी

1. लोक साहित्य, लोक संस्कृति संबंधी कार्यशालाओं, संगोष्ठियों में पत्र पठन आदि में भागीदारी सन 1970 से अब तक
2. उत्तर क्षेत्रीय सांस्कृतिक केंद्र पटियाला के माध्यम से गणतंत्र दिवस पर सांस्कृतिक दलों के चयन हेतु गठित समिति सदस्य के रूप में भागीदारी
3. हस्कर कमेटी में मनोनीत सदस्य के रूप में भागीदारी
4. भारतीय प्रतिनिधि मंडल में (हिमाचल प्रदेश से प्रतिनिधि रूप में) आठवें विश्व हिन्दी सम्मेलन न्यूयॉर्क-अमेरिका में 13 जुलाई से 15 जुलाई 2011 तक भाग लिया
5. 12 अप्रैल 2022 को एक भारत-श्रेष्ठ भारत तथा 'आज़ादी के अमृत महोत्सव' पर स्रोत पुरुष के रूप में भाग लिया

प्रकाशित हिन्दी साहित्य, पाठ्य-पुस्तकें तथा पत्रिकाएँ

डॉ. गौतम 'व्यथित' मूलतः हिंदी साहित्य के अध्यापन तथा लेखन से जुड़े हैं। इन्होंने अपने लेखन से साहित्य के विकास के लिए बहुत योगदान दिया है। इसी उद्देश्य से गौतम 'व्यथित' साहित्य लेखन, पाठ्य पुस्तकों का लेखन तथा कई पत्रिकाओं का संपादन किया है। इन्होंने हिंदी, पहाड़ी तथा लोक संस्कृति के संरक्षण के लिए लगभग 58 पुस्तकें लिखी हैं।

प्रकाशित हिन्दी साहित्य

1. अनुभूति का दर्द - हिंदी काव्य संग्रह वर्ष 1982
2. अँजुरी - हिंदी ग़ज़ल संग्रह वर्ष 2004
3. उसके लौटने तक - कहानी संग्रह वर्ष 1987
4. रंग अतीत के - लघु नाटक संग्रह वर्ष 1987
5. काग़ज़ का हंस - कथा संग्रह वर्ष 1980 पुरस्कृत

6. नौ लखिया हार - कथा संग्रह वर्ष 1987
7. राजकुमारी और तोता - कथा संग्रह वर्ष 1997
8. काठ का घोड़ा - कथा संग्रह वर्ष 1997
9. जादू का तालाब – कथा संग्रह वर्ष 1997
10. दो ठग – नैशनल बुक ट्रस्ट, वर्ष 2000
11. चौपाल – लोक कहानियां, वर्ष 2004
12. सहज कहानियां - संपादित कहानी संग्रह, वर्ष 1995
13. आस-पास - संपादित कहानी संग्रह, वर्ष 1990
14. काँगड़ा इतिहास और संस्कृति – वर्ष 1993
15. बाबा कांशीराम - मोनोग्राफ साहित्य अकादमी दिल्ली वर्ष 1996
16. लाल चन्द प्रार्थी - मोनोग्राफ हिमाचल प्रदेश भाषा कला संस्कृति अकादमी शिमला वर्ष 1994
17. इतिहास पुरुष राजसिंह – वर्ष 2008
18. रेसमा – वर्ष 2009
19. हिमाचल की गद्दी जनजाति - ललित निबन्ध सम्पादन प्रकाशित 2012 एक सांस्कृतिक अध्ययन
20. काँगड़ा जनपदीय लोक कलायें – पुस्तक 2010
21. धार के आर-पार – उपन्यास वर्ष 2010
22. ओ बसन्त पारवी - हिन्दी काव्य संग्रह वर्ष 2010

पाठ्य पुस्तकें

1. सुमन हिन्दी व्याकरण - उच्च श्रेणियों के लिए वर्ष 1979
2. हिंदी बोध - तृतीय श्रेणी वर्ष 1974
3. स्टार बाल भारती - प्रथम से पाँचवी कक्षा (पाँच भाग) वर्ष 2002
4. न्यू मार्डन इंग्लिस रीडर - प्रथम से पाँचवी कक्षा (पाँच भाग) वर्ष 2003

पत्रिका संम्पादन

1. पलम+2 पाठशाला में - वर्ष 1971-72 रा उ मा विद्यालय डरोह
2. मासिकी सह-संपादन - वर्ष 1980 दिल्ली
3. धौलाधार – राजकीय शिक्षा महाविद्यालय धर्मशाला वर्ष 1975-1977
4. भागसू - राजकीय महाविद्यालय धर्मशाला वर्ष 1978-1972
5. अक्षर धारा - जिला साक्षरता समिति धर्मशाला 1995-1996
6. चंगर - सनातन धर्म महाविद्यालय बड़ोह काँगड़ा वर्ष 1996-98
7. वाणेश्वरी - वर्ष 1996 से प्रकाशन निरन्तर

पुस्तक प्रकाशन

डॉ. गौतम 'व्यथित' ने अपने साहित्यिक जीवन में काव्य, लोक कथा संग्रह, निबंध संग्रह, एकांकी नाटक, लघु कथा संग्रह, लोक गीत संग्रह तथा हिमाचली लोक साहित्य एवं भाषा संबंधी पुस्तक कर हिंदी तथा पहाड़ी में रचनात्मक साहित्य प्रकाशन के क्षेत्र में भी बहुत योगदान दिया है।

काव्य

1. चेते - हिमाचली पहाड़ी काव्य संग्रह वर्ष 1969
2. पुंगरासा - हिमाचली पहाड़ी काव्य संग्रह वर्ष 1974
3. गास्सें हत्थ पुजाणे कियां - हिमाचल पहाड़ी ग़ज़ल वर्ष 1977 (अकादमी द्वारा पुरस्कृत)
4. मिंजरां - संपादित हिमाचली काव्य संग्रह वर्ष 1977
5. गाओ गीत बांटो अक्षर - संपादित हिमाचली पहाड़ी गीत संग्रह वर्ष 1994

6. अक्षर धारा नाटकों द्वारा - सम्पादित वर्ष 1993

लोक कथा संग्रह

1. पहाड़ दे अथरू - वर्ष 1971

निबन्ध संग्रह

1. गितलू - हास्य व्यंग्य, वर्ष 1991
2. किरले दियां सरपटां - पहाड़ी हास्य व्यंग्य

एकांकी नाटक संग्रह

1. मनसुखा - भगत लोकनाट्य पर आधारित नाटक, वर्ष 1991
2. घियाणा – एन. बी. टी. नई दिल्ली, संपादित संग्रह, वर्ष 2009

लोकगीत संग्रह

1. कांगड़ी लोक गीत भाग एक - 126 जन्म से मृत्यु संस्कार लोकगीत
2. कांगड़ी लोक गीत भाग दो – सानुवाद वर्ष 1973
3. ढोलरू-चैती कथायें - 25 ढोलरू की गीतियाँ अनुवाद सहित वर्ष 1992
4. झूमे धरती गाए लोक - प्रणय श्रम एवं विविध लोक गीत संग्रह वर्ष 1988
5. महके आंगन झूमे गाँव – पूजा जातरा, भक्ति सम्बन्धी लोक गीत गाथायें संग्रह वर्ष 1988
6. हिमाचली लोक काव्य बारहमासा – हिमाचल प्रदेश में प्रचलित बारहमासा रूपों का अनुवाद सहित संग्रह वर्ष 2003

लघु कथा संग्रह

1. लूणा दे पुले पर - हिमाचली पहाड़ी सृजनात्मक लघु कथा संग्रह वर्ष 1993

हिमाचली लोक साहित्य एवं भाषा सम्बन्धी पुस्तकें एवं संकलन

1. काँगड़ा के लोकगीत-साहित्यिक विश्लेषण एवं मूल्यांकन - पुस्तक 11 जनवरी 1974, प्रथम शोध प्रबंध गुरुनानक देव विश्वविद्यालय, अमृतसर
2. हिमाचल प्रदेश लोक संस्कृति और साहित्य – नैशनल बुक ट्रस्ट इंडिया वर्ष 1982, अंग्रेज़ी अनुवाद डॉ. मृणाल पांडे वर्ष 1984, पंजाबी अनुवाद डॉ. शहरयार वर्ष 1991, उड़िया अनुवाद वर्ष 2005
3. हिमाचल की लोक नाट्य परम्परा भगत - काँगड़ा जनपद के लोक नाट्य परम्परा का पुस्तक परक अध्ययन वर्ष 1990
4. पहाड़ी साहित्य कने लोक साहित्य – उपन्यास, नाटक एकांकी संग्रह, आलोचना संबंधी शोध कार्य प्रकाशन वर्ष 2001
5. घियाणा - हिमाचली पहाड़ी एकांकी संग्रह (संपादित) प्रकाशक नैशनल ट्रस्ट इंडिया नई दिल्ली वर्ष 2009
6. हिमाचल के लोकगीत – पांगी, चम्बा भरमौर, लाहौल-स्पीति, महासु, सोलन, सिरमौर, किन्नौर, कुल्लू, काँगड़ा, मंडी क्षेत्रों के लोक प्रिय प्रेम गीतों का अनुवाद एवं प्रसंग सहित व्याख्या, बुक ट्रस्ट ऑफ़ इंडिया 2012
7. काँगड़ा चम्बा जनपदीय बिरसा लोक गायन ढोलरु – शीला प्रकाशन वर्ष 2017 राजमंदिर नेरटी काँगड़ा हिमाचल प्रदेश

संगीत नाटक अकादमी संस्कृति मंत्रालय भारत सरकार नई दिल्ली द्वारा वित्तीय पोषित विभिन्न योजनायें

डॉ. गौतम शर्मा, निदेशक- काँगड़ा लोक साहित्य परिषद, काँगड़ा पंजीकृत अराजपत्रित संस्था राज मंदिर नेरटी, तहसील शाहपुर जिला काँगड़ा, अन्य प्रदेश के कुछ सांस्कृतिक कर्मियों के सहयोग से गठन किया गया इस परिषद के तत्वावधान तथा गौतम 'व्यथित' के निर्देशन में विभिन्न समय अवधियों में काँगड़ा-चम्बा जनपदों की गायन शैलियों तथा लोक नाट्यों के अध्ययन, दस्तावेजीकरण, स्वरांकन तथा वीडियो-ग्राफी के माध्यम से संरक्षण करने के उद्देश्य से संगीत नाटक अकादमी नई दिल्ली के वित्तीय सहायतानुदान से तेरह सांस्कृतिक परियोजनाओं को मूर्त रूप दिया गया। कार्ययोजना की आवश्यकतानुसार विभिन्न चरणों में विभिन्न सांस्कृतिक कला कर्मियों को सर्वेक्षण, संकलन, भेंटवार्ता, लेखन, स्वर-लिपी, ध्वनि अंकन, छायाचित्र संकलन तथा वीडियो-ग्राफी करने के निर्देश परियोजना निर्देशक ने दिए। अंतिम चरण में इन सभी परियोजनाओं को आवश्यकतानुसार, कम्प्यूटर टायपिंग, सम्पादन, प्रूफ़ रीडिंग, मुख पृष्ठ आदि की सज्जा के साथ अकादमी द्वारा निर्देशित बिंदुओं के अनुसार अंतिम रूप दिया गया डॉ. 'व्यथित' के निर्देशन में लिखित दस्तावेज़ के साथ विभिन्न गायन शैलियों के लोक गायकों तथा वाद्य वादकों की वीडियो ग्राफी कर डी. वी. डी. तथा ऑडियो सी. डी. भी तैयार कर संरक्षित किया। परियोजना स्वीकृति पत्र में दर्शाए गए नियमों तथा शर्तों की अनुपालना करते हुए इस परियोजना पर व्यय हुए धन-राशि का पूरा विवरण व दस्तावेज़ तैयार कर चार्टर्ड अकाउंटेंट से आडिट करवाया।

इन सभी परियोजनाओं को प्रेषित करने से पूर्व डॉ. व्यथित ने विभिन्न स्थानों पर तथा विभिन्न कलाकार संगठनों तथा विद्यालयों में प्रदर्शित कर उसकी प्रतिक्रिया प्राप्त की। परिषद ने परियोजना स्वीकृति पत्र में दर्शाई शर्तों के अनुसार इस परियोजना को संस्कृति मंत्रालय, भारत सरकार तथा भाषा-कला-संस्कृति अकादमी व भाषा विभाग की वेबसाइट के अतिरिक्त यू-ट्यूब पर भी अपलोड किया। अंततः इन सभी दस्तावेजों को संग्रहीत कर डॉ. व्यथित के निर्देशन में इन परियोजनाओं को भारत सरकार व सचिव भाषा-संस्कृति हिमाचल प्रदेश शिमला को प्रस्तुत किया गया। डॉ. गौतम शर्मा द्वारा संस्कृति मंत्रालय भारत सरकार तथा संगीत नाटक अकादमी दिल्ली के संयुक्त तत्वावधान में पूर्ण इन सभी परियोजनाओं के दस्तावेजीकरण का सम्पूर्ण विवरण इस प्रकार है-

क्र.	परियोजना का नाम	वित्तीय अनुदान	वर्ष
1	काँगड़ा भगतिया थियेटर	संगीत नाटक अकादमी	1988-1989
2	चैत्र गायन व रली विवाह	संगीत नाटक अकादमी	2004-2005
3	काँगड़ा जनपदीय महिलाओं के व्रत त्योहार	संगीत नाटक अकादमी	2004-2005
4	काँगड़ा जनपदीय ऐंचली गायन	संगीत नाटक अकादमी	2005-2006
5	काँगड़ा चम्बा के लोक वाद्य	संगीत नाटक अकादमी	2009-2010

क्र.	परियोजना का नाम	वित्तीय अनुदान	वर्ष
6	लिख़णू एवं भित्ति चित्र (धरती एवं दीवार पर पेंटिंग)	संस्कृति मंत्रालय भारत सरकार	2011-2012
7	पक्खड़ू एवं छिंझोटी गायन	संगीत नाटक अकादमी	2012-2013
8	काँगड़ा के जीवित स्वतंत्रता संग्रामी	हिमाचल प्रदेश भाषा एवं संस्कृति विभाग, शिमला	2013-2014
9	काँगड़ा जनपदीय गुग्गा गायन परम्परा	संगीत नाटक अकादमी	2016-2017
10	काँगड़ा चम्बा जनपदीय ढोलरू गायन परम्परा	संगीत नाटक अकादमी	2017-2018
11	काँगड़ा चम्बा जनपदीय होली लोक गायन परम्परा	संगीत नाटक अकादमी	2019-2020
12	काँगड़ा जनपद में कांगड़ी गद्दयाली विवाह रीतियाँ	संगीत नाटक अकादमी एवं भाषा संस्कृति अकादमी, शिमला	2020-2021
13	काँगड़ा जनपदीय पारम्परित विवाह नृत्य झमाकड़ा	संगीत नाटक अकादमी दिल्ली	

दिव्य हिमाचल के प्रतिबिम्ब परिशिष्ट में अतिथि सम्पादक के रूप में

वर्ष 2020-2021 में डॉ. गौतम शर्मा 'व्यथित' ने हिमाचल प्रदेश के प्रतिष्ठित हिंदी समाचार पत्र के साप्ताहिक साहित्यिक पृष्ठ प्रतिबिम्ब का सम्पादन किया। इस साप्ताहिक पृष्ठ में उन्होंने

सम्पूर्ण हिमाचल प्रदेश के वरिष्ठ तथा कनिष्ठ लोक साहित्यकारों के लेखों का सम्पादन तथा प्रस्तुतीकरण किया। हिमाचल लोक संस्कृति, लोक साहित्य, लोक कलाकार, लोक परम्परायें, लोक नाट्य, लोक वाद्य, लोक नृत्य, लोक पर्व, लोक परिधान, लोक आभूषण आदि विभिन्न विषयों से परिपूर्ण यह परम्परा लोक संस्कृति के संरक्षण एवं संवर्धन में बहुत ही अर्थपूर्ण एवं महत्वपूर्ण साबित हुई। इस लेखन श्रृंखला के विषय निम्नलिखित हैं-

1. लोक साहित्य की हिमाचली परम्परा
2. साहित्य से दूर होता हिमाचली लोक
3. हिमाचली लोक साहित्य का स्वरुप
4. हिमाचली बोलियों के बन्द दरवाज़े
5. हिमाचली बोलियों में साहित्यिक उर्वरता
6. हिमाचली बोलियों में सामाजिक-सांस्कृतिक नेतृत्व
7. सांस्कृतिक विरासत के लेखकीय सरोकार
8. हिमाचली इतिहास से लोक परम्पराओं का ताल्लुक़
9. लोक कलाओं का ऐतिहासिक परिदृश्य
10. हिमाचल जनपदीय साहित्य का अवलोकन
11. लोक गायन में प्रतिबिम्बित साहित्य
12. हिमाचली लोक साहित्य का विधा होना
13. लोक साहित्य में पुस्तक व नये प्रयोग
14. लोक परम्पराओं के सेतु पर हिमाचली भाषा का आंदोलन

प्रकाशनाधीन साहित्य

1. काँगड़ा जनपद के मंदिरों में भित्तिय चित्र लेखन परम्परा
2. काँगड़ा जनपदीय रुमाल परम्परा एवं स्वरुप
3. काँगड़ा चित्रकला
4. काँगड़ा जनपदीय लोक कलाएँ

वर्षों से उन्होंने अपने चिंतन, लेखन तथा पुरुषार्थ से हिमाचली चित्रकला, लोक परम्पराएँ तथा लोक लोक कलाओं के विविध पक्षों पर अधिक्षात्रवृत्तियाँ लेकर शोध परक कार्य किए हैं जो की अप्रकाशित रुप में इनके पास सुरक्षित हैं। हमारा प्रयास रहेगा की ये अमूल्य शोध पत्र प्रकाशित हो और इससे हमारे सारे शोध छात्र लाभान्वित हो सकें।

डॉ. गौतम शर्मा 'व्यथित' वर्तमान में 86 वर्ष की आयु में भी एक युवा की भाँति लेखन तथा संस्कृति कर्मी की ऊर्जा लिए आज भी साहित्यिक, सांस्कृतिक, सामाजिक कार्यों के लिए अथक परिश्रम कर रहे हैं। आठ दशकों का अनुभव प्राप्त यह व्यक्तित्व समाज, युवाओं, कलाकारों, लेखकों, साहित्यकारों तथा संस्कृति कर्मियों के लिए उदाहरणीय, अनुकरणीय, ऊर्जा तथा प्रेरणा का श्रोत हैं।

लोक संगीत एवं लोक नाट्य के संरक्षण एवं संवर्धन में डॉ. गौतम शर्मा 'व्यथित' का योगदान

इस अध्याय में प्रस्तुत विषय पर चर्चा करने से पूर्व यह आवश्यक है कि हम योगदान शब्द को व्याख्यायित करें। योगदान दो शब्दों का समूह है- योग और दान। इसका अर्थ है कि किसी कार्य में अपना कर्तव्य निष्ठापूर्वक निभाना या अपनी ओर से कोई विशेष कार्य करना तथा उस योगदान से जो अभीष्ट प्राप्त हुआ है। वह कितना फलित हुआ है या कितना प्रभावित हुआ है। उसका निर्णय करना भी अनिवार्य हो जाता है। जब हम प्रस्तुत विषय पर चर्चित व्यक्तित्व की बात करते है तो हमने पूर्व अध्याय एवं पृष्ठों में पाया है कि डॉ. गौतम शर्मा 'व्यथित' ने काँगड़ा जनपदीय के लोक संगीत की विभिन्न शैलियों के संरक्षण, तथा उनके दस्तावेजीकरण के लिए अलग-अलग भूमिकाओं का निर्वहन किया है। जिनमें प्रथम भूमिका है सर्वेक्षण करना, उन्होंने गांव-गांव जाकर परिवारों के लोक गायकों से मिल कर लोक गीतों का संग्रह किया है। तत्पश्चात उन लोक गीतों के संकलन तथा संग्रह

को विभिन्न वर्गों में वर्गीकृत करके गायन की शैलियों या विरसा गायकों के अनुरूप प्रकाशित करने का प्रयास किया है जो कि एक बहुत ही महत्वपूर्ण योगदान कहा जा सकता है।

क्योंकि जब हम किसी कार्य को पुस्तक के रूप में संकलित तथा प्रकाशित कर देते हैं तो वह हमारा एक स्थाई दस्तावेज बन जाता है। उदाहरणत: जब हम यह कहते हैं कि डॉ. व्यथित झमाकड़ा लोक नृत्य को मंचीय स्वरूप देने के लिये इनके द्वारा इन लोकगीतों को जो लोक नृत्य या लोक नाट्य रूप दिया है उसको संजोने में इन्होंने जो कार्य किया है कि कौन रीति कब किस प्रकार और कैसे निभाई जाती है और उसमे क्या गाया जाता है, क्यों गाया जाता है। इसका स्पष्ट चित्र एवं परिकल्पना लेकर अपने मन मस्तिष्क मे संजोकर नृत्य की मंचीय रूपरेखा का संयोजन किया है। उन गीतों को रीतियों के अनुसार गायन का आधार मान कर क्रियात्मक रूप देकर और उसके आंगिक एवं वाचिक अभिनय अभिव्यक्ति देकर नृत्य के स्वरूप मे मंच पर प्रस्तुत करने का प्रयास किया है जो कि क्षणिक विचार नहीं बल्कि एक बहुत ही लम्बी मानसिक प्रक्रिया है। इसके भी निरंतर अभ्यास हुए हैं। प्रस्तुति देने के उपरान्त जब-जब जो भी कमी सामने आई अभ्यास द्वारा उसका भी अमूल्य तथा निराकरण हुआ। इसके लिए डॉ. व्यथित ने प्राथमिक स्तर की छोटी-छोटी बच्चियों के साथ अपने प्रयास किए तथा धीरे-धीरे रचनात्मक प्रयोगों को विद्यालयों तथा महाविद्यालयों की छात्राओं के आगे तत्पश्चात् विश्वविद्यालय स्तर पर इसकी स्थापना हुई।

इस प्रकार इनकी यह सोच कि हम इस नृत्य की स्थापना को एक अभियान के रूप मे चलाना चाहते है तो वह युवाओं तथा नई पीढ़ी माध्यम से संभव हो सकती है। क्योंकि उनकी स्वीकार्यता से यह कार्य सफल हुआ। यह समय की आवश्यकता भी थी। जब

नया-पुराना हिमाचल बना तो यह भी आवश्यक था कि नये हिमाचल का भी कोई प्रतिनिधि नृत्य होना चाहिए। उस दिशा में डॉ. गौतम व्यथित का प्रयास जिसमें प्रशासन के सहयोग विशेषकर उस समय काँगड़ा के जिलाधीश एम. के. काव तथा भाषा संस्कृति विभाग का भी विशेष योगदान रहा है। उनके माध्यम से इस नृत्य को प्रदेश, राष्ट्रीय तथा अंर्तराष्ट्रीय स्तर पर प्रस्तुति के अवसर प्राप्त हुए हैं। इनके योगदान की यात्रा अपने गांव तक ही सीमित न रह कर जिला, राज्य, अन्तर्राज्य तथा अंतर्राष्ट्रीय स्तर तक पहुंची। इस प्रकार किसी भी अभियान को चलाना तथा आज तक उसको जीवंत बनाये रखना तभी संभव हुआ जब इन्होंने उसे मंच विधान, पुस्तक विधान, वीडियो दस्तावे़जीकरण विधान अपनाया क्योंकि उन्होंने जो कहा उसको मंच पर प्रस्तुत किया तथा जो मंच पर प्रस्तुत किया उसका चित्र या दृश्य रूप मे दस्तावेजीकरण भी किया। इन्होंने इस कार्य के स्थापना के लिए विद्यालयों, महाविद्यालयों, विश्वविद्यालयों के बच्चों, युवाओं, अध्यापकों, प्राध्यापकों, संस्कृति विभागों एवं प्राशासनिक अधिकारियों के सहयोग को भी अधिमान एवं श्रेय दिया।

इस प्रकार संस्कार संगीत जैसे विवाह, जनेऊ, जन्मगीत, रीति-रिवाज, गीत, ऋतुगीत, उत्सव गीत, देव संगीत आदि का संकलन, संग्रह, संरक्षण देने के लिये इन्होंने ने बहुत असाध्य श्रम किया। सबसे बड़ी बात जो डॉ. शर्मा ने रेखाकिंत की है वह महिलाओं को मंच पर प्रस्तुत करने की आज़ादी है। यह बहुत ही महत्वपूर्ण एक सामाजिक आन्दोलन तथा अभियान है कि जो महिलाएँ घूँघट के बिना बाहर नहीं निकल पाती थी, मंच पर बोलना तथा नाचना बहुत ही दूर की बात थी। उन महिलाओं को लोक नृत्य के माध्यम से घर की चार दिवारी से बाहर आंगन में

तथा आंगन से नगरीय मंच पर सांस्कृतिक शालीनता रखते हुये देश और विदेश में पहुंचाना बहुत बड़ी बात है। झमाकड़ा नृत्य में बहुत महत्वपूर्ण एवं उल्लेखनीय बात यह है कि इस नृत्य में कहीं भी फूहड़ता तथा अश्लीलता नहीं आने दी। इस नृत्य में गायन, नृत्य, भाव भंगिमाओं में शालीनता है। इसी कारण ही यह जन जन की स्वीकार्यता बना।

इसी प्रकार काँगड़ा जनपदीय लोक नाट्य भगत की पुर्नस्थापना में महत्वपूर्ण यह था कि जो लोक या जातियों समाज में अछूत माने जाते थे जिन्हें ऊंची जाति के आंगन में जूता पहनने तक की आज़ादी नही थी, अच्छे कपड़े पहनने की स्वतंत्रता नहीं थी, उनके साथ सम्पर्क साधकर, उनकी कला की पहचान कर उनको सामाजिक प्रतिष्ठा तथा सम्मान का कार्य किया, उन्हें वहाँ से निकाल कर परम्परित विरसा या घराना परम्परा को स्थापित करने का कार्य डॉ. व्यथित ने किया। इनमें विशेषकर ढोलरु विरसा गायन, भगतिया परम्परा, होली गायन, ऐंचली गायन, छिंझोटी गायन की सांस्कृतिक लोकधारा का संरक्षण करने वाले यही हरिजन, झीवर, किसान, जुलाहे तथा डूमणे इत्यादि जातियों के लोग हैं जिन्हें उच्च जाति, तथा सम्भ्रांत कार्य के लोग अछूत, नीच जाति, हल्के या घटिया लोग समझते हैं या वास्तव में लोक परम्परित लोक कलाओं, लोक तथा नाट्य शैलियों के संरक्षक एवं संवर्धक यही लोग हैं। ये लोक गायन शैलियां इन्हीं जातियों के लोगो को ही शोभा देती है क्योंकि वे ही इसके परम्परागत तथा घरानेदार वाहक हैं। इसलिये इन जातियों के लोगों ने अपनी परम्परा तथा सामर्थ के अनुसार जो दिया है उसकी पहचान होनी ही चाहिए। यह थाती या धरोहर केवल इन्ही लोगों के पास है। यह निश्चित रुप से एक पुस्तक का विषय रहा है और यही इस विषय के पुस्तक का आधार रहा है जिसमें की उपेक्षित एवं

शोषित लोगों को संस्कारों, समाज, विभागों तथा लोगों के द्वारा प्रेरणा प्रोत्साहन दिया जाना चाहिये क्योंकि वास्तव में यही लोग हैं जो इस सांस्कृतिक विरासत का संरक्षण एवं संवर्धन कर रहे हैं। कांगडा जनपदीय लोक संगीत के क्षेत्र में डॉ. व्यथित के मुख्य कार्यों पर चर्चा की जा सकती है।

इस अध्याय में प्रस्तुत की गई जानकारी इस पुस्तक विवेच्य व्यक्ति डॉ. गौतम शर्मा 'व्यथित' से मुख्य श्रोत के रुप में साक्षात्कार माध्यम द्वारा संकलित की गई है। पुस्तक की इस यात्रा में अनेकों बार डॉ. व्यथित से भेंटवार्ता हुई तथा विषय पर आधारित अनेक बिन्दुओं पर चर्चा उपरांत संकलित सामग्री स्वरुप इस अध्याय में संक्षिप्त एवं सूत्र रुप मे तथा मूल रुप में प्रस्तुत करने का प्रयास किया गया है। भाषा शैली को साक्षात्कार की वास्तविकता रखते हुए कभी-कभी वार्तालाप शैली में प्रस्तुत करने का प्रयत्न भी किया गया है।

लोक संगीत के संरक्षण एवं संवर्धन में डॉ. व्यथित का योगदान

लोक संगीत एवं लोक नाट्य में 'लोक' शब्द सामान्य है। लोक का अर्थ पूर्व पृष्ठों एवं अध्याय में विस्तार से स्पष्ट विवेचित किया गया है- अर्थात लोगों का एक समूह जो नगरों से दूर और व्यवसाय की गरज से नगरों के मध्य भी रोज़ी-रोटी जुटाता हुआ अपनी परंपरा में जीता है। यद्यपि इन्साइक्लोपीडिया ऑफ ब्रिटेनिका में ऐसी भी परिभाषा दी है- 'यह जनसमूह लोक/फोक नगरों से दूर शिक्षा प्रभावों से अछूता, आदिम व्यवस्था मे जीता है।' परन्तु अब ऐसी परिभाषायें मान्य नहीं हैं। लोक तो सर्व व्यापी हैं, नगर, गांव, पहाड़, मैदान कहीं भी रह सकता है, रहता

है, जीवन यापन करता मौजमस्ती से जीता है। यह सही है कि वह अपनी परम्परा में जीता है।

संगीत से भाव स्वच्छन्द वेग से निकले सरस, मनहर सुर जिनके श्रवण से व्यक्ति दुःख-दर्द, पीड़ा, विचार सब कुछ भूल विसर कर आनंद भरे क्षणों मे खो जाए।

लोक संगीत को परिभाषित करते हुए डॉ. व्यथित का कहना है- "लोक संगीत वह संगीत है जो लोक के कण्ठ से निसृत, वह भी स्वछन्द रूप में प्रकृति की सुन्दरता, चंचलता, मधुरता, गति, वायु की सरसराहट, नदियों की कलकल, फूलों की महक जैसा वातावरण सृजित करता है। यह लोक के सुख-दुःख का सहचर, आदिकाल से अब तक चला आ रहा है। प्राकृतिक सुर संगम है लोक संगीत। प्राकृतिक सुरों की अंजुरियां-मंजरियां बिखेरता श्रोताओं का मन आनंद से भरता है"। [1]

लोक संगीत-गायन का संरक्षण

पृष्ठभूमि

डॉ. गौतम शर्मा व्यथित का जन्म, लालन-पालन, शिक्षा और व्यवसाय अधिकांश जीवन ग्रामीण परिवेश में बीता। पुस्तक के पूर्व पृष्ठों में उल्लेखित है कि बाल्यकाल से ही इन्होंने वह हर दैनिक कार्य किया है जो किसी ग्रामीण बाल युवा को करना पड़ता है। जो वेद, संस्कृत, वैद्य, ज्योतिष की परम्परा का पालक होते हुए भी गोपालक था, कृषि कार्य भी करता, मंदिर में पूजा पाठ भी करता, पुजारी के रूप में। हर प्रकार के संस्कारों अतिरिक्त गांव के तीन तरफ ऐसा 'लोक' का जीवन है जो परम्परा से कृषि निर्भर श्रम जीवी रहा। दिन भर श्रम को रात्रि-विश्राम से लोक गायन,

[1] डॉ. गौतम शर्मा व्यथित भेंटवार्ता निवास स्थान नेरटी 5 जनवरी 2022

लोक नृत्य, लोक नाट्य आदि से मन बहलाव कर दूर करना एक परम्परा रही है, आज भी है। अतः लोक गायन, लोक वादन आदि का श्रुति परम्परा से इनके मानस में स्वर लहरी की अनेक गायन पंक्तियों और उनकी लय-ताल रस-वस गये थे जिनको गुनगुनाना इनका स्वभाव हो गया था।

व्यवसाय

19वां वर्ष शुरु होते ही प्राथमिक विद्यालय में प्राथमिक अध्यापक रहे पांच वर्ष तक एक पहाड़ी क्षेत्र में। विद्यालयों में तब शनिवार के दिन बाल सभाओं का आयोजन होता। उसमें सुना करते पहाड़ी गीत गायन और देखते वहां के लोक नृत्यों की झलक, तथा अनुभूत करते वाद्य वादन, लोकनृत्य का पद संचालन। पाँच वर्ष की निरंतर अनुकृति ने इनके भीतरी मन मानस मे लोक गायन तथा लोक नृत्य के स्थाई भाव जगा दिए। एक धुन सी लग गई। इन्हीं लोक गायन शैलियों पर इन्होंने कई पहाड़ी भाषा में गीतों की संरचना (वर्तज शैली पर) की जो इनकी पुस्तक 'चेत्ते' (1969) में संकलित हैं। गाने की प्रवृत्ति तो शुरू से ही थी। 1964 नवम्बर में इन्हें आकाशवाणी जालन्धर से 'पर्वत की गूंज' में एक कवि के रूप में प्रवेश मिला, डॉ. एम. एस. रंधाव तत्कालीन जिलाधीश होशियारपुर, पंजाब की संस्तुति पर, जहाँ से पहाड़ी कविताओं, स्वरचित गीतों को सस्वर गाथा सुनाया करते। इनके स्वर में श्रवण माधुर्य जन्मजात था। इसी गुण के कारण जब दूरदर्शन जालन्धर स्थापित हुआ तो वहाँ से भी इनकी रचनायें प्रसारित होने लगी।

पहाड़ी लोक धुनों पर गीतों की रचना एवं गायन

लेखन विषय पर वार्तालाप में डॉ. व्यथित ने बताया- "मैंने पहाड़ी हिमाचली में चेत्ते काव्य संग्रह (दिसम्बर 1969) के बाद 'पुगरासां' काव्य संग्रह प्रकाशित किया उसमें भी पहाड़ी परंपरित धुनों पर गीत और ग़ज़लें हैं जिनकी अदायगी में 'छिंझोटी' के सुर या लय हैं। तीसरी हिमाचली पहाड़ी की पुस्तक 'गास्सें हथ पुजाणें किया' है। इसमें ग़ज़लें हैं जो सुरों पर आधारित हैं। हिन्दी में 'समय की बयार' (2015) गीतिकाव्य और हिन्दी ग़ज़ल संग्रह 'अंजुरी' (2004) प्रकाशन यह साबित करते हैं कि इनमें संगीत के प्रति जन्मजात अभिरुचि रही जिसका विकास स्थानीय संगीतज्ञों, गायकों की लोक संगीत संगत से निरंतर विकसित होता गया।

शोध कार्य तथा पुस्तक लेखन

डॉ. व्यथित ने जब एम. ए. हिन्दी किया तो पंजाब विश्वविद्यालय के हिन्दी विभाग में "**काँगड़ा के लोक गीत: साहित्यिक विश्लेषण एवं मूल्यांकन**" विषय पर पंजीकरण करवाया (वर्ष 1971) और 11 जनवरी 1974 को गुरु नानक देव विश्वविद्यालय, अमृतसर से पी. एच. डी. की उपाधि विभाग के प्रथम शोध छात्र के रूप में प्राप्त की। इस अध्ययन हेतु इन्होंने दो पुस्तकों का प्रकाशन अध्ययन आधार या संन्दर्भ पुस्तकों हेतु किया।

"कांगड़ा के लोक गीत" भाग-1 (1973) इसमें जन्म से मृत्यु तक 126 कांगड़ी लोकगीत हिन्दी अनुवाद सहित संकलित हैं। दूसरी पुस्तक 'चेत्ता गायन ढोलरू (1992) जिसमें चैत्रमास में गायी सुनाई जाने वाली 25 गीतियां हिन्दी अनुवाद सहित संकलित हैं। इनके संकलन-लेखन के मध्य इन्होंने इसके विरसा

गायकों से भावात्मक, संबंध बनाकर बिना किसी जातिगत वर्जनाओं को मानते, उन्हें सम्मान दिया और उनसे इस गायन परम्परा की संगीत शैलियों को भी सीखा।

इसी प्रसंग में इनकी तीसरी पुस्तक 'झूमे धरती: गाए लोक' (1987) है जिसमें लोक गायन की छिंझोटी शैली संबधी श्रम एवं लोक रंजन के 127 गीत संकलित हैं। 'महके आंगन-झूमें गांव' (1988) व्रत पूजन सम्बन्धी लोक गीतों का संकलन है। इसी क्रम में 'हिमाचली लोक काव्य बारहमासा' (2003) जिसमें बारहमासा गायन हिन्दी अनुवाद सहित संकलित है।

हिमाचली लोकगीतों के संकलन में 'हिमाचल के लोकगीत (2012) डॉ. व्यथित का योगदान महत्वपूर्ण है। नेशनल बुक ट्रस्ट द्वारा प्रकाशित यह लोक गीत संग्रह हिमाचल प्रदेश के बारह जिलों की भाषा बोलियों के 'प्रवासी जीवन' से जुड़ा लोक गायन से संकलित एवं संग्रहित है 392 पृष्ठों में।

डॉ. व्यथित ने लोक संगीत को सहेजने हेतु बहुत ही श्रम साध्य एवं महत्वपूर्ण कार्य किया है। पी. एच. ड़ी. के पश्चात कॉलेज में सहायक प्रोफेसर बने (मार्च 1974) इससे पूर्व काँगड़ा लोक साहित्य परिषद की स्थापना (1973) कर उसके संस्थापक निदेशक बने।

काँगड़ा महिला लोक नृत्य झमाकड़ा का संयोजन

कांगडा लोक साहित्य परिषद् की स्थापना के पश्चात इसके बैनर तले काँगड़ा जनपदीय सांस्कृतिक धरोहर के संरक्षण कार्य में पहला कार्य- काँगड़ा जनपदीय महिला लोक नृत्य सर्वेक्षण, संपादन, मंचीय संपादन, लड़कियों का चयन, उनके अविभावकों से सम्पर्क करना तथा प्रेरित करना उस समय एक बहुत बड़ी समस्या तथा चुनौती थी। डॉ. व्यथित ने अपनी संस्कृति यात्रा

साझा करते हुये बताया कि- "(1970-1974) के समय महिलाओं तथा लड़कियों को स्टेज पर नाचने की मनाही थी तथा सामाजिक रूप से संभ्रात परिवारों की लड़कियों को नाचना अच्छा नहीं समझा जाता था। इसके लिये इन्होंने अपनी बड़ी बेटी मीनाक्षी जो राजकीय महाविद्यालय शाहपुर से प्राचार्या के पद से सेवानिवृत्त हो चुकी हैं। नरसिंगावादक गांव का नाई बंसी लाल, घड़ा थाली वादक रामलाल, नगाड़ा तथा शहनाई वादक गांव के महाशे। आस-पास कई बातें बनाते। परन्तु रविवार के दिन खूब जमती रिहर्सल। यहीं से शुरू हुआ महिला लोक नृत्य झमाकड़ा का मंचीय प्रदर्शन"। [1]

झमाकड़ा लोक नृत्य की सांस्कृतिक यात्रा का स्मरण करते हुये डॉ. व्यथित ने बताया- "मैंने झमाकड़ा के लोक गायन को अपनी पत्नी स्वर्णलता, बुआ इच्छया देवी, चाची उर्मिला देवी, बहन कृष्णा देवी से सीखा। रिहर्सल के समय सभी चाचियों, बहनों, पड़ोसनों को भी बुला लेता। सब पारिवारिक एवं ग्रामीण वातावरण बन जाता। गायन-मंचन के समय सभी महिलायें बहुत खुश होती। मैनें पूरी कोशिश की स्वर और लय को पकड़ने की और अपने कण्ठ में उतारने की मैं धीरे-धीरे सफल हो गया"। [2]

वर्तमान में काँगड़ा परंपरित माहिला विवाह लोक नृत्य झमाकड़ा को अपने स्थापित रूप में देखते हुये डॉ. व्यथित ने इस नृत्य के दो-तीन गीत अपने स्वरों में सुनाये भी। इनका ऐसा प्रदर्शन अब तक (2023) जारी है। अपनी 86 वर्ष की आयु में भी उसी ऊर्जा, लगन, चाव तथा प्रसन्नता से इस लोक संगीत के संयोजन, संरक्षण एवं संवर्धन में अनथक लगे हैं। डॉ. व्यथित का कहना है कि बड़े परिश्रम और मंचन के माध्यम से हिमाचल में इस

---

[1] डॉ. गौतम शर्मा 'व्यथित' भेंटवार्ता गांव नेरटी 5 जनवरी 2022

[2] -वही-

महिला लोक नृत्य को लोकप्रिय बनाने, स्थापित करने हेतु संघर्ष किया है।

हमीरपुर के यात्री बस ठहराव वर्षा शालिका के ऊपर हिमाचली संस्कृति को प्रतिबिंबित करता यह झमाकड़ा करती हुई नर्तकियों का विशाल कट आउट।

झमाकड़ा की कहानी- डॉ.व्यथित की जुबानी

पुस्तक लेखन के दौरान डॉ. गौतम व्यथित से. उनके व्यक्तित्व तथा कृतित्व के विभिन्न पक्ष जानने के लिए अनेक भेंट वार्ताएं हुई। उनके साथ साहित्यिक, सांगीतिक तथा सांस्कृतिक चर्चाएं इतनी विस्तृत, सारगर्भित तथा अर्थपूर्ण होती थी कि घण्टों की बातचीत में जलपान तथा भोजन की सुध भी ना रहती। एक दिन वार्तालाप में मैंने एक महत्व पूर्ण एक महत्वपूर्ण योगदान के विषय पर उनसे प्रश्न किया।

⇒ **सर, कांगड़ा परम्परागत महिला नृत्य झमाकड़ा तथा डॉ.गौतम 'व्यथित' तो वर्तमान में एक दूसरे की पहचान बन गये हैं। यह परंपरित लोकनृत्य आपके प्रयासों से वर्तमान में देश तथा विदेश में भी अपनी पहचान बना चुका है जबकि लगभग पचास वर्ष पूर्व यह झमाकड़ा नृत्य ना होकर शादी की एक सामान्य सी रस्म मात्र थी। इस अर्धशतकीय सांस्कृतिक यात्रा के बारे में विस्तार से बताइए-**

"प्रो.शर्मा जी, इस नृत्य की सांस्कृतिक कहानी बड़ी लम्बी है। इसकी परिकल्पना, गीतों के चयन, सांगीतिक तथा नृत्य संयोजन में बहुत चिंतन हुआ। इस कार्य में ना जाने कितनी ग्रामीण महिलाओं, पाठशाला की छात्राओं, सामान्य लोक गायिकाओं तथा लोक वादकों ने बहुत सहयोग दिया है। इस कार्य में कुछ साहित्य तथा कला मर्मज्ञ प्रशासकों की भी भूमिका रही है। यह एक लम्बी कहानी है। सन् 1966 में हिमाचल प्रदेश के पुनर्गठन के पश्चात यहां भाषा एवं सांस्कृतिक परंपरा में एकरूपता तथा समानता को लेकर अनेक विवाद चले। वर्ष 1973 के नवम्बर मास में कांगड़ा लोकसाहित्य परिषद् का गठन हुआ जिसके विभिन्न उद्देश्यों में मुख्य लक्ष्य कांगड़ा जनपदीय लोक संस्कृति एवं लोक भाषा को संरक्षण प्रदान करना भी था। इसी संकल्प की सकारता हेतु परिषद् के अन्तर्गत ग्रामीण कला विकास मंच की स्थापना राजमंदिर परिसर नेरटी में की गई।

वर्ष 1974 के मध्य परिषद् ने अपने सदस्यों के सहयोग से कांगड़ा ज़िला के नूरपुर क्षेत्र से लेकर पपरोला-बैजनाथ के विद्यालयों से संपर्क कर ज़िला शिक्षा अधिकारी कांगड़ा का सहयोग पाकर 25 नवम्बर, 1974 को राजकीय हाई स्कूल रैत के परिसर मे कांगड़ा जनपदीय लोकनृत्य प्रतियोगिता समारोह का आयोजन किया। इसमें विद्यालय के मुख्याध्यापक जे.एन.धर,

तत्कालीन प्राथमिक खण्ड शिक्षा अधिकारी मनोहर लाल शर्मा, रैत निवासी ठाकुर कर्म सिंह पठानियां तथा संतराज शर्मा का विशेष सहयोग रहा। इसमें तीस विद्यालयों ने भाग लिया। समारोह रात के आठ बजे से प्रातः तीन बजे तक चलता रहा। मुख्य अतिथि चौधरी हरदयाल माननीय शिक्षामंत्री हिमाचल प्रदेश थे और अध्यक्षता की माननीय ज़िलाधीश कांगड़ा श्री महाराज कृष्ण काव ने की। वास्तव में यह एक सांस्कृतिक महाकुंभ था जिसके साक्षी जम्मू की डोगरी संस्था तथा अकादमी के साहित्यकार और हज़ारों दर्शक रहे। इस विशाल मंच पर कांगड़ा के महिला लोकनृत्य का विवाह रीति परक स्वरूप देखने को मिला। यहीं से मुझे यह विचार मिला कि यही कांगड़ा जनपदीय लोकनृत्य हमारा सांस्कृतिक लोकनृत्य होने की संपूर्ण संभावनाएं रखता है। मेरे इस विचार को ज़िलाधीश श्री महाराज कृष्ण काव ने भी सराहा और इसे मंचोपयोगी बनाने का आग्रह किया। इसी प्रेरणा ने मुझे प्रेरित किया। नगाड़ा ,शहनाई, नरसिंगा वादकों की तलाशकर उन्हें प्रेरित और प्रोत्साहित किया। पूरा राजमंदिर परिसर और घर-आंगन पूर्वाभ्यास के मंच बने तथा परिवार की महिलाएं सहयोगी। धीरे-धीरे विवाह के सुअवसर की इस हास्य-व्यंग्यपूर्ण रीति को मंचीय स्वरूप देने की सोच मन में विकसित होती गई। एक वर्ष के पश्चात परिषद् का दूसरा वार्षिकोत्सव होना था।

वार्तालाप चल ही रहा था इतने में उनकी पौत्री संस्कृति चाय लेकर आ गई।

चाय पीते, चिंतन में डूबे हुए डॉ.व्यथित कहने लगे, शर्मा जी जो स्मृति पटल पर उतर रहा, वही सांझा करने की कोशिश कर रहा हूं ....

कांगड़ा लोक साहित्य परिषद् इस जनपदीय लोक सांस्कृतिक जनजागरण अभियान में निरंतर राजनेताओं, प्रशासकों, साहित्यकारों, प्राचार्यों, अध्यापकों तथा प्रायोजकों से संपर्क बढ़ाती और जनसहयोग पाती। ज़िला के प्रमुख नगरों, कस्बों के विद्यालयों के परिसर में दो दिवसीय साहित्यिक- सांस्कृतिक लोकनृत्य-लोकगायन तथा सम्मान समारोह आयोजित करने मे सफलता तथा लोकप्रियता पाने लगी। इसी बीच धर्मशाला में हिमाचल पुलिस की खेल प्रतियोगिता का समापन समारोह था जिसमें प्रदेश के तत्कालीन मुख्य मन्त्री डॉ. यशवंत सिंह परमार आ रहे थे। उस समय मैं राजकीय महाविद्यालय धर्मशाला में था। मुझे ज़िलाधीश कांगड़ा ने बुलाया और इस समारोह में झमाकड़ा नृत्य की प्रस्तुति देने को कहा। उस समय केवल परिषद् का ही सांस्कृतिक दल था जो इसकी मंचीय प्रस्तुति में अभ्यस्त था। ज़िला लोक संपर्क विभाग के नाटक निरीक्षक कमल हमीरपुरी के सहयोग से मैंने हां करी तो उन्होंने हिमाचल पुलिस महानिदेशक श्री शर्मा जी से मुझे मिलवाया और लोकनृत्य प्रस्तुति की बात की जिसे सुनकर उन्होंनें कहा-'यह पुलिस का समारोह है, संभव नहीं'। परन्तु ज़िलाधीश काव साहब ने उन्हें विश्वस्त किया कि डॉ. परमार विशाल हिमाचल बनने के बाद पहली बार यहां आ रहे हैं, इनकी इच्छा है यहां की संस्कृति की झलक दिखाई जाए। पुलिस मैदान में विशाल जनसमूह और विशाल मंच। हमें केवल तीन से पांच मिनट मिले थे। हमने उतने समय में इस नृत्य की कुछ झलक दिखाने का मन बनाया। जिलाधीश काव साहब की आंखों से संकेत समझा। उदघोषक द्वारा बुलाने पर मैनें मंच संभाला। मंच पर नरसिंगा के साथ नगाड़ा और शहनाई के सुर संगति में विवाह रीतियों का लोकगायन और लोक नृत्य की विविध मुद्राओं से सम्मोहित किसी को समय सीमा का ध्यान नहीं रहा। बीस

मिनट से अधिक समय लेकर मैंने गुस्ताखी समझते क्षमा चाही तो आयोजक की ओर से प्रस्ताव आया -'कुछ और है तो वह भी प्रस्तुत करें'। हमारा मनोबल बढ़ा। डॉ.परमार जी ने जब जनता को संबोधित किया तो झमाकड़ा की सांस्कृतिक विशिष्टता को रेखांकित करते नए-पुराने हिमाचल की सांस्कृतिक एकता का प्रतीक बताया और परिषद् के इस सांस्कृतिक नृत्य संयोजन हेतु बधाई दी। वे अपने कांगड़ा प्रवास मे जहां भी गए उन्होंने यही कहा- 'मैने यहां आकर देखा ओल्ड और न्यू हिमाचल में सांस्कृतिक सुदृढ़ता है। कोई भेदभाव नहीं दिखा, जैसे हम हैं, वैसे ही आप। '

उस समय के शिक्षा, भाषा एवं संस्कृति मंत्री श्री लालचंद प्रार्थी जी ने भाषा एवं संस्कृति विभाग के माध्यम से उसी दल को विश्व महिला दिवस पर शिमला आमंत्रित किया जिसने गेयटी थियेटर में पहली बार झमाकड़ा महिला लोकनृत्य की प्रस्तुति दी थी। वे परिषद् दल की प्रशिक्षित छात्राएं राजकीय माध्यमिक विद्यालय नेरटी की थीं। मैंने उसी विद्यालय के मुख्याध्यापक हरनाम सिंह गिल जी को उनके साथ भेजा। मुझे प्रसन्नता हुई कि उस दल की प्रस्तुति सराही गई। शिमला में सेवारत और व्यवसायी कांगड़ा वासी भी खुश दिखे। दूसरे दिन महामहिम राज्यपाल ने इस दल को अपने आवास पर बुलाकर सम्मानित किया। इस प्रकार कांगड़ा जनपद के इस सांस्कृतिक महिला लोक नृत्य को हिमाचल के आंचलिक लोकनृत्य के रूप में पहचान और प्रस्तुति मंच मिलने लगी जिसके लिए हम सभी के आभारी हैं। झमाकड़ा लोकनृत्य की सांस्कृतिक तथा सामाजिक पृष्ठभूमि को हमीरपुर के तत्कालीन ए. डी. एम. श्री ए. सी. वर्मा ने परिषद दल को हमीर उत्सव में आमंत्रित किया। मैं बीस कलाकारों सहित उसमें गया जो उसी वर्ष शुरु हुआ था। जिला प्रशासन से

हर सुविधा और सम्मान मिला। वहाँ आया दर्शक समाज इस प्रस्तुति को देखकर प्रसन्न था। हमारा मनोबल बढ़ा। तत्पश्चात सुजानपुर के होली उत्सव और वहाँ से पालमपुर के होली उत्सव मंच पर कांगड़ा लोकसाहित्य परिषद झमाकड़ा लोकनृत्य का प्रदर्शन करता रहा। कांगड़ा के रैत, शाहपुर, कांगड़ा नगर, देहरा गोपीपुर,नगरोटा बगवां, पपरोला, हरोह, लंबागांव ,राजमंदिर नेरटी ,नूरपुर, धर्मशाला तथा मकलोडगंज स्थित तिब्बतियन विलेज आदि स्थानों के विद्यालयों, महाविद्यालयों के परिसर में वार्षिक लोकनृत्य प्रतियोगिताओं तथा समारोहों का आयोजन कर इस लोकनृत्य का प्रचार और लोकप्रियता बढ़ाने का प्रयास किया। इन समारोहों में प्रदेश के कबीना मंत्री और प्रशासनिक अधिकारी पधारते। इस प्रकार इसका प्रचार और भावात्मक प्रेम जन-मानस में निरंतर बढ़ता गया। हम तत्कालीन एस.डी.एम. हमीरपुर अमीचंद वर्मा जी के हृदय से आभारी हैं कि उन्होंने हमीर उत्सव और सुजानपुर राज्यस्तरीय होली मेला में जो झमाकड़ा लोकनृत्य की प्रस्तुति परम्परा कायम की वह आज भी निरंतर है।

ज़िला हमीरपुर के नवोदय विद्यालय तरकवाड़ी में जब वहाँ श्री गुलेरिया जी प्राचार्य रहे तो उन्होंने मुझे बुलाकर परिषद् की ओर से एक महीने की कार्यशाला विद्यालय की छात्राओं को झमाकड़ा लोकनृत्य की मंचीय प्रस्तुति हेतु प्रशिक्षित किया जिस की प्रस्तुति उस विद्यालय ने उत्तर भारतीय नवोदय विद्यालय संगठन के सांस्कृतिक उत्सव में दी और प्रथम स्थान पाया।

इस कार्यशाला में राजेश्वरी राणा और पूनम मनकोटिया प्रशिक्षक और कमल हमीरपुरी सहयोगी रहे। इसी क्रम मे एक मास की झमाकड़ा लोकनृत्य प्रशिक्षण कार्यशाला नवोदय विद्यालय पपरोला में लगी। उस समय वहां मैडम गोस्वामी प्राचार्य थीं। इस विद्यालय की छात्राओं के माध्यम से

सीएसआईआर पालमपुर के आडिटोरियम में भारत भर से आए वैज्ञानिकों को भी तत्कालीन निदेशक ने विद्यालय के इस दल को आमंत्रित कर प्रस्तुति दिलाकर कांगड़ा जनपदीय सांस्कृतिक परंपरा की पहचान कराई थी। वहाँ भी राजेश्वरी, पूनम तथा रेणु शर्मा मेरी सहयोगी रहीं। नरसिंगा वादक बंसीलाल आयु पर्यन्त सहयोग देते रहे। बहुत ही रोचक और रोमांचक रही झमाकड़ा लोकनृत्य की विकास, प्रसार प्रदर्शन व संवर्धन की कहानी। विद्यालयों से विश्वविद्यालय के युवा समारोह में पहुंचने के भी काफी प्रयास और प्रोत्साहन रहे।

माननीय पूर्व प्रधानमंत्री राजीव गांधी जी के कार्यकाल मे दिल्ली में भारतीय लोक कला के बहुत बड़े कार्यक्रम 'अपना उत्सव' का ऐतिहासिक आयोजन हुआ वर्ष 1987 में। उसमें भाषा विभाग हिमाचल प्रदेश द्वारा गठित सांस्कृतिक दल में झमाकड़ा नृत्य करने वाली चार लड़कियां एक माह के लिए कला नगरी दिल्ली मे भाग लेने गई। निदेशक शिक्षा विभाग ने भी 'अपना उत्सव' के बारे में सभी महाविद्यालयों को लिखा। उस समय मैं राजकीय महाविद्यालय धर्मशाला में था। मुझे प्राचार्य डॉ.आत्माराम जी ने बुलाकर कहा- 'आपको झमाकड़ा तैयार कर दिल्ली जाना है। एक सप्ताह के लिए तैयारी करो'। वेषभूषा आदि संबंधी व्यय की कोई चिन्ता नहीं'। मेरे लिए चिंता यह थी कि तब तक कालेज में झमाकड़ा ग्रुप का गठन ही नहीं हुआ था। समय भी कम था। आदेश पालन करते मैंने अपने सहयोगी कमल हमीरपुरी से परामर्श कर छात्राओं का चयन कर पूर्वाभ्यास शुरु किया तथा निश्चित समय पर दिल्ली चले गए।

वहां हिमाचल प्रदेश से संगीत प्राध्यापिका मंजुला शर्मा तथा प्रो. सूद के नेतृत्व में बिलासपुर कालेज का ही दल ही आया था। डॉ.सुरेश शर्मा (पुस्तक के लेखक) तथा उनकी धर्मपत्नी रेखा

शर्मा (प्रधानाचार्या) भी उसमें शामिल थे। जो उस समय बिलासपुर महाविद्यालय के छात्र थे। पन्द्रह दिन तक एक ही हिमाचल टूरिज्म की डीलक्स बस में दोनों टीमें दिल्ली में विभिन्न स्थानों पर नवनिर्मित मंचों पर कार्यक्रम प्रदर्शन के लिए जाती थी तथा एक समय में एक ही मंच पर प्रस्तुति देती। हिमाचल भवन में ठहराव था। बहुत ही रोचक और प्रभावपूर्ण रहा वहां इस झमाकड़ा तथा बिलासपुरी समूह नृत्य का प्रदर्शन का प्रदर्शन।

कभी दूरदर्शन पर झमाकड़ा की प्रस्तुतियों के क्लिप, कभी समाचार पत्रों में नृत्य कर रही नर्तकियों के छायाचित्र। कोई इसमें पंजाब की संस्कृति महसूस करे तो कोई राजस्थानी, कोई यू.पी तो कोई जम्मू-कश्मीर की सांस्कृतिक झलक पाए। दूरदर्शन का दौर नया नया था हमारे दल की अनेक छवियाँ कैमरों मे बंद हईं फिल्मी पर्दे पर दिखीं। कांगड़ा का झमाकड़ा 'अपना उत्सव' के कारण समस्त भारत में लोकप्रिय हो गया। इस आयोजन का एक और लाभ मिला झमाकड़ा विदेशी पर्यटकों के साथ विदेश भी चला गया। इसी परंपरा आगे कदम बढ़ाए। अगले वर्ष प्रदेश सरकार ने अपना उत्सव की ही तरह शिमला में 'हिमाचल उत्सव' का आयोजन किया। मैं परिषद् के ग्रुप को लेकर शिमला गया। तत्कालीन महामहिम राज्यपाल श्री आरकेएस गांधी जी ने राजभवन मे आमंत्रित कर सम्मान प्रदान किया। हम गौरवान्वित हुए।

अगले वर्ष जब हिमाचल प्रदेश विश्वविद्यालय का युवा समारोह आया तो धर्मशाला कालेज की ओर से झमाकड़ा लोकनृत्य का दल प्रतियोगी बना और प्रथम स्थान पाया। इसी क्रम में हिमाचल पर्यटन विभाग की ओर से विश्व व्यापार मेले में भाग लेने गया जिसके लिए यहां का सांस्कृतिक दल भी साथ गया उस दल में झमाकड़ा की चार लड़कियां धर्मशाला कालेज की

और नेरटी गांव का नरसिंगा वादक बंसी लाल भी पश्चिमी जर्मन और इंग्लैंड गया। इस प्रकार विदेश की धरती पर भी झमाकड़ा का सुर-गायन गूंजा। देश के भ्रमण में चंडीगढ़, दिल्ली, हिसार ,पंचकूला, कोयम्बटूर, जम्मू, जालंधर दूरदर्शन आदि स्थान परिषद् की दृष्टि से उल्लेखनीय हैं। इस अभियान में कालांतर में अनेक सांस्कृतिक दल संगठित हुए और निरंतर हो रहे हैं जिनके माध्यम से यह लोकनृत्य जिला, प्रदेश, देश स्तर पर आयोजित हो रहे मेलों, उत्सवों,तथा विद्यालयों, महाविद्यालयों के समारोह मे प्रदर्शित सम्मानित हो रहा है।

⇒ **सर, कांगड़ा के परम्परित महिला नृत्य की शानदार ऐतिहासिक तथा सांस्कृतिक यात्रा वृतांत के पश्चात विशेष रूप से क्या कहना चाहेंगे?**

शर्मा जी, अंत में इस विषय पर इतना ही बताना चाहूंगा कि इस विचार तथा सांस्कृतिक सृजन के पीछे कोई अदृश्य शक्ति अवश्य रही जो मेरे साथ कलाकारों, साहित्यकारों, प्रशासकों, राजनीतिज्ञों, नि:स्वार्थभावी एवं सहयोगियों को जोड़ती रही और हम अब तक निरंतर चल रहे हैं।

तब से लेकर आज तक कांगड़ा जनपदीय महिला झमाकड़ा नृत्य विवाह समारोहों से निकल कर सरकारी, गैर सरकारी समारोहों का अभिन्न अंग हो गया। पाठशालाओं की प्रतियोगिताओं, विश्वविद्यालय के युवा समारोहों में स्पर्धाओं का अंग बन गया अब तो केवल बेहतरीन झमाकड़ा के चयन तथा प्रोत्साहन के लिए प्रतियोगिताएं भी होने लगी हैं। प्रदेश के कुछ ज़िलों के शहरों में में झमाकड़ा नृत्य करती हुई नर्तकियों के बड़े-बड़े होल्डर्स तथा कट आउट भी देखे जा रहे हैं जिससे कांगड़ा की संस्कृति का प्रचार हो रहा है। लोक संस्कृति का ऐतिहासिक रूप लेती हुई यह है कांगड़ा के झमाकड़ा है की यात्रा। मेरा पूर्ण

विश्वास है कि लगभग पचास वर्ष पूर्व से शुरु हुई झमाकड़ा नृत्य की यह ऐतिहासिक एवं सांस्कृतिक यात्रा युगों-युगों तक निरंतर चलती रहेगी। "[1] झमाकड़ा नृत्य के संयोजन की पूरी कहानी जानने के पश्चात लेखक ने डॉ.व्यथित से विदा ली।

सी. डी./डी.वी.डी के माध्यम से परियोजना दस्तावेजीकरण

साक्षात्कार के समम गौतम शर्मा व्यथित के निजी अध्ययन कक्ष में **लेखक ने कुछ सी. डी. तथा डी. वी. डी. देख कर प्रश्न किया- इनमें क्या है?** तो बताने लगे- "प्रो० शर्मा, ऐसी लगी है कि मुँह से छूटती नहीं" लोक गायन की कुछ ऐसी मस्ती छाई रहती है कि बस सोचता हूँ। इसकी परंपरित हर विद्या शैली के गायन को पारंपरिक महिलाओं के सुरों में, वेषभूषा सहित बटोर लूं, संजो लूं। ये वही प्रमाण है जिसे वर्षों के कठिन प्रयासों से इन सी. डी. तथा डी. वी. डी. के माध्यम से संग्रहित, संकलित तथा संरक्षित कर पाया हूँ"। [2]

डॉ. व्यथित ने बताया कि- "मैं 1980 में जुड़ा था 'संगीत नाटक अकादमी दिल्ली' से। तब से वहाँ कोई न कोई लोक संगीत संरक्षण सम्बन्धी परियोजना भेजता हूँ जिसे सहायतानुदान मिलता रहा 30-40 हजार तक। बस उसी में मस्त होकर लोक गायिकाओं से सम्पर्क बनाता, गायन सुनता, सुर लय भी बताता सीखता, वीडियो फिल्म बनवा लेता। इसी क्रम में एक दर्जन फ़िल्में बनाई हैं। स्वयं भी कैमरा लेकर फिल्मांकन की कला भी सीखी"। [3]

---

[1] डॉ. गौतम शर्मा 'व्यथित' भेंटवार्ता गांव नेरटी,22 सितम्बर,2024

[2] डॉ. गौतम शर्मा व्यथित, साक्षात्कार गाँव नेरटी शाहपुर 22 जनवरी 2023

[3] -वही-

मेरी जिज्ञासा भरे प्रश्न पर- **कुछ नाम बतायें या उन्हें दिखा दें तो मेरी पुस्तक-जिज्ञासा प्रमाणित हो जायेगी।** मेरे प्रश्न को सुनकर डॉ. व्यथित ने अपने अध्ययन कक्ष में चलने के लिए कहा और लोक संगीत संरक्षण पर किये गये विभिन्न परियोजनाओं को दिखाया जो इस प्रकार थी-

1. महिला लोक गायन नृत्य झमाकड़ा का वीडियो दस्तावेजीकरण नवोदय विद्यालय डूगरी हमीरपुर, 2001-2002
2. काँगड़ा जनपद में पारंपरिक लोक गायन चैत्ता लोक गायन का वीडियो दस्तावेजीकरण, 2004-2005
3. 'ऐंहचली लोक गायन' का वीडियो दस्तावेजीकरण, 2005-2006
4. काँगड़ा-चम्बा जनपदीय लोक वाद्य का लोक वाद्य वादकों का वीडियो दस्तावेजीकरण, 2009-2010
5. पारंपरिक लोकगायन छिंझोटी-पखड़ू का वीडियो दस्तावेजीकरण, 2012-2013
6. चंद्रावली लोक गायन तथा लोक नृत्य परम्परा का वीडियो दस्तावेजीकरण, 2013-2014
7. कांगड़ा जनपद में परंपरित बारहमासा लोक गायन का वीडियो दस्तावेजीकरण, 2015-2016
8. कांगड़ा जनपदीय ढोलरु लोक गायन परम्परा के संगीत तथा गायन का वीडियो दस्तावेजीकरण, 2016-2017
9. काँगड़ा जनपद में गुग्गा गायन परम्परा
10. काँगड़ा जनपद में गुग्गा गायन परम्परा का वीडियो दस्तावेजीकरण, 2017-2018
11. काँगड़ा जनपद में होली लोक गायन परंपरा का वीडियो दस्तावेजीकरण, 2019-2020

उपरोक्त सभी परियोजनायें संगीत नाटक अकादमी भारत सरकार द्वारा आर्थिक अनुदान से संग्रहित हो पाई है।

इसके अतिरिक्त हिमाचल प्रदेश भाषा कला संस्कृति अकादमी के आर्थिक अनुदान से भी कुछ परियोजनाएं पूर्ण हो पाई हैं-

1. कांगड़ी-गद्दयाली (लड़की के घर) रीतियों के गायन का दस्तावेजीकरण, 2019-2020
2. काँगड़ा-भरमौर (कांगड़ी गद्दयाली) विवाह गीतों- लगन, वेदी, विदाई गीतों का वीडियो दस्तावेजीकरण, 2021-2022

कांगड़ा लोक संगीत के संरक्षण एवं संवर्धन की दृष्टि से किए गये इन वीडियो दस्तावेजीकरण में लोक गीतों के शब्द भावार्थ, पृष्ठभूमि तथा संगीत के स्वर, ताल, पक्ष की विस्तृत चर्चा की गई है जो कि मूल रूप से इस पुस्तक के विवेच्य व्यक्ति के पास से सुरक्षित है। इस प्रकार डॉ. व्यथित ने उपरोक्त तेरह दस्तावेजी फिल्मो की सी. डी. तथा डी. वी. डी. लेखक को दिखाई जिससे लेखक का चकित होना स्वभाविक था कि इतना श्रम साध्य कार्य एक व्यक्ति ने किस प्रकार किया होगा। इन कार्य योजनाओं के अतिरिक्त डॉ. गौतम व्यथित ने काँगड़ा जनपदीय लोक नाट्य का भी वीडियो दस्तावेजीकरण किया है जिसकी चर्चा उसी प्रसंग में की है।

आश्चर्य और जिज्ञासा के वशीभूत लेखक ने कहा- **"आपने तो कांगड़ी लोक संगीत को सम्पूर्ण रूप से संरक्षित कर लिया है अब कोई और क्या डॉक्यूमेंटेशन करेगा"?**

मेरे इस प्रश्न पर मेरी ओर देखते, मुस्कराहट लिए कहते, शर्मा जी- "लोक गायन अथाह है, महासमुद्र की तरह। इसकी तह तक पहुंचना संभव नहीं। लोक व्यापक है उसी तरह लोक गायन रूपों, शैलियाँ भी अनंत हैं, असंख्य हैं। हम चाहे कितनी भी सी. डी. या वी. सी. डी. बना लें उनके गायन की परन्तु चार-पांच वर्ष बाद उसी गांव में जाये तो देखेंगे कि निश्चित ही काफी नए गीत पापुलर

हो गये हैं। लोक मानस की समय को परखने, आंकने की क्षमता अनुमान से भी परे हैं। लोक गायन को विषय और संगीत गायन की दृष्टि से रोका नहीं जा सकता। निरंतरता ही इसकी जीवंतता है। समय की गति के साथ ही निरंतर रहता है। लोक द्वारा इसका सृजन और गायन"। [1]

लेखक ने दो-चार डी. वी. डी. को कम्प्यूटर में चला कर देखा और यह पाया कि उन्होंने बहुत ही श्रम किया है हर दस्तावेजीकरण में। डॉ. व्यथित ने बताया कि यह सारा कार्य उन्होंने स्टूडियो में वीडीयोग्राफर के साथ बैठकर करवाया है। आप यह कह सकते है कि यह सारा कार्य बड़ी मेहनत से किया गया है।

सौन्दर्य बोध के साथ फ़िल्म बनाने की समझ भी रखते हैं आप? डॉ. व्यथित ने कहा- "It's not marely documentation, its commentary and narration is very valuable and preservatives". लेखक को संबोधित करते हुये वे कहते हैं- "शर्मा जी मैंने यहां तो वह डाक्यूमेंटेशन दिखाई जो लोक संगीत संरक्षण सम्बंधी है।

"परन्तु इनके अतिरिक्त लोक नृत्य, लोक नाट्य प्रशिक्षण, प्रदर्शन आदि पर भी ऐसी ही फ़िल्में बनाई हैं। यह शौक़ भी समझें और खुमारी भी जो सर पर चढ़ कर बोलता है"। लोक संगीत तथा लोक गायन सम्बन्धी कार्यशालाएं आयोजित करना, लोक गायकों को पुरुस्कृत करना प्रोत्साहित करना वर्ष 1976 से अद्यतन जारी है। इनके प्रयास से अनेकों व्यक्ति लाभान्वित हुए हैं। नि:संदेह इनके इस प्रयासों से अनेक लोक गायक उभरे हैं, रोजी-रोटी से जुड़े हैं, ख्याति पा रहे हैं इनके प्रमाण है। छाया चित्र जो उन्होंने संजो कर रखे हैं। विशेष साक्षात्कार, चर्चाओं सम्बन्धी दस्तावेजीकरण उल्लेखनीय है।

---

[1] डॉ. गौतम शर्मा व्यथित साक्षात्कार गांव नेरटी 18 सितम्बर 2022

उपर्युक्त परिचर्चा से यह स्पष्ट होता है कि डॉ. व्यथित ने कांगड़ा जनपदीय लोक संगीत की विभिन्न विधाओं की शैलियों को संग्रहीत करने के लिये एक लम्बी यात्रा की है जो हर दृष्टि से अनुकरणीय है। आवश्यकता है, इस विषय पर अलग से पुस्तक करने की पहल। यहाँ पर यह दर्ज करना आवश्यक है कि डॉ. गौतम व्यथित ने केवल लोक गायन की शैलियों को डी. वी. डी. बनाकर संग्रहित ही नही किया बल्कि उन्हें इन शैलियों के गायन के स्वरों तथा लय का भी पूरा ज्ञान है। इन्होने उपर्युक्त सभी काँगड़ा जनपदीय लोक गायन शैलियों के कुछ गायन रुप प्रस्तुत कर इनके संगीत वैविध्य का भी बोध करवाया।

पारंपरिक लोक गीत शैलियां

पुस्तक की व्यापकता तथा निरंतरता में डॉ. गौतम व्यथित से लगभग दस भेंटवार्तायें हुई इसी सिलसिले में दूसरी बार जब उनसे मिला तो जिज्ञासा थी, कुछ और जानना था इनके योगदान बारे। डॉ. व्यथित ने पारंपरिक लोक गीत शैलियों की चर्चा करते हुए बताया कि- "काँगड़ा-चम्बा के कुछ समतलीय क्षेत्र तथा हमीरपुर और ऊना के कुछ भागों में, जो शिवालिक पहाड़ियों में बसे क्षेत्र हैं, उन सबका संगीत विशेषकर महिला संगीत एक जैसा है। अन्तर है तो केवल भाषा-बोली की टोन का। तुकांत में लय भी तदानुसार मिलती है। जहां तक जन्म, विवाह, व्रत, मोख, देव पूजन सम्बन्धी लोक गायन की संगीत शैली का सम्बन्ध है वह उच्च्व वर्गीय महिलाओं और सर्वहारा वर्ग (कृषक-श्रमिक) की महिलाओं के संगीत से कुछ भिन्नता लिए रहता है। कारण स्पष्ट है कि पूर्वकाल में दूसरे वर्ग में निरक्षरता अधिक रही, निर्धनता भी, इसके कारण सोलह संस्कार की अनुपालना भी इन वर्गों में औपचारिक रूप सी थी। हम यह भी कह सकते हैं कि उच्च्व वर्गीय

महिला वर्ग का संगीत या शास्त्र सम्मत या उसके समानांतर है जबकि दूसरे वर्गों का संगीत पूर्णतया लोक जनित, सहज, उनके दैनिक कार्य कलाप खेती किसानी, गोरू चारण, ढलवानी, चरानी, छिन्ज-मेला, लोक देवी देवता पूजन सम्बन्धी है"।[1]

इन दोनों संगीत शैलियों संभ्रान्त महिला लोक गायन शैलियों और सर्वहारा वर्गीय महिलाओं-पुरुषों की लोक गायन शैलियों मे मेरा सर्वेक्षण और अध्ययन के आधार पर यह मानना है कि संभ्रान्त पुरुषों में लोक गायन की परम्परा न होने के बराबर रही है।

यह जरूर रहा कि वे लोक धुनों को सुनकर गुनगुना अवश्य लिया करते, परन्तु किसी सामाजिक मंच पर खुले रूप में नहीं आते। हाँ, शास्त्रीय संगीत शैलियों के गायक केवल इसी (उच्च) वर्ग में ही रहे हैं। इसी कारण संभ्रान्त महिलाओं का गायन भी शास्त्रीय संगीत शैलियों की छाया या प्रभाव लिए मिलता है। ऐसा मेरा मानना है क्योंकि यह गायन संस्कारों की वैदिक रीतियों के अनुरूप है। संस्कार गीतों का संगीत शास्त्र और लोक का समन्वित रूप है।

उन्होने मेरी ओर देखते हुए कहा- आप जन्म गीत के शब्द देखिए-सुनिए, मैं महिला सुरों को लगाकर सुनाता हूँ। आगे आप देखें, इनमें कौन से सुर, किस राग, रागिनी से सम्बन्ध रखते हैं या उसके आस-पास के हैं-

सोहर/काले महीने/ढोलरू शैली

काळे महीने दियां नहेरियां रातीं
जन्मेया कृष्ण मुरारी नी
मत दिन्दीयां सेइयो गाळी नी

[1] डॉ. गौतम शर्मा व्यथित साक्षात्कार, नेरटी 22 जनवरी 2023

गरीबणी दा जाया ऽऽ

होरनां दे घर पंज-सत याणे
मेरा इक गिरधारी नी
मत दिन्दीयां संइयो ग़ाल़ी नी
गरीवणी दा जाया ऽऽ

ऐसे कई जन्म गीत हैं जो मैंने इन्हें दस्तावेजित करते वीडियो में रिकार्ड किया तो मुझे ऐसा लगा कि ये गीत लोक गायन की स्वतन्त्रता से कहीं-कहीं मुक्त हैं, व्याकरण में बंधे हैं, हो इनकी लय में, सुरों के आरोह-अवरोह में वर्गगत अन्तर है भाषा या शिक्षा के कारण।

वैसे भी जन्म गीत श्री कृष्ण लीला सम्बन्धी ब्रज भाषा के गायन से प्रभावित है अतः इनका कथानक और गायन शैली दोनों ब्रज भाषा तथा ब्रज लोक गायन से प्रभावित है। ऐसा मेरा मानना है मैंने सूरदास के पदों को अपनी भाषा (कांगड़ी-हिमाचली) में अनुवादित किया है, उन्हें गाया भी है।

"इसी प्रकार जन्म गीतों मे सूहड़ियां, भ्याईयां, बधाईयां आदि सभी संगीत शैलियां हैं। इनका ताल, संगीत, लय भावानुरुप तथा रीति निर्वाह अनुरूप आरोह-अवरोह, लघु-दीर्घ, सम-विषम, कोमल-तीव्र स्वरों का आश्रय लेता, ताल देता आनंदित करता है"।[1]

"विवाह गीतों में सगाई, समूहत, शान्ति, वर-वधु, सज्जा, स्नान, लगन, वेदी, विदाई, वधु प्रवेश जितनी भी संस्कार सम्बन्धी रीतियां हैं, तदानुरुप महिला लोक गायन शैलियों की परम्परा है, उनमें भी राग छाया है। इस सारे संगीत का सम्यक अध्ययन से तो मुझे ऐसा प्रतीत होता है कि रचित गायन लोक द्वारा गृहीत हुआ

[1] डॉ. गौतम व्यथित भेटवार्ता निवास स्थान नेरटी 18 सितम्बर 2022

है, जिसके कारण इन गीतों में शास्त्र तथा लोक दोनों शैलियों का समन्वय रूप मिलता है"।[1]

ऐसा मैने तब अनुभव किया जब मुझे झमाकड़ा लोक नृत्य हेतु तत्संबंधी महिला गायन शैली को हारमोनियम की स्वरलिपियों और तबले या ढ़ोलक तालों के अनुरूप ढालने में कठिनाई हुई।

अत: उन गीतों को जब मैंने मंचीय रूप देकर कोरियोग्राफिक ढंग से संगीत दिया तो मुझे पारंपरिक लय मे जोड़-तोड़ करना पड़ा क्योंकि मंच व्याकरण सम्मत होता है इसलिये मुझे कुछ ऐसा सोचना पड़ा और वह पसन्द भी किया गया।

जहां तक सर्वहारा वर्ग की गायन शैलियों यथा छिंझोटी, होली, बारें, ढ़ोलरू, गूग्गा, तारा राणी का सम्बन्ध है विवाह गीतों में सगाई, जल निमन्त्रण, भ्यागड़े, गुजरियां, उबटन, शन्ति होम, स्नान, झमाकड़ा, सेहरे, सुहाग, लगन, वेदी, विदाई, अंदरोण, दाड़न, पीपल पूजन जितनी भी रीतियां है तदानुरुप है गायन शैलियां न्यूनाधिक अंतर लिए। भाव-सौन्दर्य और सुर-संगीत-ताल सौन्दर्य युक्त। इनमें लोक संगीत के पारंपरिक रूप ही सरसता बिखेरते हैं। छिंझोटी, होली आदि शैलियों के पैटर्न पर मैने स्वयं भी गीत रचे हैं, गाये भी हैं स्वतन्त्र रूप से। पहाड़ी ग़ज़लों में भी लोक छंदों का प्रयोग किया है।

आपने स्वयं भी इन रीतियों सम्बन्धी लोक गायन को सुनकर अनुभव किया होगा, उन्हें हारमोनियम पर भी जांचा होगा, तब कहीं न कहीं कम अधिक अंतर महसूस हुआ होगा-

यथा-

बाए- बाऽऽऽ कि बुटणा चौळां ऽऽ दा ऽऽ

बाए- बाऽऽ

मलैं दियां दो ऽ जणियां ऽऽऽ

---

[1] डॉ. गौतम व्यथित भेटवार्ता निवास स्थान नेरटी 18 सितम्बर 2022

बाए*ऽ* बा*ऽ* बा*ऽऽ*। ।
ये सुर मंचीय लोक नृत्यानुरुप पद संचालन और
आंगिक अभिनय के अनुरुप हैं। गायन मे-
बाए बा कि बुटणा चोला दा *ऽ*
बाए बा*ऽऽ*
मलैं दियां दो जणियां *ऽऽ* वाए बा*ऽ*
कि सक्कियां स्हेलड़ियां-
बाए- बा*ऽऽ*

पहले गायन में लय लम्बी रखी है ताकि नाटी का नृत्यभिनय सुगम रहे। दूसरे गायन में वैसा नहीं है जैसा रीति निभाती स्त्रियाँ गाती हैं।

चर्चा को आगे बढ़ाते डॉ. व्यथित ने बताया- मैंने इस नृत्य को नयनाभिराम, लोकनृत्य गुणपूर्ण, मंच विधानानुरुप, ताल सुर संगत बनाने का प्रयत्न किया जिसमें संगीतज्ञों तथा संगीत अध्यापकों का सहयोग रहा। हम सफल हुए। प्रो. शर्मा, मैं यहां पर बताना चाहता हूँ कि जितनी मेहनत इस लोक नृत्य को संवारने, संगीत, नृत्य, गायन बद्ध करने में, सन् 1974 से 1989 तक पन्द्रह वर्षों तक की है उतनी उस के बाद अपनाने वाले नृत्य दलों ने नही की। उनके कई ग्रुप लीडर को यह भी पता नहीं होता कि यह लोक नृत्य कब, कहाँ, क्यों और कैसे होता है। इसके गीत किस भाव के हैं। भाव तत्व अत्यन्त महत्वपूर्ण हैं। किसी भी गायन, नृत्य में। तदानुरुप ही तो लगते हैं सुर और होता है नृत्याभिनय। इसलिये आवश्यक है इसकी कार्यशालायें लगे स्कूल, कालेज स्तर पर।

डॉ. गौतम ने चिन्ता व्यक्त करते हुए कहा कि वर्तमान में सस्ती ख्याति तथा पैसा कमाने की होड़ में इस लोक नृत्य का स्तर गिर रहा है।

बारातियों से छेड़-छाड़ का एक गीत

पक्खी शहर दी वे ऽऽ पखिया ऽऽ जोड़ी बुंबल लाया
ऽऽ (विलंबित)
गायक यहां 'जोड़ी' के स्थान पर 'तोड़ी' शब्द गाते हैं।
बापू बौहड़ी ते रड़काया, अम्मा-अम्मा करदा आया
(द्रुत)
लाड़ी-लाड़ी करदा आया (द्रुत)
लाड़िया जोर तमाचा लाया (द्रुत)
पक्खी शहर दी वे ऽऽ पक्खिया जोड़ी बुंबल लाया
(विलम्बित)

इस गीत में स्थाई स्वर विलम्बित तथा अन्तरे के स्वर द्रुत लय मे हैं। अन्तरे मे आरोह-अवरोह भी हैं।

इसी क्रम मे लग्न-वेदी, विदाई गीत मे संगीत से वेदना उत्पन्न करता ये गीत-

लग्न गीत

बाहर आओ मेरी श्याम सुन्दरी
काहन लगना जो आया ए।
कियां औआं मेरे आप स्वामी
बाऊए ते सरमानियां
या
खारे दित्ते बदलाई धीए,
हुण होई पराई ऽऽऽ

विदाई गीत

तेरेयां महलां दे अन्दर वो बापू
मेरा डोला अड़या,
तेरे डोले छड़ाह दिंगे ओ,
धीए घर जा अपणे
समानंतर संगीत-
स्हाढ़ा चिड़ियां दा डारा ओ
बापू असां उड़ी ओ जाणा

इस प्रकार मंचीय नृत्य तथा नाट्य एवं रीति परम्परा अनुरुप झमाकड़ा लोक नृत्य में अनेक गीतों सहित प्रयोग किए गये हैं जो अब इस प्रारुप में स्थाई रुप ले चुके हैं।

"मैं एक और कारण पर भी प्रकाश डालना चाहुँगा। मैं विशाल हिमाचल बनने पर हिमाचल के हर एक भू-भाग में घूमा हूँ। वहाँ की लोक संस्कृति, लोक जीवन को पढ़ा भी और स्वयं आँखों से भी देखा। पुराने हिमाचल में लोक गायन और लोक नृत्य जीवन छुट्टी में मिलते हैं। वहीं नाचने-गाने की स्वतन्त्रता रही है। विरसा गायकों-नर्तकों के अतिरिक्त भी जब वे प्रदर्शन करते तो दर्शक भी शामिल हो जाते परन्तु नये हिमाचल विशेषकर काँगड़ा में ऐसी सामाजिक वर्जनायें रही, पर्दा रहा अतः हमारी लोक संस्कृति को संरक्षण देने वाले हमारे सर्वहारा समाज, हमारे हरिजन बदाल, जल संस्कृति वाहक (झीवर), कृषि वर्ग (धीरथ), कबीर पंथी, महाशे (बांस के भांडे वर्तन बनाने वाले) आदि ही रहे। आज वही हमारी इस लोक गायन धरोहर को संभाले हैं। आवश्यकता है उन्हें पहचान, प्रोत्साहन एवं सम्मान देने की। मैं हर मंच पर इस सत्य को कहता हूँ, संरक्षक संस्थाओं से आग्रह करता हूँ कि समय रहते इन्हें संरक्षित करने में सहायक बने। हमारा बहुत सा संगीत-

साहित्य-गायन मौखिक परंपरा में ही है जो वंशानुगत चलता रहा परन्तु समय में बदलाव हुआ है, नयी पीढ़ी के व्यवसाय बदल रहे है परंपरित लोक गायकों, वादकों तथा नर्तकों की पंक्ति छूटती जा रही है"।[1]

मेरी उत्सुकता बढ़ रही थी। अनेक प्रश्न मेरे मस्तिष्क में उतर रहे थे परंतु पुस्तक विषय की सीमा समय को भी बांध रही थी। मैने यह जानना चाहा कि जैसे कांगड़ा महिला लोक नृत्य झमाकड़ा की लोक संगीत शैली को सुनी-सुनाई परम्परा में ग्रहण कर उसके सुरों को जाना, गायन अभ्यास किया और ताल के यति, गति नियमों का बोध कराते लड़कियों को नृत्य तथा गायन के निरंतर पूर्वाभ्यास देकर इस नृत्य को मंचोपयोगी बनाया। अपना उत्सव (1987) हिमाचल उत्सव (1988) तथा अन्य मंचों पर भी प्रदर्शित किया, प्रोफेसर पद पर होते हुये भी स्वयं मंचो पर मंच संचालन करते इसके सामाजिक-सांस्कृतिक महत्व और पृष्ठभूमि का परिचय भी दर्शक समूह को देते। इसी क्रम मे गूजरी नृत्य तथा चन्द्रावली (चन्द्रौली) नृत्य नाटिका के संगीत को भी लड़कियों को सिखाया, उस पर पूर्वाभ्यास दिये और विशाल मंचों पर प्रस्तुतियां दी।

⇒ **इतने सारे कार्य कैसे किए है आपने?**

लेखक के इस प्रश्न पर केवल मुस्कराते हुए कहते- मुझे स्वयं पता नहीं चला, यह सब कैसे हो गया परन्तु एक बात पर सहमत हूँ कि शायद ईश्वर ने ही मुझे इस कार्य के लिये संसार में भेजा है। जिसका निर्वाह मैं आज भी कर रहा हूँ।

आदमी स्वयं कुछ भी नहीं करता। करवाने वाला तो वही है। गीता मे श्री कृष्ण ने अर्जुन को भी यही समझाया था परन्तु ऐसे

---

[1] डॉ. गौतम शर्मा 'व्यथित' भेंटवार्ता निवास स्थान नेरटी 22 जनवरी 2022

कार्यो के लिए प्रतिबद्ध सहयोगियों का भी मिलना सौभाग्य होता है।

इनसे संवाद कर मैं भी इस निष्कर्ष पर पहुंचा कि डॉ. गौतम शर्मा व्यथित ने जो भी इस धरा के पारंपरिक लोक संगीत के संरक्षण-संवर्धन की दिशा में जो श्रम साध्य साधना परक योगदान दिया है, वैसा देखते-सुनने में कम ही आता है।

लोक संगीत के छात्रों का शोध निर्देशन

साक्षात्कार के दौरान जब लेखक ने डॉ. गौतम शर्मा ने पूछा कि इसके अतिरिक्त कुछ और भी बताना चाहें उस **विशेष योगदान के सम्बंध में, जो आपने काँगड़ा जनपदीय या हिमाचल प्रदेश के लोक संगीत के संरक्षण एवं संवर्धन में दिया है।**

"शर्मा जी; आप चकित होंगे कि एक हिन्दी का प्रोफेसर पहले तो 'झमाकड़ा लोक नृत्य' के गायन और नृत्य पद्धति सिखाने या मार्गदर्शन करने वाला बना तत्पश्चात् एम. फिल, पी. एच. डी. शोध छात्रों का शोध निर्देशक (संगीत विभाग के अंतर्गत) मुझे स्वयं आश्चर्य चकित करता है।

मेरी पहचान में श्री देवराज शर्मा, योल कैंट में केन्द्रीय विद्यालय मे संगीत अध्यापक रहे। उन्हें दृष्टि समस्या (अंधापन) थी। शिमला से डॉ. वी. डी. काले के साथ इन्दिरा संगीत विश्वविद्यालय खैरागढ़ मध्य प्रदेश में पंजीकृत थे, पी. एच. डी. उपाधि हेतु। मुझे संगीत सभाओं में मिला करते चामुण्डा नन्दिकेश्वर धाम मन्दिर परिसर में। वह एक दिन मुझे धर्मशाला (कालेज में) मिलने आए और दीन भाव से कहने लगे- "मैं गम्भीर समस्या में हूँ, सहायता करें। मैने समस्या पूछी तो कहा- मेरे शोध

निर्देशक डॉ. बी. डी. काले जी का निधन हो गया है, मेरा कार्य कैसे होगा? लोगों से आपका नाम सुझाया- अत: मदद करें"।

मेरा उत्तर बड़ा स्पष्ट था- मैंने बताया- देवराज जी मैं तो हिन्दी विभाग का प्रोफेसर हूँ, आप का विषय संगीत है। मैं आपका शोध निर्देशक कैसे बन सकता हूँ? कौन विश्वविध्यालय मानेगा इस प्रस्ताव को? परन्तु मेरे बार-बार मना करने पर भी नहीं माने। अन्ततः मैंने उन्हें यह कहकर विश्वस्त किया कि मैं सप्ताह भीतर बताऊँगा, अन्य व्यस्तताएँ देखकर। तब तक आप किसी और संगीत के प्रोफेसर से संपर्क करें तो वे जाते-जाते कह गये। डॉ. साहब यहां संगीत का कोई प्रोफेसर पी. एच. डी. नहीं है। मेरी समस्या तो यही है।

सप्ताह बाद वह पुनः मेरे आवास पर राजमन्दिर नेरटी में आ गये। वही प्रस्ताव, वही दीन-हीन दशा। बार-बार आग्रह करें कि आप अपना बायोडाटा तो दे दें, साथ मे एक विश्वविद्यालय विभागाध्यक्ष के नाम पत्र- अपनी शोध निर्देशक की सहमति स्वीकृति सहित।

वे माने नहीं, मैने उन्हें अपेक्षित दस्तावेज दे दिए। शर्मा जी, मैं चकित था, दो महीने बाद मुझे खैरागढ़ संगीत विश्वविद्यालय से पत्र आया, लिखा था- आपको देवराज के शोध निर्देशन हेतु मान्य ठहराया है- आप उनका निर्देशन करें। अतः मैं तब से लोक संगीत सम्बन्धी शोध छात्रों का शोध निर्देशक, मूल्यांकन कर्ता तथा मौखिकी में भी विश्वविद्यालयों में जाने लगा। पाँच (संगीत) शोध छात्रों का सह-निर्देशक भी रहा डॉ. सतीश ठाकुर, डॉ. देव राज शर्मा, डॉ. राजेन्द्र गुरंग, डॉ. बलवन्त ठाकुर ये सभी शोध छात्र मेरे परामर्श से, शोध दिशायें पाते रहे क्योंकि इन सभी के शोध विषय काँगड़ा, चम्बा तथा हमीरपुर जनपदीय लोक संगीत तथा लोक संस्कृति से ही संबन्धित थे। हिमाचल प्रदेश विश्वविद्यालय,

शिमला; पंजाब विश्वविद्यालय चण्डीगढ़; गुरु नानक देव विश्वविद्यालय, अमृतसर; करुक्षेत्र विश्वविद्यालय, करुक्षेत्र; दिल्ली विश्वविद्यालय नई दिल्ली तथा इंदिरा कला संगीत विश्वविद्यालय, खैरागढ़ में शायद ही लोक संगीत पर कोई शोध कार्य सम्पन्न हुआ हो जिनमें मेरी लिखित पुस्तकों का उल्लेख ना हो तथा मेरा साक्षात्कार ना हुआ हो।

मेरा आवास तो 1974 से ही कलाकारों, शोध छात्रों, लेखकों, गायकों तथा संस्कृति कर्मियों का परामर्श केन्द्र जैसा रहा। मेरी माता जी स्वर्गीय शीला देवी तथा पत्नी श्रीमती स्वर्णलता दोनो का स्वभाव अतिथि सेवा का रहा। शायद इसी कारण मेरी यह साधना निरंतर बनी रही है, आगे भी बनी रहेगी। मैंने हिन्दी साहित्य में डॉ. प्रेम भारद्वाज, डॉ. प्रमोद सिंह पठानियां को हिमाचल प्रदेश विश्वविद्यालय से पी. एच. डी. हेतु शोध निर्देशन दिया है। इसके अतिरिक्त विभिन्न विश्वविद्यालयों से नौ एम. फिल. के शोध छात्रों को भी निर्देशित किया है। जिनमें डॉ. इन्दु पराशर (सेवानिवृत प्राचार्य) पहली शोध छात्रा थी, जो करुक्षेत्र विश्वविद्यालय से लोक संगीत विषय में काफी समय तक शोध निर्देशन पाने आती रहीं।"

निःसंदेह मेरा डॉ. व्यथित से संबंधित विषय को लेकर जो संवाद हुआ वह प्रभावित करता है कि इनका काँगड़ा, हिमाचल के लोक संगीत, लोक नृत्य की परम्परा के संवर्धन, संरक्षण, प्रसारण की दिशा में दिया गया योगदान प्रशंसनीय तथा उदाहरणीय है। इन्होंने न केवल झमाकड़ा महिला लोक नृत्य को ही नहीं बल्कि यहाँ की गूजरी लोक नृत्य शैली के साथ चन्द्रावली लोकनृत्य शैली को ग्रामीण मंच से नागरी मंच पर प्रस्तुत करने की दिशा में महत्वपूर्ण योगदान दिया है।

लोक संगीत में कुछ प्रस्तुतियां, सहयोगियों तथा व्यक्तियों के बारे में कुछ संस्मरण प्रसंग सुनाते हुये डॉ. व्यथित ने चर्चा में बताया कि हमें (काँगड़ा लोक साहित्य परिषद् को) उपायुक्त हमीरपुर का संदेश आया कि आपको सुजानपुर होली उत्सव में आपको झमाकड़ा नृत्य प्रस्तुत करना है- आमुक तिथि को पहुँचे।

तब कमल हमीरपुरी जी लोक सम्पर्क विभाग धर्मशाला में ही थे- नाटक अनुभाग में। मैंने मन्त्रणा की, विनोद लखनपाल जिला लोक सम्पर्क अधिकारी थे हमें उनका पूरा सहयोग मिला। उनके वाद्य-वादन कलाकार, उन्हीं की गाड़ी में हम सुजानपुर पहुंचे। हमने अपनी मंच प्रस्तुति से पूर्व मंच से घोषणा की कि यह मैदान महाराजा संसार चन्द के समय से होली खेलने का स्थान रहा है अतः झमाकड़ा लोक नृत्य प्रदर्शित करने से पूर्व हम होली लोक नृत्य प्रस्तुत कर रहे हैं- जनता ने हर्षोउल्लास से स्वागत किया। मैंने जो लोक नृत्य कम्पोज़ किया था स्टेज कोरियोग्राफी से वह कृष्ण-गोपियों की वेशभूषा में जब मंच पर प्रस्तुत हुआ तो तत्कालीन मुख्यमंत्री ने भी प्रशंसा की, इन परम्पराओं की वहाँ के उपमण्डलाधिकारी श्री ए. सी. वर्मा ने मुझे आकर बधाई दी और कहा आपने यह नृत्य इतनी जल्दी कैसे तैयार कर लिया, तत्पश्चात हमने वहां से लौटते पालमपुर मे लगे होली-मेला मे भी इसे प्रस्तुत किया। तत्कालीन मुख्यमंत्री श्री शान्ता कुमार जी ने भी खूब सराही थी यह प्रस्तुति।

वास्तव में मैंने लोक संगीत और लोक अभिनय को उसकी परम्परा को सुरक्षित रखते हुये उसमें कुछ मंचीय विशेषतायें भी जोड़ने का प्रयत्न किया जिससे उनमें स्टेज अट्रैक्सन विज़ुअल आकर्षण आया जो दर्शकों को भाया तथा जिसे स्कूल, कालेज की छात्राओं ने अनुकृत कर अपनाया। आज ये तीनों शैलियों

झमाकड़ा, गूजरी तथा चन्द्रावली लोक नृत्य पूरे हिमाचल में लोक प्रिय है।

इन शैलियों से जुड़े पारम्परिक कलाकार भी प्रोत्साहित तथा प्रेरित हुये हैं। डॉ. सतीश ठाकुर तो जब मिडल स्तर में पढ़ते थे हाई स्कूल चढ़ी में तब परिषद् के समारोह में वे चन्द्रावली लोक नृत्य प्रस्तुति में डण्डू (कान्ह) के किरदार में मंच पर आये थे बहुत ही आकर्षक प्रस्तुति थी उनकी वह तदुपरान्त कई स्थानों पर हमारे दल के साथ जाते रहे सतीश ठाकुर।

लोक गायन के संकलन, प्रकाशन के बारे में प्रश्न पूछे जाने पर डॉ. व्यथित ने कहा- "भाषा रुपों का सही संकलन उसके उच्चारण रुप को रिकार्ड कर सुरक्षित रखने से है, प्रकाशित रुप में नहीं। भाषा वाक् रुप है, वाच्य है, उच्चारण रुप है। अतः किसी भी भाषा बोली के अध्ययन हेतु उसके गायन एवं वाक् रुपों की ध्वनि रुप यथावत रिकार्ड की जाए तो वह अधिक सार्थक तथा उपयोगी होंगे। इसी प्रकार गीतों के संकलनों का संग्रह परंपरा सहेजने की दृष्टि से महत्वपूर्ण है, भाषा-बोली संरक्षण की दृष्टि से उपयोगी माने जा सकते हैं परन्तु जहां तक लोक संगीत, लोक गायन शैली के संरक्षित करने का प्रश्न है उसके लिये लोक गीतों का किसी अच्छे लोक गायक द्वारा, जिसे उस भाषा का सही ज्ञान हो, स्पष्ट उच्चारण हो उसका गायन रुप रिकार्ड किया जाये तो वह अधिक तर्कसंगत तथा सार्थक होगा। गायन रिकार्ड करते समय अन्य ध्वनि प्रभावों से बचाव रखना जरुरी है अन्यथा ध्वनियां परस्पर प्रभावित होकर ध्वनि में कम अधिक अंतर अवश्य ला देती हैं।

इसके लिये यदि साऊंड प्रूफ़ कमरे का उपयोग किया जाये तो और भी अच्छा होगा।

लुप्त हो रही गायन शैलियों के संरक्षण में सहयोग

लुप्त हो रही विभिन्न गायन शैलियों तथा उनकी शैलियों के स्वरूप पर लेखक के प्रश्न करने पर संस्कार सम्बन्धी यथा विवाह, ऋतु गायन शैलियां, बारह मासा गायन, रलि पूजा और नुराता पूजा, गूजरी लोक गीत, गूजरी गीत गायन, ऐंचली गायन, चन्द्रावली गायन, छिंझोटी गायन विभिन्न पर्व गायन आदि के बारे मे विस्तृत जानकारी दी जो उनके लोक गीत के क्षेत्र में संरक्षण के सम्बन्ध में महत्वपूर्ण योगदान है।

संस्कार सम्बन्धी महिला लोक गायन

डॉ. व्यथित के अनुसार- "सोहर, भ्याइयां, बधाइयां, ढ़ोलरु, अन्नप्राशन, बाल लीला गीत, सुहाग, सेहरे, बधावे, पानी भरण, समूहत, शांद, तेल उबटन, स्नान, झमाकड़ा, घोड़ियां, लगन वेदी, विदाई गीत, अन्दरोण, सतोतर, दाड़न पूजन, ब्रह्म पूजन इन सभी की गायन शैलियाँ अलग-अलग हैं। ये गीत गांव में दो चार स्त्रियों को ही पूरी सही लय में गाने भाते हैं, वहीं इनके आरम्भिक सुर उठाती हैं, बाकी सुर मिलाती उसके संभवतः गीत सौन्दर्य को ही बढाती हैं, यदि ऐसी कुशल गायिका वहाँ उपस्थित न हो तो गायन यौवन पर नही आता। गायन को उठाना (प्रारम्भ करना), अंत तक निभाना उन्हीं का ही कार्य होता है"।[1]

ऋतु गायन शैलियां

"इन गायन शैलियों में चैत्र गायन शैलियां- ढोलरु गायन, बारहमासा, रलि पूजा, नौरात्र पूजन, बसोआ आदि संगीत की शैलियां गिनाई जा सकती हैं। ढोलरु गायन समाज के विशेष वर्ग द्वारा किया जाता है जिन्हें मंगलामुखी कहते हैं। इस गायन का

---

[1] डॉ. गौतम 'व्यथित' भेंटवार्ता निवास स्थान नेरटी, 4 फरवरी 2022

आरम्भ 'नौआं महीना' से होता है जो मंगल गान है, बधाई गान है। नव संवत् के चढ़ने पर लोक जीवन विक्रमी संवत् पर आधारित पंचांग के अनुरुप ही चलता है। ढोलरु गायन के 25 रुप प्रचलन में हैं"। [1] इतने ही प्रकार की संगीत शैलियां हैं। यह परम्परागत तथा विरसा गायन है। अतः इनके गायन के सुर-ताल को परंपरा से ही ग्रहण करते हैं। सुनी-सुनाई परम्परा में पिता-पुरखी है यह संगीत विद्या। पहला नां, मरुहूआ, राजा बैंसर, नीली घोड़ी, रुहला दी कूहल, राणी सूही, कलोवे दी बां तथा बासोआ- सभी ढंग अलग-अलग सुरों-ताल में गाए जाते हैं।

बारह मासा गायन

"बारह मासा का उत्स लोक से हुआ है। मनुष्य के समूचे जीवन की व्याख्या लोक गीतों में ही मिलती है। लोक गीतों का एक रुप है, बारहमासा। पूरे परदेस में यह परंपरा रही है। आज भी कहीं-कहीं ऐसी महिलायें हैं जो परंपरित बारहमासा की आज कुशल गायिकायें हैं। पहाड़ी में इन्हें बारहमाहियां, छः मासा, छमाहियां, छमाड़े, चौमास, चमाहियां, त्रैमासा, तिमाहियां कहा जाता है"।[2] "कुछ गीतों मे एक मास का भी वर्णन मिलता है। इसकी लोक गायन शैली लोक तथा सुर-ताल में मिश्रित है। पुरुष भी गाते हैं, बारह मासा।"[3] लोक सांगीतिक योगदान की दृष्टि से मैंने इस गायन का वीडियो दस्तावेजीकरण किया है तथा पूरे प्रदेश के सभी बारह मासों का संकलन कर पुस्तक भी प्रकाशित की है।

---

[1] कांगड़ा चम्बा जनपदों में ढोलरु गायन परम्परा, डॉ. गौतम व्यथित वर्ष 2019 पृष्ठ 26

[2] हिमाचली लोक काव्य, डॉ. गौतम व्यथित, पृष्ठ 2

[3] बारह मासा, डॉ. गौतम शर्मा व्यथित

रलि पूजा और नुराता पूजा

देवी भगवती, शिव-पार्वती, पूजन सम्बन्धी, आनुष्ठानिक परंपरा गायन है जिसे युवा कन्यायें गाती हैं। महीना भर होता है रली पूजन और मासान्त की रात 'रलि का विवाह' उसमें विवाह के गीत गाए जाते हैं तदानुरुप ही निर्वाह होता है- रीतियों, लगाचार का। संक्रांति के दिन रलि को नदी में प्रवाहित किया जाता है। पालकी में जाती है रलियां या गोद में। नदी तटों पर विदा गीतों का मर्म भरा लोक गायन हर किसी को संवेदित करता है। विदाई गीत शैली में गायन पूजन मे माता की भेटें दिनचर्या से संबन्धी गीत। भजन, भेटें, जल लाने, फूल चुनने के गीत गाये जाते हैं।

गूजरी गीत गायन तथा पक्खडू गीत

गूजरी गीत गायन विवाह के अवसर पर प्रभातबेला में होता है जबकि पक्खडू विरह गीत या नारी संत्रास का गायन उस समय गाया जाता है जब कोई रीति न हो रही होती है। अत्यंत मार्मिक है यह संगीत और इसका कथानक। विशेषकर सास-बहु व्यवहार को रेखांकित करते हैं ये गीत- गुजरिए गजरेटड़िए ओ बलिए! नंद महरे दिए बेटड़िये।

ऐंहचली गायन

यह गायन खेती, किसानी व श्रमिक समाज द्वारा किया जाता है। ऐंहचली का अर्थ स्थानक कथा-गायन से है जो पुराण-इतिहास तथा स्थानीय गीतों पर आधारित होता है। घड़ा, थाली, चिमटा, ढोलक इसके वाद्य हैं। इसका प्रमुख मुखिया 'बेधक' कहलाता है। वह बोल उठाता है, दूसरे संगति करते हैं। गणेश वन्दना से शुरु से आरम्भ होता है यह गायन। लड़की के विवाह के

पूर्व सर्वहारा कृषक वर्ग मे इस गायन की यही परंपरा रही है जो प्रथम प्रहर से तीसरे पहर तक होती।

चन्द्रावली गायन

यह झीर-घीरथ जातीय समाज का पैतृक गायन नृत्य है जो शरद् ऋतु-फागुन मास से पूर्व घर-आँगन मे फेरी लगाते गाया जाता है। चन्द्रावली-डण्डू का स्वांग रचाते हैं। माता की भेंटायें गाई जाती है। इसमें नृत्य वृत्ताकार होता है। पालमपुर क्षेत्र में कबीर पंथी भी इस नृत्य को करते हैं। हास्य-व्यंग्य भी विशेषता है। इस गायन का नृत्य विशेष हाव-भाव और पदचाप, आंगिक अभिनय युक्त है जो हास्य-व्यंग्य युक्त होता है।

छिंझोटी गायन

यह गायन राहगीरों, श्रमिकों, खेतिहर किसानों, ग्वालों, दलानियों आदि द्वारा किया जाता है अतः इसमें लम्बे सुरों का प्रयोग एक हाथ पर कान रखकर किया जाता है। इनका विषय मुख्यतः प्रेम भाव, प्रेम आमन्त्रण ही रहता है जीवन के दैनिक कार्यों का वर्णन भी। विरहमी लोक जीवन की कठिनाईयां भी गिनाई जाती हैं इस गायन में। सर्व प्रिय गायन शैली है पहाड़ की यह। गंगी, साका, झूरी, फाटेड़ियां, भाखा भी इसी का ही रूप हैं। वन-बाड़ियों, नदी-तटों, खेत-खलिहानों में खूब गूंजता यह गायन। श्रमाश्रित है यह गायन। अतः मशीनी युग के आने से ऐसे अवसर कम होते जा रहे हैं।

1. भला मियां मनेजरा, राहे बिच बंगलू तेरा
2. डाडे दिए बेड़िये, सौकणी तू मेरिए
3. माए नी मेरिए जम्मुवां दे राहें, चम्बा कितनी क दूर
4. घालुआ मंजूरा, डेरा तेरा दूर कदी घरैं औणा
5. लहंगे चुक मंडिए जाणा, बंडेरा पार

आदि सभी गीत छिंझोटी गायन के रूप हैं।

पर्व गायन होली, बसोआ, मिंजर लूकड़ियां, हरण-राजड़े

महिलाओं द्वारा होली पूजन पर विशेष गायन होता है जिस पर ब्रज भाषा का प्रभाव दिखता है संगीत के साथ। ऐसा गायन भी ब्रज भाषी गायन से प्रभावित है।

लूहकड़ियां छोटे-छोटे हास परिहास तथा दुःख दरिद्रपूर्ण गायन है जो अवस्यक लड़कियों द्वारा किया जाता है। इसका संगीत भी भावानुकूल है।

दृष्टव्य है यह गीत-

फूले बसंत पिया घर नाहीं,
मैं किस संग खेलांगी होरी।

तथा

झिलमिल-झिलमिल पालकी जी
साढ़े अंगणे आई

बसोआ गीतों में बेटी द्वारा माता को इस पर्व पर बुलवा न भेजने पर उलाहना दिया जाता है।

उदाहरणतः-

आया बसोआ नी मायें पंजे सतें
मेरे बापु रा सादा नी आया हो

आह्वान गीतों में ईश्वर को शुभ कार्य तथा शुभ बेला में आमंत्रण दिया जाता है। इस पर सांद का एक गीत-

सुरगे ते उतरे देवते, सांदी आई बहे।

लगन गीत विवाह में महिलाओं द्वारा लगन के समय यह गीत गाया जाता है।

बाहर आओ मेरी श्याम सुन्दरी
काहन लगना जो आया ए

कियां आवां मेरे आप स्वामी
बौऊए ते सरमानियां।

यह लोक संगीत लोक भाव प्रधान है।

लोक भाव का गीत

खारे दिते बदलाई हुण होई पराई।

विदाई गीतों का संगीत अत्यन्त मार्मिक होता है–

तेरे महलां दे अंदर वे बापू मेरा डोला अड़या।

प्रभाती गीत- यह गीत लम्बे सुर वाले गीत होते हैं इनमें लय का अपना ही महत्व होता है। ये लय प्रधान गीत कहा जाता है। प्रभाती गीतों में शान्त भाव होता है तथा विष्णु, ब्रह्म तथा कृष्ण देवों का उल्लेख होता है।

जो गायन नृत्य के रुप में मंच पर प्रस्तुत हुआ उसमें भाव स्थित के अनुसार गायन की लय, ताल को बांधने के प्रयास हुए हैं, यह स्वाभाविक है। लोक गायन से किसी भी प्रकार की दखल अंदाजी न करके उसकी गायन शैली के सौंदर्य को बढ़ाने का प्रयास रहा।

मंच प्रस्तुति की मांग रहती है Desire of stage. नृत्य की पदचाप Action movement के अनुरूप लय या गान की अवधि रहे यदि ये दोनो तालमेल नही तो Dance+Song में coordination संभव नहीं। लोक गान स्वतंत्र मंच से नियमबद्ध मंच पर यदि लाया जाता है तो उसमें कुछ जोड़ना पड़ता है, सोचना पड़ता है, गायन-वादन परंपरा को सुरक्षित रखते हुए। यही व्यक्ति विशेष का योगदान है उसे स्थापित तथा प्रतिष्ठित करने के लिए। लम्बी चर्चा को सुनने तथा समझने के पश्चात लेखक ने प्रश्न किया-

⇒ सर, ये जितनी भी लोक संगीत शैलियां आपने बताई उनके संरक्षण के लिये आपके क्या प्रयास रहे?

लेखक के प्रश्न का उत्तर देते हुए डॉ. गौतम व्यथित ने कहा- "मैने पूर्व प्रश्नों के प्रसंग में भी संकेत किया है कि इन गायन शैलियों को मैं बाल्यकाल से सुनता आया हूँ अतः यह सहज है कि बार-बार सुनने से कुछ ज़हन में स्थाई हो जाती हैं। मैंने इन शैलियों के समानान्तर छन्दों पर काव्य-गीत रचनायें भी की हैं और गायन भी। मैंने काँगड़ा लोक साहित्य परिषद् के माध्यम से संगीत नाटक अकादमी के सहायतानुदान से 15 वीडियो दस्तावेजी फ़िल्में इन्हीं गीतों के संगीत गायन विषय में बनाई हैं। मैं यह भी मानता हूँ कि लोक संगीत तथा लोक गायकों के परिवेश, भूगोल, परम्परा, भाषा-बोली की टोन पर भी आश्रित होता है, अतः उसमें सुरों का प्रयोग तदानुरूप होता है। यही कारण है कि एक ही गीत का गायन संगीत अलग-अलग स्थानों पर थोड़ा बहुत अन्तर लिए रहता है। मैने कई संगीत प्राध्यापकों, अध्यापकों को इनके संगीत पक्ष को लेकर पुस्तक तथा इनका स्वरलिप्यांकन करने हेतु भी प्रेरित किया है। परिषद की एक परियोजना भी इसी विषय पर रही है। मैंने जन्म गीतों का स्वरलिप्यांकन करवाया है जो डी. वी. डी. तथा पुस्तक रूप में भी सुरक्षित है जिसमें गीतों की गायन सरगमें संजो कर रखी हैं, ऐसे प्रयास अन्य शैलियों पर भी अपेक्षित हैं। यह सही है कि स्थानक लिप्यांकन सर्वभौम नहीं हो सकता। यह मैंने पूर्व के साक्षात्कारों में भी स्पष्ट किया है। काँगड़ा के उत्तर, दक्षिण, मध्य, पूर्व, पश्चिम भागों में एक ही गीत भूलतः उसी धुन पर होता हुआ भी स्थान गायकों के प्रभाव लिए होता है। अतः कहीं कोमल, कहीं शुद्ध तो कहीं तीव्र स्वरों का समावेश होना आश्चर्य नहीं, यह भौगोलिक प्रभाव हैं। वाक तन्त्र भी निजि प्रभाव

रखता है। इसलिये वर्ग या समुदाय की गायन शैलियाँ भी आकर्षित करती हैं"। [1]

⇒ **सर, वर्तमान में पाश्चात्य संगीत- ताल, लय, नृत्य का लोक गायन में हस्तक्षेप बढ़ रहा है। इससे इन पारंपरिक लोक गायन शैलियों को कैसे संरक्षित किया जा सकता है?**

लेखक के प्रश्नोत्तर में डॉ. व्यक्ति ने कहा- "यह लोक धर्म सम्बन्धी प्रश्न है। समय के साथ मानवीय व्यवहार और अभिरुचियों में परिवर्तन या विकास स्वाभाविक है। इसके मूल मे दृष्य-श्रव्य संसाधनो-माध्यमों का विशेष प्रभाव रहता है। मनुष्य के भीतर कुछ नया लीक से हटकर करने की प्रवृत्ति भी विकसित होती है। अतः ऐसा होना युगचेतना का प्रभाव है। इसे रोकना या विराम देना संभव नही हैं परन्तु, सावधानी बरती जा सकती हैं, गायकों द्वारा"। [2]

⇒ **तो धरोहर या विरासत का संरक्षण कैसे संभव है?**

"धरोहर को समय रहते सहेजने के सार्थक और वैज्ञानिक प्रयास-प्रबन्ध होने चाहिए। आजकल रिकार्डिंग, दृश्य-श्रव्य दोनों प्रकार की अनेक़ विधियां विकसित तथा अनुसंधानित हुई हैं, उनका प्रयोग किया जा सकता है। हमें चाहिए कि ग्राम स्तर पर ऐसे प्रयास हों और जो भी परंपरा में संग्रहणीय है उसे संजोकर ऐसे आधुनिक सम्पन्न संग्रहालयों में सुरक्षित किया जाये। इसके लिये जिला स्तर पर धरोहर-संग्रहालयों की स्थापना होनी चाहिए, जिसमे प्रशिक्षित तकनीकी कर्मचारी हों। उस सहेजी धरोहर को संरक्षित कह सकें। इसकी जानकारी तथा आवश्यकता अनुभूत करने हेतु समय-समय पर कार्यशालायें, सेमिनार आदि भी आयोजित होने चाहिए। धरोहर संवाद बहुद ज़रूरी है। विचार से

---

[1] डॉ. गौतम शर्मा व्यथित, भेंटवार्ता, निवास स्थान नेरटी 4 फरवरी 2022

[2] डॉ. गौतम शर्मा व्यथित, भेंटवार्ता, निवास स्थान नेरटी 4 फरवरी 2022

जन्मता है, ज्ञान के विकास और प्रचार के सशक्त संसाधनों में से एक है। प्रायः संगोष्ठियों में वाचन-श्रवण होता है, संवाद-परिचार्य नहीं। यही कारण है कि ऐसे आयोजन निष्फल रहते हैं"।[1]

⇒ लोक संगीत का संरक्षण, प्रयोग कैसे संभव हो?

लोक संगीत सिखाया नहीं जा सकता। यह श्रुत परम्परा आधारित ज्ञान है। पिता पुरखी भी। विरसा गायन-वादन भी कहते हैं इसे। आज़ादी के बाद इस परम्परा में परिवर्तन लाया है। विरसा पालक परिवारों में शिक्षा का प्रसार, उन्हें जीवन जीने, व्यवसायों की नई दिशायें, प्रोत्साहन अवसर मिलने से उनमें अपनी परंपरा के अतिरिक्त कुछ नया सोचने, करने, अपनाने की चेतना जागी। उनके जीवन की पद्धति में परिवर्तन लाया। परिणामतः विरसा गायन-वादन धीरे-धीरे लुप्त होने की प्रक्रिया में आता गया। इसके मूल कारणों में सर्वाधिक आर्थिक अभाव और सामाजिक पहचान की कमियां रही। अस्पृश्यता भी एक ऐसा कारण थी जिससे ऐसे समाज बहिष्कृत-उपेक्षित भी रहे। अतः आवश्यकता है हमें इन्हें सामाजिक प्रतिष्ठा, पहचान और आर्थिक विकास के अवसर प्रदान करें।

दूसरा-धरोहर या विरासत के ज्ञान का वर्तमान पीढ़ी को परिचय होना ज़रूरी है। जिस ज्ञान की हमारे दैनिक जीवन में जितनी आवश्यकता होती है, उसे ग्रहण करने या पाने की उतनी ही बलबती इच्छा हमारे मन में होती है। उतनी ही लगन से हम उसे अपनाने का प्रयास करते हैं। अत: लोक संगीत को जीवन से जोड़ने का प्रयास ज़रूरी है। विरसा गायकों-वादकों को सामाजिक प्रतिष्ठा-पहचान के साथ उनकी आर्थिक स्थिति को भी सुधारने के प्रयास जरूरी है। कला उत्सवों में उन्हें अधिक से अधिक अवसर व

---

[1] डॉ. गौतम शर्मा व्यथित, भेंटवार्ता, निवास स्थान नेरटी 4 फरवरी 2022

पारिश्रमिक दिया जाये। उन्हें लोक वाद्यों की खरीद हेतु सहायतानुदान दिया जाए।

शिक्षा बोर्ड उनके संगीत, वाद्य यन्त्रों, उनकी उपयोगिता, सांस्कृतिक महत्व सम्बन्धी पाठ स्कूल स्तर पाठ्यक्रमों में समावेश करें। विद्यालयों, महाविद्यालयों में इन विषयों पर संगोष्ठियां, कार्यशालायें, आयोजित हों। सरकार की इन्हें विकसित करने हेतु एक ठोस नीति बनें। राजनैतिक इच्छा ही कला परम्परा की मुख्य-मूल संरक्षक होती है। सत्ता नीति से हर बात संभव होती हैं। इतिहास इस बात का साक्षी है।

⇒ प्रदेश की भाषा के विषय में आपकी क्या अवधारणा है?

'प्रदेश की भाषा हिमाचली पहाड़ी है जिसका हर जनपद में स्थानक रूप प्रचलित है। भाषा बनाई नही जाती हो, उसे व्याकरण बद्ध किया जा सकता है यथा संस्कृत, हिन्दी आदि भाषायें। लोक भाषायें व्याकरणबद्ध तथा सीमाबद्ध नही हो पाती इसी कारण उन्हें पढ़ाया नहीं जाता। श्रुत परम्परा आधारित होती है। इनमें शब्द, सृजन वाक्यों की प्रकृति स्वरूप भी निरंतर बदलते हैं। इन्हें शास्त्रबद्ध करने इनके विकास की दिशायें रुक जाती हैं, ऐसा भाषाविद मानते हैं। जहां इनकी मान्यता तथा संविधान की आठवीं सूची में दर्ज होने का प्रश्न है, वह सत्ता मनसा पर निर्भर रहता है। सरकार जब चाहेगी, हो जाएगा।

लेखकों, साहित्यकारों का दायित्व इसके साहित्य सृजन की वृद्धि करना है जैसे पूर्ववत होता आया है। लोक कवि ने कभी नहीं सोचा कि मेरी रचना को सरकार मान्यता दे। उसकी रचना का स्वतः प्रभाव ही उसे लोकप्रिय बनाता, गायक-श्रोता अपनाते, बार-2 सुनना चाहते। हाँ जिस बोली में साहित्य सृजन होना गति पकड़ लेता है वह साहित्यिक भाषा बन जाती है अतः हिमाचली वर्तमान में बोली नहीं साहित्यिक भाषा है।

⇒ आप संस्कृति कर्मी होने के साथ एक प्रसिद्ध साहित्यकार भी हैं हिमाचल प्रदेश मे यशपाल और चन्द्रधर शर्मा गुलेरी के बाद कोई साहित्यकार हिन्दी साहित्य में उद्धृत नहीं होता क्या?

लेखक के प्रश्नोत्तर में डॉ. व्यथित ने कहा– "ऐसा नही, हिमाचल में उदाहरणीय कहानीकार, कवि, उपन्यासकार हैं परन्तु अभी यह प्रवृति विकसित नहीं हो सकी कि हम किसी को मान्यता दें, स्तर एवं उच्च स्थान दें। जब तक हिमाचल का आलोचक, समीक्षक मानस किसी को वैसी मान्यता या अपनी समीक्षक पद्धति में स्थान नहीं देंगे, तब तक यह संभव नहीं। मुझे जहाँ तक अनुभव है, समीक्षकों के भी अलग-अलग तम्बू, खेमे, ग्रुप हैं। भारतीय स्तर पर तो स्पष्ट दिखता है। जहां ऐसी संस्थाएँ, विचार-मानस हैं वहां पूरे प्रयास हुए हैं, हो रहे हैं लेखकों को साहित्य में स्थान देने के। हिमाचल में ऐसे प्रयास व्यक्ति परक हैं, व्यक्तिनिष्ठ हैं। अतः उतनी सबल नहीं हो पा रही स्थापनायें। जनमत की तरह समीक्षक-मत भी आंका जाता है। कितने समीक्षक समर्थन करते हैं किसी स्थापना का। हिमाचल में स्थापना की भी कमी, संकोच है और स्पोर्ट की भी। कई बार प्रस्ताव होता भी है तो अनुमोदन नहीं मिलता। अतः इसी गरज से कई सूर्य अस्त हो गये। मेरा मानना है कि समय रहते साहित्यकार का सही मूल्यांकन और स्थापनायें होनी चाहिए।

⇒ तो कमी कहां रही है?

ये कार्य विश्वविद्यालयों के होते हैं। विश्वविद्यालय जहां अध्ययन की राहें सुझाता है वहां अनुसंधान, पुस्तक स्थापना में भी महत्वपूर्ण योगदान देता है। अतः यह प्रदेश में कार्यरत विश्वविद्यालयों के अंतर्गत हिन्दी विभाग का ही दायित्व बनता है कि वह इस दिशा में पुस्तक-अध्ययन करवाये, एक मुखी नहीं

बहुमुखी और फिर स्थापना करें कि वर्तमान में कौन सृजक/लेखक उत्कृष्टता पर है, युगीन प्रवृत्ति के वाहक हैं। ऐसे विषयों पर संगोष्ठियां भी आयोजित हों। मीडिया को भी जोड़ा जाये। यह कार्य किसी एक व्यक्ति का कार्य नहीं क्योंकि निष्पक्षता इस कार्य की मूल अपेक्षा है।

व्यक्ति विशेष की भी अपनी सीमायें होती हैं। उसके भी पूर्वाग्रह होते हैं जिनसे 'बचकर कार्य करना, कोई निर्णयात्मक, निष्पक्ष टिप्पणी देना संभव नहीं होता। हिन्दी साहित्य इतिहास लेखन में नागरी प्रचारिणी सभा वाराणसी ने जब सोचा तो इसके लिये हर खण्ड के सम्पादक मण्डल बने, फिर सर्वेक्षण, सम्पादन-प्रकाशन कार्य हुए जिसके सोलह खण्ड हैं।

व्यक्तिगत कार्यों में समीक्षक की अपनी विचार धारा प्रमुख रहती है, उसी के अनुरूप ढूँढें जाते हैं लेखक, वैसी ही रचनायें, वैसे ही सिद्धांतों को अधिमान दिया जाता है। शेष को एक ओर, उपेक्षित भाव से, रख दिया जाता है। मैनें एम. ए. कक्षाओं को 1977 से 2007 तक और अंशकाल में 2016, 2018 तथा 2019 में हिमाचल प्रदेश विश्वविद्यालय के क्षेत्रीय अध्ययन केंद्र धर्मशाला स्तर पर पढ़ाया। वहां जो इतिहास पुस्तकें देखी, पढ़ी, पढ़ाई, सब में अलग-अलग अवधारणायें मिली। किस को किस विधा में, किस मुकाम पर स्थापित करना है। यही मुख्य उद्देश्य देखा जाता है। साहित्य इतिहास लेखन में जिससे विद्यार्थी परेशान रहते हैं। हिमाचल में ही देखिए- चन्द्र शर्मा गुलेरी और यशपाल बाद कोई नाम हम दे नहीं पाये अर्थात आज़ादी के बाद कोई निष्पक्ष निर्णयात्मक पुस्तक नहीं हो पाया अन्यथा कोई नाम तो उभरते। साक्षात्कार में एच. ए. एस. स्तर पर जब ऐसा प्रश्न पूछा जाता है तो उत्तर वही होता है। यह विचारणीय है।

मुझे समझ नहीं आ रहा था, इससे आगे और क्या प्रश्न करूँ। हिन्दी अध्यापन के अतिरिक्त कालेज में अपने वर्चस्व को बनाये रखने के साथ, परिषद के निदेशक के रूप में विभिन्न साहित्यिक-सांस्कृतिक गतिविधियों-समारोहों का आयोजन, पुस्तक लेखन, प्रकाशन, पुस्तक, छात्रों का निर्देशन, लोक गायन, लोक संगीत के प्रति दस्तावेजीकरण करना ये सारे कार्य निश्चित ही चकित करते हैं। लेखक विनम्र भाव से पुनः लोक नाट्य में डॉ. व्यथित के योगदान अगले विषय पर चर्चा का समय लेकर विदा हुआ।

काँगड़ा जनपदीय लोक नाट्य 'भगत' में डॉ. गौतम शर्मा व्यथित का योगदान

डॉ. गौतम व्यथित ने जितना काँगड़ा जनपदीय लोक संगीत के संरक्षण तथा संवर्धन में अपना योगदान दिया है उतना ही इस जनपद के लोक नाट्य 'भगत' तथा भगतिया संगीत में अपना योगदान दिया है।

लोक संगीत तथा लोक गायन की विभिन्न शैलियों में एक लम्बी वार्तालाप के पश्चात दूसरी भेंटवार्ता लोक नाट्य 'भगत' पर केन्द्रित रही। वार्तालाप की शुरुआत करते लेखक ने प्रश्न किया- **क्या आपका नाटक में भी शौक रहा? कभी नाटक में भाग भी लिया होगा, कुछ बतायें-**

डॉ. व्यथित ने लेखक की ओर देखते हुए कहा- नाटक देखने का शौक मुझे बचपन से रहा। हमारे गांव नेरटी तथा कस्बा रैत में रासलीला, रामलीला तथा नाटक खेलने की परम्परा रही है। बचपन में हम जो भी कुछ रात को वहां देख कर आते, छुट्टी के दिन घर पर ही पर्दे टांग कर वैसा ही नाटक करने लगते। खेल-खेल में अभिनय का शौक बढ़ता गया। हाई स्कूल रैत में जब नौवीं में पढ़ता था तो वहां स्कूल में ड्रामा करने की चर्चा होने लगी।

लड़के चुने गये, मैने भी नाम दे दिया। दो नाटक तैयार किए गये 'सत्यवादी हरिश्चन्द्र' और अमर सिंह राठौर। मैने क्रमश: ऋषि और पठान का पार्ट अदा किया।

मुझे उसमें प्रथम पुरुस्कार मिला था। मुख्याध्यापक श्री अयोध्या प्रसाद जी के कर कमलों से। "1957 में जे. बी. टी. प्राथमिक अध्यापक बना तो स्कूल में बच्चों को छोटे-छोटे एकांकी करवाता। खुद भी लिखने लगा संवाद और गीत। उस समय पहली बार देखी थी 'भगत' दरीणी में। हमारे गांव के निकट के गाँव मे भी थे भगतिए जो भगत करते। तब से मन में इनके गायन और अभिनय के प्रभाव थे। खासकर 'मनसुखे' का किरदार बहुत प्रभावित करता। 1975 में कांगड़ा लोक साहित्य परिषद् के बैनर तले राजकीय हायर सेकेण्डरी स्कूल डरोह में परिषद् का चौथा वार्षिक समारोह हुआ उसमें बंडियां, बैजनाथ की भगतिया मण्डली ने भगत मंचित की। उसके बाद मैंने शाहपुर-रेहलू के भगतिया डेरेदार साली ग्राम तथा रामदास भाटिया से संपर्क कर उन्हें भगत के मंच पर प्रस्तुत करने हेतु प्रेरित किया। राजमन्दिर नेरटी में स्थापित ग्रामीण कला मंच पर पूर्वाभ्यास दिये, प्रस्तुतियां करायी। उनकी भदेस संवाद शैली को परिष्कृत किया। मंच विधान की समझ दी। नए स्वांग तथा कथानक जोड़ने का प्रयास भी किया। बहुत कठिन कार्य था यह। इस कारण उनके हर काम का अपना विरमी तथा परंपरित स्टाइल था। शैली थी जिसे न वो भुलाना चाहते, न कुछ जोड़ना चाहते। पक्के लकीर के फकीर थे"।[1]

भगतिया परंपरा की बात को आगे बढाते हुये डॉ. व्यथित ने बताया- सच्चाई तो यह थी कि भगतिए मंच प्रदर्शन का तौर-तरीका समझना नहीं चाह रहे थे। हट फिर कर अपनी परंपरित

---

[1] डॉ. गौतम शर्मा व्यथित साक्षात्कार निवास स्थान नेरटी 18 सितम्बर 2022

परिपाटी पर ही आ जाते। "मैंने भगतिया डेरेदार पेटी मास्टर साली ग्राम से भगतिया गायन के सुर-लय-अलाप सीखे, संवाद सुने, उनका भाव समझा, जो श्री कृष्ण लीला अनुरूप था, ब्रज भाषा का प्रभाव लिए सूरदास कृत कृष्ण लीलाओं के अनुरूप"।[1]

लेखक ने उत्सुकता से प्रश्न किया- **सर, भगतिया लीलाओं तथा भगतिया संगीत के बारे में कुछ प्रकाश डालें।**

"इन भगतिया लीलाओं में रागों का प्रभाव था। मास्टर साली ग्राम ने बताया कि उनके गुरु कथावाचक बसोहली वाले थे। भगत का प्रथम चरण लगभग प्रथम-दूसरा प्रहर कृष्ण लीला मंचन के ही होते जिनमें माखन लीला, छल्ला मुंदरी, पनघट लीला, चीर हरण, नागलीला, कंस वध आदि लीलायें दिखाई जाती। इनकी गायन शैली हाथरस की भगत गायन शैली गायन पर आधारित है। वैसे ही अलाप, राग, तथा बोल गाये जाते हैं"।[2]

नि:सन्देह स्थानक प्रभाव रहना स्वाभाविक है इनके कलाकार भी तो पढ़े लिखे नहीं होते ना ही एक परिवार व समुदाय के। दिन को अपना-अपना काम करते, साथ चल देते भगत की साई निभाने। प्रथम प्रहर से शुरु होती भगत और सूर्योदय से पूर्व समाप्त होती।

मैने 1986 में धर्मशाला कालेज के सभागार में मंचित करवाई थी भगत। लोक नाट्य-सेमिनारों में। जिसमें भगतिया मनुमुख रामदास ने अपनी वाक्चातुरी और अभिनय शैली से नागरी दशकों, प्रशासकों को चकित कर दिया था।

उसे भगतिया-जॉनी वाकर की संज्ञा दी गई थी।

---

[1] डॉ. गौतम शर्मा व्यथित साक्षात्कार निवास स्थान नेरटी 18 सितम्बर 2022

[2] डॉ. गौतम शर्मा व्यथित साक्षात्कार निवास स्थान नेरटी 18 सितम्बर 2022

लेखक को देखकर रुके और पूछा- क्या सोच रहे हो? मैने कहा नहीं, कुछ नहीं। 'नहीं कुछ तो सोच रहे थे। हम तो अध्यापक हैं कहते ही जाते हैं'।

⇒ मैं ये सोच रहा था कि आपने उस देहाती नाटक 'भगत' को शहरी मंच पर प्रदर्शित करने की कैसे सोची?

"उस समय नगरों में न तो, भगत होती, ना करवाई जाती और ना ही स्वयं को सभ्य समझने वाले उसे देखने जाते। जाते भी तो लुक-छिपकर देखने जाते। महिलायें तो जा ही नही सकती। कारण भाषा और अभिनय दोनों बड़े असामाजिक थे शुरु में, जो मुंह में आ जाता, बक देते। तब स्वांग-नकलें ही अधिक लगाते। हास्य व्यंग्य भरा होता सारा कथानक। गानों में वैसी ही मुर्कियां जोड़ी जाती, मात्र हंसाने हेतु"। [1]

मैं इन भगतिया कलाकारों को भाषा, कला, संस्कृति अकादमी द्वारा आयोजित कार्यशाला में भाग लेने हेतु चम्बा ले गया। वहां हिमाचल की लोक नाट्य शैलियों, करियाला, बांठड़ा, हरणेत्तर आदि से भी परिचित करवाया, उनके गायन, वादन तथा संवाद शैलियों के अनुभव दिए। दूरदर्शन जालंधर, संगीत नाटक अकादमी, दिल्ली, उत्तर क्षेत्रीय सांस्कृतिक केन्द्र चण्डीगढ़, हिसार (हरियाणा) शिमला आदि अनेक स्थानो पर प्रदर्शन करवाये वर्ष 1968 से 2000 तक इस परम्परा के कलाकारों से जुड़ा रहा।

दो पुस्तकें भी प्रकाशित हुई इस विधा पर-

1. हिमाचल की लोक नाट्य परंपरा भगत
2. काँगड़ा-चम्बा जनपदीय परंपराशील लोक नाट्य भगत: कथ्य एवं शिल्प

---

[1] डॉ. गौतम शर्मा व्यथित साक्षात्कार निवास स्थान नेरटी 18 सितम्बर 2022

मैंने फिर जिज्ञासावश प्रश्न किया- **इन पुस्तकों हेतु इतना श्रम किया तो किस वर्ग को इससे लाभ हुआ है?**

लेखक का प्रश्न सुन कर डॉ. व्यथित ने कहा- "आपका प्रश्न सही है। हम छोटा-मोटा कोई भी कार्य करें उस पर श्रम और समय के साथ धन का भी व्यय होता है। मैने यह सारा कार्य शौक तथा आत्म प्रेरणा से किया हे। कोई पुस्तक लिख कर एक और पी. एच. डी. प्रमाण पत्र मेरा उद्देश्य नही रहा। मेरा उद्देश्य था कि समय के साथ विलुप्त होती इस परम्परा को संग्रहीत किया जाये यथारूप बिना जोड़-तोड़ किए। इसका वीडियो दस्तावेजीकरण हो, प्रस्तक प्रकाशन हो ताकि हस परंपराशील लोक नाट्य का भाषा रूप, अभिनय कला, संगीत शैलियां, कथोपकथन की सहजता, हास्य-व्यंग्य का प्रयोग कब, कैसे आदि को संग्रहित करना सार्थक हो"।

यहां उल्लेखनीय है कि काँगड़ा जनपद में भगतिया डेरे हरिजन, झीर, कबीर पंथी समुदायों में विशेष रूप से रहे। शर्मा जी! यहां तो दो मण्डली भगत खेलने की प्रथा भी थी जो आज़ादी के बाद 1960 तक समाप्त हो गई थी। यहाँ भगतिया डेरेदार रहे हैं, घराने नहीं।

⇒ **मेरे मुँह से अचानक प्रश्न निकल गया- यह दो मण्डली भगत से क्या अभिप्राय है आपका?**

दो मण्डली अर्थात भगत-मंच पर दो मण्डलियां अपनी-अपनी प्रस्तुतियां देती। ये मण्डलियां प्राय: हरिजन तथा झीर (झीवर) समुदाय से होती। बड़े कुशल पहुंचे हुए होते दोनों के बेवाक (गुरु) डेरेदार तथा कलाकार दोनों स्वांग लगाते एक दूसर के। समाज के व्यवहार और सोच के, वैसी ही वेषभूषा पहनते, तदानुरुप संवाद गढ़ते, गीतों के ठुमके भी, इसमें विशेषकर

1. **रास गायन-** ब्रजमण्डल रास गायन शैली अनुरूप

2. **मुजरा गायन-** बोल स्थानक प्रभाव युक्त मुगलिया गायन
3. **लीला गायन-** नाटकीय सम्वाद
4. **स्वांग नृत्य गायन-** चबोला आदि छन्द गायन
5. **लोक गायन-** फरमायशी लोक गायन, पहाड़ी लोक गायन हास्य-व्यंग्य सहित
6. **भगत माल-** भगत के अन्त में भगतिया डेरेदार भगत माल जिसमें शुभाशीष भाव रहता है 'सुफल' जैसा।

लेखक ने प्रश्न किया- **आप बार-बार डेरेदार मण्डली तथा 'घराना' शब्द का प्रयोग कर रहे हैं 'घराना' शब्द का प्रयोग तो आमतौर पर शास्त्रीय संगीत के घरानों के लिये प्रयोग किया जाता है।**

बहुत अच्छा प्रश्न है आपका- 'लोक परम्पराओं में विभिन्न जातियों, वर्गों, सम्प्रदायों के लिये शास्त्रीय संगीत के घरानों की तरह 'घरानेदार' शब्द प्रयोग होता रहा है जो परिवारवाची, समुहवाची कुटुम्ब या जाति को इंगित करता है।

मेरा ऐसा अनुभव है कि लोक संगीत, लोक कलाओं तथा लोक नाट्य की परम्परा को जीवित रखने के लिये हमारे लोक समाज में इन वर्गों में इन कुटुम्बों, डेरेदारों तथा धरानों का बहुत योगदान रहा है।

ढोलरु विरसा गायन एक घराना संगीत शैली है जो मंगलामुखी या डुमणे जाति के लोग गाते हैं। जो पिता पुरखी विद्या है वही वंशानुगत है। गूजरी, चन्द्रावली, पक्खड़ू, ऐंचली, बारहमासा, छिंझोटी गायन भी विशेष वर्ग के लोग गाते हैं। लोक नाट्य भगत - भगतिया शैली या भगतियां संगीत भी घराना शैली है जो डेरेदार कहलाता है।

इसी प्रकार चन्द्रावली, नृत्य नाटक सम्बन्धी गायन भी घराना संगीत शैली है जिसे झीवर, घीरथ तथा कबीर पंथी लोग ही गाते

हैं। गूगा गायन शैली भी घराना शैली है। नाथ सम्प्रदायी ही दो तारा, एक तारा तार वाद्य पर गाते बजाते हैं।

ऐंचली गायन मे बेधक ही मुख्य गायक जिसकी अपनी लय, शैली होती है गायन की। यह गायन-वाचन मिश्रित प्रस्तुति है। जो एक व्यक्ति के पास होती है। शेष गायक पुनरावृति करते हैं। ऐसे कई घराने हैं जो अब नहीं। अंतः वर्तमान में यह परम्परा गुम होती जा रही है।

⇒ सर, आप मुझे स्वांग लीला, नकल इन नाटक शब्दों के विषय में कुछ बतायें?

स्वांग, स्वांगिया, स्वांग लगाना, स्वांग निकालना आदि शब्द तो सुने हैं। लोक भाषा मे आम प्रयोग होता है इनका अर्थात किसी भी व्यक्ति, स्थिति को रूपायित करने हेतु तदानुरूप रूप धारण करना, मुख सज्जा, वेषभूषा पहन लेना, वैसे ही हावभाव दिखाना, वैसी ही भाषा, नृत्य नाट्य की प्रस्तुति करना ही स्वांग है। लीला शब्द प्रयोग भी उसी प्रसंग में करता है, लोक। लीला का साधारण अर्थ है प्रसंग या नाटक। आम वाक्य है- 'भगवान की लीला बड़ी न्यारी है। या क्या लीला रचाई है'?

इसी प्रसंग में राम लीला, कृष्ण लीला, शिवलीला आदि शब्द वाक्यांश अर्थ संप्रेषित करते हैं।

'नकल' शब्द भी स्पष्ट किसी की वेशभूषा, वाक्य प्रयोग, चाल-ढाल को अपनाकर उसके चरित्र को रूपायित करना, वैसा बन कर दिखाना ही तो नकल है।

Immitation- to immitate the behaviour and action, speech etc. ही तो नकल है।

नकल मारना मुहावरा भी तो बना है। मतलब किसी की कॉपी करना वैसा ही अपने कागज़ पर उतारन दूसरा सर्वश्रेष्ठ लोकप्रिय उदाहरण बहुरुपियापन है ऐसा रूप धारण करते हैं कि हम

विमोहित हुए दिखना रह नही सकते। यह कहना सार्थक होगा कि इस जीवन के व्यवहार में जो जितना स्वांग रचा सकता है उतना ही सफल होता है। जीवन का हर कार्य व्यापार इसी से ही सिद्ध होता है। वैसे ही लगते डण्डू और सखी। पात्र दोनों पुरुष ही होते। स्त्रियों को मंच पर अभिनय, नृत्य, गायन की खुली आज़ादी थी न सामाजिक स्वीकृति। अभिनय, संवाद तथा गायन सभी अश्लीलता की गंध देता जिसमें शब्द वाक्य के अनेक प्रतीकार्य निकालते दर्शक और वैसी रसानुभूति करते।

⇒ तो आपका क्या योगदान रहा भगत लोक नाट्य में?

मैने पहले तो भगत के लिये सामाजिक तथा समसामयिक स्वांग लिखे। अनका पूर्वाभ्यास करवाया। उन्हीं के अनुरूप गीत भी लिखे जिनको गायन रौलियां बनाकर उन्हें दी जो भगत परम्परा की थी। मेरा प्रयास यही रहा कि इन गीतों की तर्ज़ों पर, पर परंपरित बहुप्रचलित लोक गायन के अनुरूप हो ताकि इन अव्यवसायिक मण्डलियों को इन्हें गाने और इन पर नृत्य करने में कठिनाई न हो। मेरा प्रयास रहता कि घिसे-पिटे परंपरित स्वांगों के स्थान पर समकालीन समस्याओं सम्बन्धित स्वांग, लघु नाटिका लिख कर उनसे मंचित करवाई जाए। मेरे कुछ लघु एकांकी जो भगतिया शैली पर आधारित हैं-

जोधा मजदूरिया नी लाणा, मेरेया प्यारुआ, कोरोने री हौआ, त्रीया नेत्तर, राम कहाणी, बाबू हम समझ गए आदि। ये एकांकी समै रा सच्च, मनसुखा तथा संवाद नाटक संग्रहों में प्रकाशित हैं। तीन एकांकी तो राष्ट्रीय एड्स कन्ट्रोल सोसाईटी (NACO) तथा हिमाचल एडस कन्ट्रोल द्वारा दो वर्ष प्रदेश के हर जिला मे लोक संपर्क तथा पंजीकृत नाटक मण्डलियों द्वारा अभिनीत करवाए गए जो भगतिया शैली पर आधारित थे। जिनका दृश्य तथा श्रव्य प्रभाव रहा। हमारे द्वारा भगत के अनेक भागों में प्रदर्शन होने के

कारण जन अभिरुचि बढ़ी। इसकी परंपरित भाषा-अभिनय में सुधार होने से इसके दृश्य प्रभाव भी सामाजिक हुए, लोक रुचि भी बढ़ी, स्कूल कालेज स्तर पर भी इस परम्परा के स्वांग - नुक्कड़ नाटक शैली में अभीनीत होने लगे। इससे मृत प्राय: हो रही भगतिया शैली मंच को जीवंतता मिली। सामाजिक पहचान बढ़ी। प्रदेश सरकार भी इस वर्ग के कलाकारों को प्रोत्साहित करने की योजनायें बनने लगी। प्रदेश सरकार भी इस वर्ग के कलाकारों को प्रोत्साहित करने की योजनायें बनने लगी। हमारे प्रयास से प्रदेश के अन्य स्थानों/जिलों की पारंपरिक लोक नाट्य शैलियां भी मंच पर उतरने लगी, उनमें भी सामायिक प्रभाव दिखने लगे। विश्वविद्यालयों में यह लोक नाट्य परंपरा पुस्तक का विषय बनी। अनेकों एम. फिल. तथा पी. एच. डी. की जिनमें उपर्युक्त प्रकाशित दोनों पुस्तकें काफी सहायक बनी हैं, प्रेरक भी। कई शोध छात्रों ने अपने पुस्तक काल में मेरे आवास पर आकर समय-समय पर पुस्तक दिशाएं भी पाई। मुझे प्रसन्नता है कि मैं उन सब के लिये कुछ कर सका हूँ, कर रहा हूँ। आज यह लोक नाट्य परम्परा पूर्ववत आनुष्ठानिक प्रक्रिया से गुजर कर सीधी मंच पर उतर रही है। अब प्रकाश की व्यवस्था बिजली के विविध रूप प्रयोगाश्रित हो गई है। जहां पहले इसके लिए अग्नि-घियाणों की अनुष्ठानिक स्थापना की जाती। जो प्रकाश के साथ सर्द रात को बिताने का आश्रय भी बनती।

डॉ.व्यथित द्वारा लोक नाट्य शैलियों पर रचित नाटक

⇒ **आपने जितने भी नाटक लिखे हैं, सभी सम सामयिक समस्याओं को लेकर हैं और उनकी शैली भी पारंपरिक रही है। ऐसा क्या सोचकर किया है?**

मेरी नाटक में रुचि बचपन से रही है। गांव-कस्बे में जब कभी नाटक होते या रामलीला शुरु होती तो उस पंद्रह-बीस दिन या ग्यारह दिन तो जरुर देखता सभी से एक नाटकीय भावोदेक विकसित होता रहा। दसवीं में पढ़ता था तो स्कूल में दो नाटक खेले गए- सत्य हरिश्चन्द्र और अमर सिंह राठौर। मैंने एक में ऋषि का और दूसरे पठान का किरदार निभाया था। प्रथम पुरुस्कार मिला था तब। यह अभिरुचि मेरे भीतर विकसित होती रही। जब प्राइमरी टीचर बना तो स्कूल के बच्चों को नाटक सिखाना, उसका मंचन करना भी बाल सभाओं में होता रहा। मेरे गांव में पांच-सात ऐसे व्यक्ति थे जिनके बातचीत करने का लहजा, उठने-बैठने का तौर-तरीका, कुछ अलग सा था जो मुझे अपनी ओर आकर्षित करता बस उनकी अदायगी की नकल करना भी मेरा स्वभाव बनता गया जो मुझे बाद में संवाद लिखने और अभिनय में बड़ा सहायक रहा।

मेरी नाटक सम्बन्धी पहली पुस्तक 'रंग अतीत के' लघु नाटक संग्रह वर्ष 1987 में प्रकाशित हुई। उसमें दो ऐतिहासिक नाटक थे- 1. स्मृति शिक्षा और, 2. चैता के राग पर। एक पूरी तरह इतिहास पर प्रकाश डालती चम्बा नरेश राजसिंह के बलिदान संबंधी कथानक पर आधारित और दूसरे का कथानक चैत्ता ढोलरु गायन 'रुल्हा दी कुल्ह' बलिदान कहानी पर है। ये दोनो नाटक, नाटक नौरा रिचर्ड के ग्रामीण रंगमंच अन्द्रेटा में भी अमर डोगरा और सरीन साहिब के निर्देशन से अंन्द्रेटा आर्ट क्लब द्वारा खेले

गये। उन्होंने राजमन्दिर परिसर में भी उनका मंचन किया। उससे पूर्व कांगड़ा लोक साहित्य परिषद् के सदस्य कलाकारों ने भी स्मृति शिला का मंचन दोबारा किया था, राजमन्दिर परिसर रंगमंच पर।

⇒ **क्या इनकी शैली भी पारंपरिक थी?**

नहीं ये दोनों नाटक हिन्दी नाट्य शैली पर लिखे गये थे। उन दिनों मैं एम. ए. हिन्दी के छात्रों को हिन्दी नाटक- प्रसाद और मोहन राकेश के नाटक पढ़ाता था, अत: उनके नाट्य चिन्तन का प्रभाव इन दोनों नाटकों में स्पष्ट दिखता है।

⇒ **मतलब?**

मतलब यह कि 'नाट्य चिन्तन' नाट्यकार की पहचान होती है। प्रसाद का चिन्तन भारतीय चिन्तन से प्रभावित पहचान इस सिद्धान्त पर रहा कि अपराधी को दण्ड देने की अपेक्षा क्षमा करने से उसमें पश्चाताप का अवसर मिलता है जिसके कारण वह अपना का सुधार करता है। चरित्र में सुधार लाता है। अंग्रेजी नाटककार शैक्सपीयर का भी ऐसा ही चिन्तन उनके नाटक में मिलता है।

⇒ **क्या दूसरा नाटक भी...?**

दूसरे नाटक का कथानक सामाजिक दृष्टि से प्रतिबन्धित सा रहा। भाव यह कि उसमें राज परिवार की बहुएं बांध मे जिन्दा चिनवा देने का ज़िक्र है। मैने बचपन से इस गाथा को सुना था लोक गायन ढोलरू, गायकों द्वारा। मेरे मन में जो उपर कहे 'नाट्य दर्शन' का प्रभाव था, उसी कारण मैंने इसके स्थान के अन्तिम भाग में यह परिवर्तन दिखाया है कि उस बहु ने तो लोकोपकारक बलिदान दिया है। वह तो आत्मोत्सर्ग की भावना से प्रेरित रही न कि उसे विवश किया गया।

इसके लिये एक-दो किरदार डालने पड़े जिससे यह नाटक सामाजिक दृष्टि से हेय न होकर आत्मोत्सर्ग का श्रेष्ठ उदाहरण बन

गया। इसमें 'क्षमादान' को महत्त्व दिया गया है ना कि बदले की भावना से नर संहार को। ऐसा ही मैंने अन्य बलिदान लोक कहानियों के विषय में सोचा है। जैसे रुक्मणी रा कुण्ड, राणी सूई, रूपी राणी आदि।

⇒ **और उसके बाद जो नाटक लिखे या छपे?**

उसके बाद 'राम कहाणी' फुल लैंग्थ नाटक लिखा जो संगीत संगीत नाटक अकादमी के सहायतानुदान से धर्मशाला, कांगड़ा तथा नेरटी के युवा कलाकारों को सप्ताह भर प्रशिक्षण देकर नाट्य कार्यशाला का आयोजन करके और फिर उसका वहीं दो बार मंचन किया गया। तत्पश्चात दूसरा नाटक 'बाबू जी हम समझ गए' यह नाटक भी संगीत नाटक अकादमी के सहायतानुदान से नाट्य कार्यशाला आयोजित कर पूर्वाभ्यास देकर मंचित किया गया। ये दोनों नाटक 'भगत शैली' पर आधारित हैं। इनमें कथा सृजन, पात्र, गायन, वेषभूषा आदि हेतु पारंपरिक नाट्य शैली का सहारा लिया गया है।

⇒ **ऐसा कैसे और क्यों सोचा?**

सोचा नहीं, स्वतः आ गया। कारण 1975 बाद में काँगड़ा जनपद के तीन-चार भगतिया डेरों के संपर्क में आया। इन डेरों के डेरेदार उस समय के प्रसिद्ध भगतिए श्री साली ग्राम, राम दास भटिया, मिर्चू राम, फूला राम थे। उनसे ही नाट्य शैली की परंपरा, कथानक, गायन शैली, सम्वाद शिल्प, अभिनय, वेषभूषा, मेकअप, मुख सज्जा आदि के विषय मे गम्भीरता से ज्ञानार्जित किया और फिर आधारित सम-सामयिक विषयों को लेकर स्वांग पद्धति पर आधारित एकांकी लिखे। इस दिशा में भगतिया डेरेदार साली ग्राम (क्यारी शाहपुर निवासी) मिर्चू राम भगतिया (ज्वाली-डन), राम दास (दरगेला) के संवाद अधिक प्रभावित करते।

⇒ **क्या अभी हाल में भी कोई नया नाटक प्रकाशित हुआ है?**

हां, अभी दिसम्बर 2022 में 'समै रा सच्च' इक अंकी नाटक संग्रह पहाड़ी हिमाचली में छपा है। इसमें जोधा मजूरिया नी लाणा, मेरया प्याऊआ, 'नौआं जमाना आई गया', कोरोने री होआ तथा 'त्रिया नेत्तर' - पांच संकलित हैं।

मैंने परंपरिक थियेटर की भाषा, अभिनय, प्रस्तुतिकरण आदि को सामाजिक भी बनाया। इस परम्परा के डेरों, घरानों, कलाकारों, सामाजिक, आर्थिक स्थिति, लीलाओं स्वांगों को सुन कर लिखा, प्रकाशित किया तथा दूरदर्शन के माध्यम से लोक प्रिय बनाया। 'लाग-लगा' एड्स नियंत्रण संबंधी एकांकी भी एक मेरी नाट्य कृति है। इनका शिल्प भी भगतिया थियेटर अनुरूप है। गायन शैली भी पारंपरिक संगीत पर आधारित है। ये नाटक एडस कन्ट्रोल हिमाचल प्रदेश के प्रशिक्षण के बाद हर जिला में मंचित हुए हैं। स्थानीय नाटक मण्डलियों, युवा क्लबों द्वारा ये नाटक NACO द्वारा आयोजित त्रिदिवसीय कार्यशाला में साक्षारता अभियान के अर्न्तगत पापुलर नाटक रहा जो वर्ष 1996 में साक्षरता अभियान के जिला साक्षरता समिति के सचिव रहते लिखा था।

⇒ **आपका उपनाम 'व्यथित' है और सारी नाट्य रचनायें हास्य व्यंग्य से भरपूर- कारण क्या है?**

प्रो. शर्मा इसका कारण मेरा वह मित्र वर्ग है जिसकी संगत ने मुझे मानवीय व्यवहार की कई स्थितियों का अनुभव दिया है जिसकी समय अवधि 1973 से 2010 तक रही।

⇒ **मैं कुछ समझा नही- मसलन?**

जैसे डॉ. प्रेम भारद्वाज, मनोहर सागर पालमपुरी, कमल हमीरपुरी, किशोर शर्मा, शेष अवस्थी, बल्लभ डोभाल, श्रुति प्रकाश वशिष्ठ, डॉ. ओम प्रकाश सारस्वत, डॉ. शम्मी शर्मा, डॉ.

पीयूष गुलेरी आदि। ये सब हम उम्र भी थे और इनसे जीवन सम्बन्धी अनुभवों की खुली चर्चा और सम्वाद होते। समारोहों में साथ-साथ जाना, वहां एक साथ रहने की जो संगत रही उसमे जो परस्पर अनुभूतियों, अध्ययन की चर्चाएं होती, उनका ही प्रभाव समझो कि हम भीतर के अवसाद को भूल कर उस हास्य-व्यंग्य भरे संवादी माहौल में खो जाते, युवा हो जाते बढ़ती आयु के साथ-साथ। यह मेरा दुर्भाग्य रहा कि ऐसे संजीवनी दायक कुछ मित्र बहुत जल्दी अकेलापन दे गये परन्तु विधि के विधान पर किसका क्या वश चलता है।

⇒ **डॉ. व्यथित जी, मैनें आपके नाटकों के कई किरदार पढ़े हैं। उनसे ज्ञात होता है कि आपके पास लोक ज्ञान, लोक मनोविज्ञान और लोक भाषा - संगीत की एक सशक्त परम्परा है- यह कैसे सम्भव हुआ?**

प्रो. शर्मा इसका उत्तर संक्षेप में दूं तो यह है कि मैंने अपनी जमीन को नहीं छोड़ा। मैं प्राथमिक अध्यापन से लेकर काल्लेज विश्वविद्यालयी अध्यापन तक गांव से ही आता-जाता रहा। नगरवास बहुत कम किया। यह दैनिक वास में आना-जाना, बस स्टाप पर रुकना, समाज के हर वर्ग के संवाद को सुनना, समझना, हर मित्रों सगे सम्बन्धियों के ठहरना, हर कार्य व्यापार को देखना, अनुभूत करना ही वृद्धि करता रहा। बस यही मेरे ज्ञान कोष के स्रोत रहे हैं। बस यात्राओं में पढ़ता रहा हूँ। परन्तु साक्षात अनुभूतियों की प्रभावोत्पादकता काफी प्रेरक एवं सहायक रही है, अभिव्यक्ति में।

मैं यह मान कर चलता हूँ कि अनुभूति - प्रतीति- अभिव्यक्ति - ये तीनों सोपान है जो अभिव्यक्ति कौशल को बढ़ाते हैं।

एक अन्तिम प्रश्न-

स्वागत, कहिए

⇒ **आपने हिन्दी साहित्य पढ़ा, पढ़ाया, लिखा भी खूब परन्तु आप लोक भाषा, लोक ज्ञान और लोक वाणी के साथ लोकाभिव्यक्ति पर केंद्रित रहे, कारण?**

सुरेश जी, मैंने यह जाना कि सारा ज्ञान लोकाधारित है। लोक ही जीवन का मूल है। मानवीय कार्य व्यापार की हर क्रियाशीलता का। लोकवाणी ही सम्पूर्ण वाड़मय का आधार है। लोक भाषा ही सभी भाषाओं का मूल है। अतः अपनी मां बोली, लोक भाषा, लोक संस्कृति, लोक संगीत, लोक नाट्य, लोक जीवन पद्धति को संरक्षित करने का प्रयास करना चाहिए। यही सच्चा मानव धर्म है।

इस अध्याय में इन वार्तालापों के माध्यम से प्राप्त गूढ़ तथा काँगड़ा जनपदीय लोक संगीत एवं लोकनाट्य भगत के सन्दर्भ में प्राप्त सारगर्भित जानकारी एवं ज्ञान के आधार पर यह निर्विवाद रूप से कहा जा सकता है कि डॉ. व्यथित का सम्पूर्ण जीवन साहित्य, संस्कृति, संगीत, नाट्य के सृजन तथा अभिव्यक्ति में समर्पित रहा है। संस्कृति के सरंक्षण एवं संवर्धन में ऐसे प्रखर विद्वान एवं चिन्तक बिरले ही मिलते हैं।

विवेच्य व्यक्ति का समग्र मूल्यांकन

हिमाचली सांस्कृतिक धरोहर के संरक्षक-डॉ.गौतम शर्मा 'व्यथित' शीर्षक से इस पुस्तक में यद्यपि उनके कांगड़ी लोक संगीत एवं लोक नाट्य में दिये गये योगदान का ही वर्णन है तथापि एक संस्कृति कर्मी के रूप में उनके द्वारा संस्कृति कला, लेखन, संगीत, साहित्य तथा कला के संवर्धन एवं संरक्षण में किये गये कार्यों का समग्र चित्रण भी है। डॉ. गौतम शर्मा 'व्यथित' हिन्दी साहित्यकार, लेखक, नाटककार, उपन्यासकार, कवि, लोक साहित्यकार, कहानीकार, संस्कृति कर्मी होने के नाते गायक, अभिनेता, निर्देशक, विश्लेषक, आलोचक, संकलन कर्ता, कला संरक्षक, मार्गदर्शक, लेखक, शोध निर्देशक, संगठन कर्ता की विभिन्न भूमिकाओं में जीवन भर सक्रिय रहे हैं। जहां डॉ. व्यथित ने लोक संगीत तथा लोक नाट्य के संरक्षण, संकलन एवं संवर्धन तथा कलाकारों के विकास एवं उत्थान के लिए अपना जीवन समर्पित किया वही पर एक उच्च कोटी की परम्पराओं, संस्कारों तथा आदर्शों को सहेजते हुये उन्होंने अपने आप को विभिन्न भूमिकाओं में श्रेष्ठ व्यक्तित्व के रूप में समाज के समक्ष प्रस्तुत किया। डॉ. व्यथित जैसे कर्मयोगी तथा समाज के लिये

निष्ठा तथा निस्वार्थ भाव से कार्य करने वाले व्यक्ति विरले ही पैदा होते हैं। डॉ. व्यथित जैसे संस्कृति कर्मी को अधिक से अधिक जानने, समझने के लिये विभिन्न साक्षात्कार तथा विभिन्न पत्र पत्रिकाओं में छपे लेखों तथा साक्ष्यों से जानकारी प्राप्त की गई ताकि कला और संस्कृति के क्षेत्र में उनका समग्र मूल्यांकन प्रस्तुत किया जा सके।

डॉ. गौतम 'व्यथित' के सृजनात्मक साहित्यिक, लोक साहित्यिक लेखन की विविध शैलियों, काँगड़ा जनपद की विभिन्न लोक संगीत शैलियों, लोक नाट्य 'भगत' एवं सांस्कृतिक कर्मी के रूप मे विभिन्न कार्यों तथा योगदान को पुष्टि एवं प्रमाणिकता के लिये प्रदेश के विभिन्न लेखकों, साहित्यकारों, आलोचकों, संस्कृति कर्मियों, लोक कलाकारों, सहयोगियों, विद्वानों, सह कर्मियों एवं उनके परिचित प्रतिष्ठित व्यक्तियों के साक्षात्कार लिये गये। इन साक्षात्कारों का उद्देश्य इस पुस्तक के विवेच्य व्यक्तित्व डॉ. गौतम शर्मा व्यथित के अनन्त साहित्यिक, सांस्कृतिक, लेखन, लोक संगीत तथा लोक नाट्य से सम्बन्धित कार्यों की पुष्टि एवं प्रमाणिकता के उद्देश्य के साथ-साथ उनके समकालीन प्रतिष्ठित सहयोगी कर्मियों से पुस्तक व्यक्तित्व तथा सांस्कृतिक संरक्षण एवं संवर्धन के लिये उनके द्वारा किये गये कार्यों के सम्बंध में अधिक से अधिक जानकारी प्राप्त करना भी था। पुस्तक द्वारा यह भी प्रयास किया गया कि विभिन्न विद्वानों तथा लोक संस्कृति में डॉ. गौतम शर्मा के पद चिन्हों पर चलने वाले अन्य सहयोगियों से उनके छिपे हुये विभिन्न पक्षों के संदर्भ में विस्तृत जानकारी भी प्राप्त की जा सके ताकि विवेच्य व्यक्ति के बारे में पुस्तक पुस्तक परक, अर्थपूर्ण एवं भविष्य की पीढ़ियों के लिये लाभदायक एवं कल्याणकारी हो। इसका एक और उद्देश्य भी महत्वपूर्ण है ताकि आन्तिरिक साक्ष्यों के आधार तथा संस्कृति

कर्मियो तथा विद्वत्जनों के साक्षात्कारों के आधार पर डॉ. गौतम शर्मा व्यथित के समग्र योगदान का मूल्यांकन प्रस्तुत किया जा सके।

इस सन्दर्भ में विभिन्न लेखन विधाओं, गीत, गजल, कविता, कहानी, उपन्यास, नाटक, व्यंग्य, हिन्दी साहित्य, पहाड़ी लोक साहित्य, लोक गायकों, वादकों, नर्तकों, लोक नाट्य कारों, समीक्षको, विश्लेषकों, आलोचकों तथा हिमाचल प्रदेश, विशेष रूप से कांगड़ा लोक गीतों, लोक नाट्य भगत के संरक्षण एवं संवर्धन मे लगे संस्कृति कर्मियों को इस कार्य के लिये साक्षात्कार दाता के रूप में चयन किया गया। साक्षात्कारदाताओं का चयन लेखक की व्यक्तिगत अनुभूति, अवलोकन एवं विवेच्य व्यक्ति के निर्देश एवं अनुशंसा के आधार पर किया गया। इस अध्याय का प्रायोजन डॉ. गौतम शर्मा व्यथित के द्वारा किये गये सांस्कृतिक कार्यों की पुष्टि, प्रमाणिकता तथा अधिक से अधिक जानकारी का संचय करना है वस्तुत: विभिन्न पत्र-पत्रिकाओं में डॉ. व्यथित के सम्बंध में छपे आलेखो का अध्ययन किया गया तथा प्रदेश के प्रतिष्ठित कलाकारों संस्कृति कर्मियों तथा विद्वान व्यक्तियों से जानकारी प्राप्त करने के लिये एक प्रश्नावली तैयारी की गई।

डॉ. गौतम शर्मा 'व्यथित' के संदर्भ में प्रश्नावली एवं साक्षात्कार

इस संदर्भ में लेखक द्वारा डॉ. गौतम शर्मा व्यथित के सांस्कृतिक, साहित्यिक, लोक संगीत तथा लोक नाट्य के क्षेत्र में सांस्कृतिक कर्मी के रूप में योगदान को जानने के लिए निम्नलिखित प्रश्नावली तैयार की गई-

प्रश्नावली

1. साक्षात्कार दाता का संक्षिप्त परिचय

i) नाम

ii) पदनाम / पहचान

iii) संस्थान

iv) पता

v) दूरभाष सम्पर्क

vi) ई-मेल

2. डॉ. गौतम शर्मा व्यथित से परिचय की पृष्ठभूमि/संदर्भ

i) कब से जानते हैं?

ii) क्या करते हैं?

ii) जो करते हैं आपकी दृष्टि से उनका कार्य क्या महत्व रखता है?

3. आपके अनुसार डॉ. व्यथित का सबसे प्रमुख योगदान, यह आपको क्यों महत्वपूर्ण लगता है?

4. आप डॉ. व्यथित के निम्नलिखित क्षेत्रों में से मुख्य रुप से किस क्षेत्र में उनके योगदान की जानकारी देना चाहते हैं-

i) हिन्दी साहित्य - गद्य/पद्य/कहानी/नाटक/उपन्यास

ii) पहाड़ी साहित्य

iii) लोक संगीत रचयिता एवं गायक के रुप में

iv) लोक नृत्य प्रेरक के रुप में

v) लोक नाट्य में प्रस्तुत कर्ता या अभिनेता के रुप में

vi) एक संस्कृति कर्मी के रुप में

vii) संस्कृति संरक्षक एवं संवर्धक के रुप में

viii) लोक नाट्य लेखक एवं निर्देशक के रुप में

ix) निर्माण कर्ता के रुप में

x) दस्तावेजीकरण कर्ता के रुप में

xi) या किसी और रुप में

5. आपके द्वारा चुने हुए क्षेत्र/क्षेत्रों में डॉ. व्यथित का क्या विशेष एवं महत्वपूर्ण योगदान है?

6. काँगड़ा जनपदीय लोक संगीत में डॉ. व्यथित क्या योगदान है?

7. काँगड़ा जनपदीय लोकनाट्य 'भगत' में डॉ. गौतम व्यथित का क्या योगदान है?

8. कांगड़ा परंपरित महिला नृत्य 'झमाकड़ा' के संरक्षण, संवर्धन नगरीय मंच्चीय करण तथा दस्तावेजी करण में डॉ. व्यथित की भूमिका।

9. हिमाचल प्रदेश विशेषकर काँगड़ा जनपद की लोक संस्कृति के संरक्षण में डॉ. व्यथित का योगदान।

10. डॉ. व्यथित के लोक संस्कृति, लोक संगीत तथा लोक नाट्य के योगदान का क्या समाजिक प्रभाव पड़ा तथा समाज कैसे लाभान्वित हुआ

i) सामाजिक दृष्टि से

ii) सांस्कृतिक दृष्टि से

iii) आर्थिक दृष्टि से

iv) पुस्तक की दृष्टि से

11. आपके द्वारा वर्णित डॉ. व्यथित द्वारा दिये गये योगदान की पृष्ठभूमि में क्या मुख्य कारक रहे होंगे?

12. डॉ. व्यथित का लोक संस्कृति में योगदान किस दृष्टि से समाज के लिये प्रेरणा दायक है?

13. डॉ. व्यथित के सन्दर्भ में कोई विशेष अनछुआ पहलू या संदर्भ जिसे आप विशेष रुप से साँझा करना चाहते हैं।

14. डॉ. व्यथित के साथ आपका कोई विशेष संस्मरण या कोई विशेष जानकारी यदि आप देना चाहते हैं।

साक्षात्कारदाताओं का विवरण

डॉ. गौतम शर्मा व्यथित द्वारा लोक संगीत, लोक नाट्य एवं लोक संस्कृति के क्षेत्र में दिए गये योगदान की पुष्टि के सन्दर्भ में हिमाचल प्रदेश के प्रतिष्ठित लेखकों, साहित्यकारों, संगीतज्ञों,

प्रशासनिक अधिकारियों, लोक गायकों तथा शिक्षा विदों के साक्षात्कारों का पूर्ण विवरण-

क्र.	नाम	पद	संस्कृति क्षेत्र	साक्षात्कार स्थान/ माध्यम	दिनांक
1.	डॉ. मीनाक्षी शर्मा	पूर्व प्राचार्या महाविद्याल य संवर्ग	हिंदी शिक्षण, लेखन एवं शोध निर्देशन	बड़ोल, धर्मशाला	25 जून 2022
2.	डॉ. कर्म सिंह	पूर्व सचिव प्रदेश, भाषा कला संस्कृति अकादमी	साहित्यकार, लेखक, विश्लेषक, आलोचक एवं लोक संस्कृति कर्मी	शिमला	30 जून 2022
3.	श्री जय कुमार	वरिष्ठतम पत्रकार लेखक एवं साहित्यकार	लेखन एवं पत्रकारिता	रौड़ा सैक्टर, बिलासपुर	21 अगस्त 2022
4.	श्री के. सी. शर्मा	पूर्व भारतीय प्रशासनिक सेवा अधिकारी	प्रशासनिक सेवा एवं साहित्यकार	सिविल लाईंस, धर्मशाला	18 सितम्बर 2022
5.	श्री अनिल सोनी	मुख्य सम्पादक दिव्य हिमाचल मीडिया ग्रुप	लेखन एवं पत्रकारिता	जवाहर नगर, रेडियो कालोनी, धर्मशाला	18 सितम्बर 2022
6.	श्री शान्ता कुमार	पूर्व मुख्य मन्त्री हिमाचल प्रदेश	साहित्य लेखन, कला संस्कृति मर्मज्ञ	यामिनी निवास, पालमपुर	19 सितम्बर 2022

7.	डॉ. बलवन्त ठाकुर	पूर्व प्राचार्य, महाविद्याल य संवर्ग	गायक एवं संगीतज्ञ	देहरा ज़िला काँगड़ा	22 नवम्बर 2022
8.	डॉ. विद्या सागर	सह निदेशक शिक्षा विभाग हिमाचल प्रदेश	गायक, संगीतज्ञ एवं प्रशासक	चम्बा	23 नवम्बर 2022
9.	श्री करनैल राणा	पूर्व सह लोक सम्पर्क अधिकारी	प्रतिष्ठित लोक गायक	धर्मशाला	24 नवम्बर 2022
10.	श्री रमेश चन्द्र मस्ताना	पूर्व शिक्षक	लेखक एवं संस्कृति कर्मी	घुमारवीं	21 अगस्त 2022
11.	प्रो. चन्द्र रेखा डढ़वाल	सेवा निवृत प्राध्यापिका	कवित्री, कहानीकार एवं उपन्यासकार	श्यामनगर धर्मशाला	16 दिसम्बर 2022
12.	श्री प्रभात शर्मा	पूर्व प्रशासनिक अधिकारी	साहित्यकार एवं संस्कृति कर्मी	सकोह धर्मशाला	28 दिसम्बर 2022
13	डॉ.युगल किशोर डोगरा	पूर्व प्राध्यापक	वरिष्ठ साहित्यकार	बड़ोल, धर्मशाला	24 जून 2022
14.	डॉ. नरेश शर्मा	सह-प्राध्यापक अंग्रेज़ी साहित्य	लेखक अंग्रेज़ी साहित्य	दाड़ी धर्मशाला	25 जून 2022

15.	श्री पवनेन्द्र 'पवन'	शिक्षाविद	लेखक एवं साहित्यकार	नगरोटा बगवां	28 दिसम्बर 2022
16.	डॉ. सतीश ठाकुर	सह-प्राध्यापक संगीत गायन	लोक गायक	शाहपुर	28 दिसम्बर 2022

डॉ. मीनाक्षी शर्मा

(पूर्व प्राचार्या महाविद्यालय संवर्ग)

डॉ. मीनाक्षी के अनुसार उनके पिता एवं गुरु डॉ. व्यथित एक बहुआयामी व्यक्तित्व हैं। पूर्व के लगभग दशकों से सृजनात्मक, रचनात्मक एवं कलात्मक गतिविधियों के सक्रिय रहे हैं। शिक्षक होने के साथ-साथ वे गद्य, पद्म, काव्य, नाटक, हिन्दी साहित्य, लोक साहित्य, सम्पादक, विश्लेषक, लोक संस्कृति, लोक नाट्य के संरक्षक एवं संवर्धक, लेखक एवं पुस्तक मार्ग दर्शक के रूप में कई वर्षों से कार्य करते रहे हैं। डॉ. व्यथित हमेशा अध्ययनरत रहते हैं तथा जो भी कार्य सोचते तथा निश्चित कर लेते हैं उसे पूरा करके ही दम लेते हैं। साहित्य, लोक संगीत, लोक नाट्य तथा

लेखन कार्य के लिये डॉ. गौतम व्यथित ने अपना पूर्ण जीवन ही समर्पित कर दिया है। डॉ. व्यथित ने अपने ही घर को पुस्तकालय तथा संस्कृति प्रयोगशाला बना दिया है। वे साहित्यकार, संस्कृति कर्मी तथा लोक कलाओं के संरक्षक एवं संवर्धक के रूप में एक तपस्वी के रूप में कार्य कर रहे हैं। शब्दों के चयन एवं भाषा की अभिव्यक्ति में उनका पूर्ण अधिकार है जो भाषा एवं लेखनी पर पूर्ण अधिकार रखते हैं।

कांगड़ा के अस्तित्व में आने के बाद काँगड़ा का अपना कोई नृत्य नहीं था। गौतम शर्मा व्यथित ने यहां के शादी समारोह मे होने वाले रस्मों रिवाज को बड़ी सूक्ष्मता से समझा तथा उसे काँगड़ा जनपदीय परम्परित विवाह लोक नृत्य से संयोजन कर लोगों को दिया जिसे आज 'झमाकड़ा' के नाम से जाना जाता है। विवाह के रीति रिवाज का निर्देशन, संकलन तथा गीत संगीत तथा नृत्य का संयोजन करना गांव की एक सामान्य विवाह परम्परा को नगरीय मंच पर प्रस्तुत करना उनका मुख्य योगदान है।

हिमाचल प्रदेश, विशेषकर काँगड़ा - चम्बा जनपद के परंपरित लोकगीतों को संकलित, संरक्षण, लिपिवद्ध करवाना उन्हें पुस्तक रूप मे प्रस्तुत करवाना संगीत एवं लोक संगीत के क्षेत्र में महत्वपूर्ण योगदान है। इस दिशा में डॉ. व्यथित की लोकगीतों पर लिखी हुई पुस्तकें बहुत ही महत्वपूर्ण हैं-

1. चेते
2. कांगड़ी लोकगीत भाग - एक
3. कांगड़ी लोक गीत भाग - दो
4. कांगड़ा का लोक गायन - ऐंचली गायन
5. होरी गायन
6. ढोलरु - चैती गाथायें
7. गुग्गा गाथा गायन

8. हिमाचल प्रदेश के लोकगीत

9. झमाकड़ा लोक नृत्य

10. झूमे धरती गाये लोक

11. कांगड़ा चम्बा जनपदीय विरसा लोक गायन: ढोलरू

सत्तर के दशक तक काँगड़ा जनपद में झमाकड़ा नृत्य नाम की कोई कृति नहीं थी। यह केवल डॉ. गौतम शर्मा 'व्यथित' की सोच थी कि काँगड़ा का अपना कोई लोक नृत्य होना चाहिए डॉ. व्यथित ने सर्वप्रथम परंपरित कांगड़ी विवाह के संस्कार गीतों को लोक नृत्य का स्वरूप देकर मंचीय स्वरूप देकर झमाकड़ा लोक नृत्य के रूप में नामकरण स्थापित किया और पहचान दी।

कांगड़ी बोली तथा पहाड़ी भाषा के विकास और उत्थान में डॉ. गौतम शर्मा का महत्वपूर्ण योगदान रहा है।

भगत लोक नाट्य का स्वरूप इस तरह से लुप्त होता जा रहा था। इसे एक विशेष जाति, वर्ग तथा समुदाय के लोग करते थे तथा आम लोगों में इस लोक नाट्य के बारे में कोई विशेष जानकारी नहीं थी। डॉ. गौतम व्यथित ने इस लोक नाट्य को सार्वजनिक कर मंचीय स्वरूप देकर विशेष पहचान दिलाई। इनके प्रयासों से आम जन को काँगड़ा जनपदीय लोक नाट्य भगत के स्वरूप, पात्रों, भूमिकाओं तथा व्यंग्यात्मक शैली के बारे में पता चला।

डॉ. गौतम व्यथित ने लोक गायकों को लोगों के समक्ष प्रस्तुत किया। उन्होंने काँगड़ा जनपदीय लोक नाट्य भगत के साथ हिमाचल प्रदेश के विभिन्न जिलों में परंपरित लोक नाट्यों को पुस्तकों में प्रस्तुत किया।

इसके साथ ही डॉ. व्यथित ने सामाजिक, आर्थिक तथा सांस्कृतिक पक्ष को समाज के समक्ष प्रस्तुत किया। 'हिमाचल प्रदेश की लोक नाट्य परम्परा: भगत' डॉ. व्यथित की लोक नाट्य

के क्षेत्र में महत्वपूर्ण पुस्तक है। लोक संगीत, लोक नाट्य के अतिरिक्त डॉ. गौतम व्यथित ने चित्रकला, भितिचित्र कला, लिखणू, देहरा लेखन, द्वार लेखन पर 'अलपना' शीर्षक से पुस्तक प्रकाशित करवाई। भिति चित्र पर सांस्कृतिक योगदान के लिये डॉ. गौतम व्यथित का योगदान उल्लेखनीय है। इस कार्य के लिये डॉ. गौतम व्यथित को संगीत नाटक अकादमी भारत सरकार से फैलोशिप मिल चुका है।

सामाजिक दृष्टि से परम्पराओं, रीति रिवाजों, इनके संरक्षण तथा समाज की नई युवा पीढ़ी को हस्तांतरित करने की दृष्टि से डॉ. व्यथित का योगदान बहुत ही सराहनीय है। सांस्कृतिक दृष्टि से लोक गीतों, लोक शैलियों का दस्तावेजीकरण तथा परम्परित लोकगीतों को शब्द-स्वर, संगीत, सुर, लय में संरक्षित करना इनका मुख्य योगदान है।

डॉ. व्यथित के सकारात्मक, रचनात्मक प्रयासों से आर्थिक रूप से निम्न वर्ग, मध्य वर्ग, सामान्य वर्ग तथा उपेक्षित जातियों के लोक कलाकारों को सामाजिक तथा आर्थिक रूप से सबल मिला है।

पुस्तक की दृष्टि से लेखक, पुस्तक निर्देशकों के लिए इनके कार्य बहुत ही महत्वपूर्ण है। डॉ. व्यथित द्वारा संपादित, संकलित तथा लिखित पुस्तकें, लोक साहित्य, लोक संस्कृति, लोक संगीत तथा लोक नाट्य की दृष्टि से पाठकों के पुस्तक में बहुत ही अमूल्य तथा महत्वपूर्ण रही हैं जो कि अनन्त काल तक लोक शैलियों, संस्कारों, लोकगीतों में पुस्तक करने वाले विद्यार्थियों के लिये मार्गदर्शन करेंगी। डॉ. गौतम शर्मा का विद्यावाचस्पति की उपाधि के लिये प्रस्तुत पुस्तक 'कांगड़ा के लोक गीत साहित्यिक विश्लेषण एवं मूल्यांकन' हिमाचली लोक गीतों की दृष्टि से पुस्तक कर्ताओं को भविष्य में भी मार्ग दर्शन करता रहेगा।

डॉ. गौतम शर्मा के जीवन में घर का परिवेश, सेवा, संस्कार तथा शिक्षा मुख्य कारक रहे हैं। शिक्षक के रूप मे सर्वप्रथम शाहपुर तहसील के बोह क्षेत्र में कार्य करते हुये सांस्कृतिक परिवेश तथा सामाजिक रीति-रिवाजों से प्रभावित होना भी गौतम 'व्यथित' जी के जीवन मे संस्कृति के क्षेत्र में कार्य करने के लिये प्रेरक कारक रहा। डॉ. मीनाक्षी दत्ता के अनुसार पूर्व महापंजाब के प्रसिद्ध प्रशासक एवं साहित्य कार तथा जिला होशियारपुर के जिलाधीश एम. एस. रंधावा ने कांगड़ा की लोक संस्कृति के क्षेत्र में बहुत कार्य किये हैं एम. एस. रंधावा जी से मिलना भी डॉ. गौतम व्यथित के जीवन तथा लोक संस्कृति के क्षेत्र में कार्य करने के लिये बहुत बड़ा प्रेरक कारक बना। एम. एस. रंधावा के सम्पर्क में आने के कारण उन्हें मंच भी मिला तथा पहचान भी मिली।

तत्पश्चात गौतम व्यथित ने अपनी कवितायें तथा लोक गीत लिखकर आकाशवाणी शिमला तथा दूरदर्शन जालन्धर पर भी सुनाना शुरु किया। डॉ. गौतम शर्मा व्यथित के सांस्कृतिक तथा साहित्यिक जीवन में हिमाचल प्रदेश के पूर्व मुख्य सचिव एम. के. काव, प्रशासनिक अधिकारी श्री निवास जोशी, श्री श्रुति प्रकाश विशिष्ट (पंजाब विश्वविद्यालय), शोध निर्देशक डॉ. चन्द्र शेखर पंजाबी विश्वविद्यालय पटियाला, कमल हमीरपुरी लोक संम्पर्क विभाग हिमाचल प्रदेश, काँगड़ा के जीणा कांगड़े दा लोकगीत के प्रसिद्ध गायक स्वर्गीय प्रताप चन्द, तथा श्याम सुन्दर जी का लोक गीत, लोक संस्कृति तथा लोक नाट्य के क्षेत्र में विशेष सहयोग तथा योगदान रहा। प्रताप चन्द शर्मा तथा श्याम सुन्दर लोक गायकों के माध्यम से ही डॉ. व्यथित अपने द्वारा लिखे गये लोक गीतों को समाज तक पहुंचाने में सफल हुए। ये दोनो लोक गायक अपना स्वर देकर विभिन विषयों पर गौतम शर्मा व्यथित द्वारा

लिखित तथा स्थापित लोक गीतों की धुनों पर अपनी शिक्षा तथा संदेश समाज को देते थे।

डॉ. व्यथित ने डॉ. इन्दु शर्मा, डॉ. सतीश ठाकुर, डॉ. बलवन्त ठाकुर तथा डॉ. प्रेम भारद्वाज के पुस्तक ग्रंथों में सह-मार्गदर्शक के रूप में अपना सकारात्मक एवं रचनात्मक सहयोग दिया है।

डॉ. व्यथित ने अनेकों दर्शन निष्णात के पाठकों का सहयोग किया है। इनके ऊपर विभिन्न विषयों को लेकर पाठकों द्वारा दर्शन निष्णात उपाधि के लिये लघु पुस्तक प्रस्तुत किये है जिनमें इनकी काव्य तथा गद्य रचनाओं पर पुस्तक प्रमुख हैं।

जीवन के संस्मरणों तथा अनछुए पहलुओं को याद करते हुये डॉ. मीनाक्षी का कहना है कि उनके पिता डॉ. व्यथित सच में एक मनीषी, साधक तथा तपस्वी हैं मैंने जीवन भर उनकी साहित्यिक तपस्या को देखा है तथा उनकी लोक संस्कृति यात्रा की मैं स्वयं साक्षी रही हूँ। बचपन में मैं स्वयं यहां की स्थानीय लड़कियों के साथ उनकी लोक संस्कृति की प्रयोगशाला का भाग रही हूँ जब भी पिता जी कोई लोक गीत, लोक नाट्य तथा लोक नृत्य का प्रयोग करते तो स्थानीय लड़कियों को ही बुलाते तथा उन्हें नृत्य निर्देशन देते। झमाकड़ा लोक नृत्य के प्रारम्भिक प्रयोग स्थानीय गांव की कन्याओं पर ही डॉ. गौतम व्यथित द्वारा किये गये हैं।

अनेकों संस्थाओं के संस्थापक तथा सदस्यों के रूप में डॉ. व्यथित ने अपना सम्पूर्ण जीवन लोक संस्कृति, लोक साहित्य, लोक संगीत तथा लोक नृत्य के लिये आहूत कर दिया। कलाओं के संकलन, निर्देशन, प्रस्तुति करण तथा दस्तावेजीकरण में इन्होंने सीमित आर्थिक संसाधन होते हुए भी सराहनीय कार्य किया है। इनके सांस्कृतिक कार्यों से कांगड़ा-चम्बा तथा हिमाचल प्रदेश की लोक कलायें समृद्ध हुई है, विकसित हुई हैं तथा उनका संरक्षण एवं संवर्धन हुआ है। संस्था संस्थापक, लेखक,

उपन्यासकार, कवि, नाटककार, लोक गीत रचियता, विश्लेषक दस्तावेजीकरण कर्ता, निर्देशक, सम्पादक, लेखक तथा मार्ग दर्शक के रूप में इनका कार्य अदभुत एवं अतुलनीय है। डॉ. मीनाक्षी के अनुसार- "डॉ. व्यथित पर एक विषय पर नहीं बल्कि हिन्दी साहित्य, लोक साहित्य, लोकगीत, लोक नृत्य तथा लोक नाट्य आदि अनेक विषयों पर अनेको पी. एच. डी. के पुस्तक किये जा सकते हैं। वे अपने आप में लोक कलाओं तथा संस्कृति के क्षेत्र में एक संस्थान हैं। "

हिमाचली लोक संगीत विशेषकर काँगड़ा जनपदीय लोक गीतों तथा लोक नाट्य की परम्परा को जीवित रखने के लिये डॉ. गौतम शर्मा व्यथित ने अथक कार्य किया है। कला, संगीत, लोक संगीत तथा लोक नाट्य में आम जन मानस को प्रेरित करने, आगे लाने तथा आगे बढ़ाने में डॉ. व्यथित का बहुत योगदान रहा है।

डॉ. मीनाक्षी दत्ता के अनुसार - जहां देश में लोक गीतो के संकलन में देवेन्द्र सत्यार्थी तथा डॉ. राम त्रिपाठी ने सराहनीय कार्य कर लोक संगीत, लोक साहित्य तथा लोक संस्कृति को विभिन्न पाठ्यक्रम शामिल करने का श्रेय जाता है वहीं पर हिमाचल प्रदेश में लोक गीतों के संकलन, संरक्षण तथा लेखन मे डॉ. गौतम शर्मा अद्वितीय हैं।

डॉ. कर्म सिंह

(पूर्व सचिव हिमाचल भाषा, कला संस्कृति अकादमी)

डॉ. गौतम शर्मा व्यथित के बारे में जानकारी सांझा करते हुये डॉ. सिंह का कहना है कि डॉ. गौतम व्यथित एक गुणी, विद्वान लेखक, लेखक, विचारक तथा कर्मी हैं। वास्तव में उनकी सांस्कृतिक यात्रा उनके द्वारा संस्थापित काँगड़ा लोक साहित्य परिषद के गठन के पश्चात ही प्ररम्भ हुई। काँगड़ा लोक साहित्य परिषद द्वारा कई वर्ष से 'परम्परा' उत्सव का आयोजन होता आया है। यह निरंतर चल रहा है। चम्बा-काँगड़ा की संस्कृति को ग्रामीण खुले मंच पर लाने की प्रयोगशाला है। इसी ग्रामीण संस्कृति, परिवेश तथा कलाओं को नगरीय मंचों पर लाने के लिये डॉ. व्यथित ने काँगड़ा लोक साहित्य परिषद के नेरटी में स्थित खुले मंच को अपनी प्रयोगशाला बनाया। डॉ. गौतम व्यथित इस परिषद् के संस्थापक अध्यक्ष हैं।

यहां आयोजित अनेकों कार्यक्रमों में जिला भाषा विभाग तथा जिला प्रशासन काँगड़ा का सहयोग रहता है। वर्ष 2006 में भाषा

विभाग द्वारा इस कांगड़ा लोक संस्कृति, लोक समाज तथा परिषद् के इस मंच का पुर्नउद्धार किया था। इस मंच पर पहाड़ी भाषा, काँगड़ा चम्बा के लोकगीतों की विभिन्न शैलियों, गाथा गीतों तथा लोक नाट्य भगत के दर्शन होते रहते हैं। काँगड़ा की संस्कृति पर अपने विचार सांझा करते हुये डॉ. कर्म सिंह का कहना है कि काँगड़ा की संस्कृति बहुत विस्तृत हैं तथा इस दृष्टि से कोई विभाजन नहीं हो सकता। गद्दी संस्कृति, गोरखा संस्कृति भी काँगड़ा की एक अभिन्न तथा अटूट संस्कृति है।

डॉ. गौतम व्यथित ने झमाकड़ा लोक नृत्य को मंच पर लाने तथा उसकी प्रसिद्धिकरण के लिये बहुत सराहनीय कार्य किया है लेकिन इस नृत्य के अतिरिक्त काँगड़ा में स्थापित अन्य संस्कृतियों के लोक संगीत तथा लोक नृत्य का भी अस्तित्व है। काँगड़ा-चम्बा का समाज विभिन्न संस्कृतियों को भी स्वीकार करता है।

डॉ. व्यथित ने एंचली गायन का संरक्षण कर लोक संस्कृति के क्षेत्र में महत्वपूर्ण कार्य किया है। डॉ. कर्म सिंह का कहना है कि व्यथित जी ने न केवल सांस्कृतिक पहलुओं को लिपिवद्ध किया बल्कि उसे ध्वनि अंकित, दृश्य एवं श्रव्य संसाधनों से प्रचारित एवं प्रसारित, प्रकाशित तथा संरक्षित कर महत्वपूर्ण कार्य किया है। डॉ. गौतम शर्मा व्यथित ने स्वयं को ना स्थापित कर लोक संगीत तथा लोक नाट्य के ग्रामीण कलाकारों को मंच पर लाकर प्रस्तुत किया।

इस दिशा में लोक नाट्य भगत के कलाकारों को मंच देना उनका प्रमुख योगदान है यदि डॉ. व्यथित लोक नाट्य तथा लोक संगीत के इन सामान्य ग्रामीण लोक कलाकारों को कार्यशालाओं तथा प्रस्तुतियों के माध्यम से समाज के समक्ष न लाते तो लोक कलाओं का इतना संरक्षण तथा संवर्धन नहीं होता। इन्होंने ग्रामीण कलाओं को दृश्य एवं श्रव्य संसाधनों से संरक्षित किया।

डॉ. व्यथित ने तकनीक तथा मंच प्रस्तुति करण के माध्यम से कार्यशालाएँ आयोजित कर परम्परागत विधाओं के साथ-साथ अलग-अलग व्यवहारिक प्रयोग किये। उनका सबसे बड़ा कार्य लोक कलाओं के साथ व्यवहारिक तथा क्रियात्मक प्रयोग करना है। वर्तमान मे यदि लोग भगत लोक नाट्य कर रहे हैं तो इसका श्रेय डॉ. गौतम शर्मा व्यथित को जाता है।

डॉ. कर्म सिंह के अनुसार संस्कृति कार्यों में-

- हिमाचल प्रदेश में संस्कृति के क्षेत्र में संगीत नाटक अकादमी, संस्कृति विभाग भारत सरकार के माध्यम से लोक कलाओं के संरक्षण एवं संवर्धन में विभिन्न परियोजनाओं पर जिन लोगों ने कार्य किया है उनमें डॉ. गौतम शर्मा 'व्यथित' शीर्ष पर हैं।
- काँगड़ा जिला के धर्मशाला स्थित मुख्यालय से 22 किलोमीटर दूर अपने पैतृक स्थान राजमन्दिर नेरटी में सांस्कृतिक परिसर के निर्माण तथा उसे ऐतिहासिक दर्जा दिलाने मे डॉ. गौतम शर्मा 'व्यथित' का व्यक्तिगत रुप से बहुत बड़ा योगदान है।
- कांगड़ा लोक साहित्य परिषद् की स्थापना एवं समाज के सभी वर्गों को साथ लेकर इसके संचालन की पृष्ठभूमि मे डॉ. गौतम शर्मा व्यथित का अद्बितीय योगदान है। इस संस्था को वर्षों से जीवंत रखने, व्यक्तिगत प्रयासों से ग्रामीण कलाओं के प्रदर्शन, संरक्षण एवं संवर्धन, लोक कलाकारों को संगठित करने में उन्होंने अपना सम्पूर्ण जीवन समर्पित कर दिया।
- हिमाचल प्रदेश के ग्रामीण परिवेश में 'ओपन एयर थियेटर' की परिकल्पना तथा ग्रामीण सामान्य जातियों एवं सामान्य पृष्ठभूमि के कलाकारों को मंच देने का सराहनीय कार्य डॉ. गौतम व्यथित ने किया। लोक वाद्यों, लोक नाट्यों, लोक संगीत की प्रस्तुतियों के लिये ग्रामीण दर्शकों एवं श्रोताओं के

लिये हिमाचल प्रदेश के नेरटी में यह अपनी तरह का अनूठा, एकमात्र एवं सराहनीय प्रयास है।

- परम्परित गायन शैली 'ढोलरु': 'रुहला दी कूहल' के परम्परागत बोलो तथा गीत संगीत के संरक्षण मे डॉ. व्यथित को बहुत बड़ा योगदान है।
- भगत लोक नाट्य का मंचन, कुश्ती, छिंज तथा मेलों में पूर्व से ही बहुधा होता आया है लेकिन वर्तमान में सरकार तथा प्रशासन के शामिल होने के कारण उसका स्वरुप बदल गया है डॉ. व्यथित ने भगत लोक नाट्य के काँगड़ा-चम्बा जनपदों मे परम्परागत दलों एवं कलाकारों को संगठित करने तथा इस लोक नाट्य के स्वरुप को बचाने के लिये बहुत बड़ा कार्य किया। डॉ. व्यथित यदि ये न करते तो आज हम ये चर्चा नहीं कर सकते थे।
- सांस्कृतिक पुस्तक एवं परम्परागत कलाओं को आगे बढ़ाने में डॉ. व्यथित ने कविता, कहानी, नाटक, उपन्यासकार तथा विश्लेषक के रुप में बहुत अधिक कार्य किया।
- कला एवं संस्कृति के लिये समर्पित 'वाणेश्वरी' पत्रिका में कलाओं तथा कलाकारों पर पुस्तक कर उसको डॉ. व्यथित ने समाज के समक्ष प्रस्तुत किया। उल्लेखनीय है कि वाणेश्वरी हिमाचली लोक संस्कृति, साहित्य, नाट्य के लिये समर्पित पत्रिका है डॉ. व्यथित इस पत्रिका के संस्थापक संपादक हैं।
- डॉ. व्यथित एक बहुआयामी सक्रिय संस्कृति कर्मी तथा लेखक हैं। उनके कार्यों तथा लेखन को एक दायरे में नहीं बांधा जा सकता। लेखन, लोक साहित्य तथा लोक संस्कृति के क्षेत्र में कोई ऐसी विधा नहीं है जिस पर उन्होंने कार्य नहीं किया। लोक संगीत, लोक गीतों, लोक गायकों, वादकों, नृतकों तथा लोक कलाकारों पर उनका कार्य बहुत विस्तृत है। डॉ. कर्म सिंह के अनुसार- "डॉ. गौतम व्यथित एक ऐसा संस्कृति कर्मी है जो नारेबाजी, धरनेवाजी नहीं करता परन्तु परम्परागत

कलाओं के संरक्षण तथा संवर्धन के लिये व्यवहारिक कार्य करता है। दस्तावेजी करण कर उसे भविष्य की पीढ़ियों के लिये कैसे प्रेषित, स्थानांतरित तथा हस्तांतरित करना है। उस पर उनका कार्य महत्वपूर्ण है। "

- डॉ. गौतम व्यथित केवल कला तथा संस्कृति के लिये एक समर्पित व्यक्तित्व है। वे केवल कला संस्कृति की ही बात करते हैं वे केवल अपने प्रतिष्ठापन के लिये नहीं बल्कि सभी कलाकारों के उत्थान के लिये कार्य करते हैं। उन्होंने प्रदेश के प्रथम मुख्यमंत्री डॉ. यश्वन्त सिंह परमार के समय से लेकर आज तक, प्रशासनिक, सांस्कृतिक लोगों के साथ सर्व-सुख हिताय तथा सबको आगे बढ़ाने के लिये कार्य किया। डॉ. व्यथित एक अविवादित व्यक्ति रहे हैं। वे केवल कला, साहित्य तथा संस्कृति पर ही केंद्रित रहे हैं। कला के क्षेत्र में कार्य सहयोग के लिये उनका विचार बहुत खुला है। वे एक समर्पित व्यक्ति हैं।
- संगीत में लोक गाथाओं, लोक संगीत, भगत की संस्कृति परम्परा, लोक भाषा, तकनीक, आधुनिकता को लेकर उन्होंने व्यवहारिकता से अध्ययन, पुस्तक कर प्रस्तुत किया है।
- लोक कलाकारों के साथ उनका नियमित संवाद परम्परागत है जो वर्षों से चल रहा है।
- डॉ. व्यथित ने लोक धुनों को अपने लोक गीतों में प्रयोग किया इन तर्ज़ों को लोक भाषा से प्रस्तुत किया। उन्होंने केवल गीतों का नहीं बल्कि एक परम्परा का दस्तावेजीकरण किया है।

डॉ. गौतम व्यथित जी ने विभिन्न लोक शैलियों तथा विद्याओं का संरक्षण कर भविष्य की पीढ़ियों के लिये स्थानांतरित कर हिमाचल प्रदेश की संस्कृति पर उपकार किया है। डॉ. व्यथित जैसे संस्कृति कर्मी, साहित्यकार, विचारक, लेखक, कला कर्मी, तथा संवेदनशील व्यक्तित्व कभी-कभी धरती पर जन्म लेते हैं।

हिमाचल प्रदेश विशेषकर कागड़ा चम्बा की लोक संस्कृति, कलाओं, लोक गीतों, लोक संगीत, लोक नाट्य के अतिरिक्त अन्य कलाओं एवं कलाकारों के उत्थान में उनकी भूमिका अद्वितीय है।

पण्डित जय कुमार

(वरिष्ठ पत्रकार)

डॉ. गौतम व्यथित से वार्तालाप करते हुये प्रदेश के एक विख्यात पत्रकार एवं साहित्यकार पण्डित जय कुमार ने बताया कि लोक संगीत, लोक संस्कृति तथा लोक नाट्य के संरक्षण एवं संवर्धन से सम्बन्धित डॉ. गौतम शर्मा व्यथित द्वारा सम्पादित पत्रिका 'वाणेश्वरी' प्रदेश मे एक बहुमूल्य योगदान है। इससे प्रदेश की लोक कलाओं को आश्रय मिला है। डॉ. व्यथित ने अपनी पुस्तक 'चेते' तथा 'कांगड़ी लोक गीत' भाग एक तथा भाग दो प्रकाशित की जिसमे उन्होंने अनेक लोक गीत लिखे जिन्हें उन्होंने परम्परागत लोक धुनों तथा भजनों की तर्ज़ों पर निबद्ध कर

प्रचारित तथा प्रसारित किया जिसमे अनेक लोक गीत प्रचलित भी हुये।

पण्डित जय कुमार ने कहा-

- मैंने यह पाया है कि प्रदेश में शायद ही कोई ऐसा दूसरा व्यक्ति हो जिन्होंने लोक कलाओं, लोक साहित्य तथा लोक संस्कृति पर इतना विस्तृत कार्य किया हो। उन्होंने अपने जीवन में कलाओं के संरक्षण में बहुत मेहनत की है तथा मुझे संतोष भी है कि राज्य सरकार ने उन्हें उनके कार्यों के लिये हिमाचल गौरव पुरुस्कार से सम्मानित भी किया है। जिससे उनको पहचान भी मिली है। काँगड़ा हिमाचल प्रदेश की संस्कृति का एक बहुत बड़ा भाग था तथा वहीं के ही संस्कृति कर्मी गौतम शर्मा व्यथित की भूमिका इस विषय में बहुत बड़ी है मुझे इस क्षेत्र में उनकी तुलना में प्रदेश मे कोई दूसरा व्यक्ति नहीं दिखता जिन्होंने काँगड़ा की संस्कृति को देखा, सुना, अनुभव किया उसे उन्होने लिखा तथा भविष्य की पीढियों के लिये संरक्षित किया। यह कार्य बहुत कम लोग कर पाते हैं।

इस कार्य में बहुत अधिक धन व्यय होता है तथा सरकार की ओर से बहुत आर्थिक सहायता नहीं मिल पाती। इतनी परेशानियों के बावजूद भी संस्कृति के क्षेत्र में डॉ. गौतम शर्मा व्यथित ने बहुत ही प्रशंसनीय कार्य किया है। यह राज्य सरकार का बहुत ही बड़ा कार्य होगा कि वह उनके डॉ. गौतम शर्मा व्यथित के साहित्य को खरीदें ताकि उसका विभिन्न क्षेत्रों के पाठकों को लाभ मिल सके। इससे जहां कला और संस्कृति के क्षेत्र में डॉ. व्यथित द्वारा किये हुये रचनात्मक तथा सृजनात्मक कार्यों को पहचान मिलेगी वहीं पर प्रदेश में कला के क्षेत्र में सक्रिय लोगों तथा युवा पाठकों को उनके लेखन बहुत मार्गदर्शन मिलेगा। सरकार को डॉ. गौतम शर्मा व्यथित के संस्कृति के क्षेत्र में किये गये कार्यों तथा उनके द्वारा किये गये बहुत से दस्तावेजीकरण को हिमाचल प्रदेश की आम

लोगों के समक्ष प्रस्तुत करना चाहिये। सचमुच डॉ. व्यथित प्रदेश के कला और संस्कृति के क्षेत्र में एक महान व्यक्तित्व हैं। कलाकारों, विद्यार्थियों, पाठकों को डॉ. व्यथित से अधिक से अधिक लाभ लेना चाहिए।

श्री अनिल सोनी

(मुख्य संम्पादक दिव्य हिमाचल मीडिया समूह)

अनिल सोनी एक विद्वान, विचारक, चिन्तक, लेखक, विश्लेषक तथा आलोचक हैं तथा बहुत ही बेवाकी से प्रदेश सरकारों के समक्ष हिमाचल प्रदेश के लोगों, लोक कलाकारों, संस्कृति कर्मियों तथा विभिन्न वर्गों की आवाज़ पहुंचाते हैं।

डॉ. व्यथित के निकटतम अनिल सोनी ने अपने सम्बन्धों की चर्चा करते हुये कहा-

- डॉ. गौतम शर्मा व्यथित मेरे पिता जी के सहयोगी थे तथा वे इनको संघर्षमयी जीवन के कारण एक आदर्श के रूप में प्रस्तुत करते थे तथा ये संस्कृति के क्षेत्र में बहुत कार्य कर रहे हैं।

- डॉ. गौतम शर्मा व्यथित ने मुख्य रूप से काँगड़ा लोक साहित्य परिषद् का गठन सामाजिक चेतना एवं संस्कृति के संरक्षण एवं संवर्धन के लिये एक आन्दोलन के रूप में किया तथा प्रदेश में नई खोजें शुरु हुई।
- डॉ. गौतम शर्मा व्यथित एक स्वावलम्बी व्यक्ति हैं। संघर्ष आत्म शिक्षण, स्नातक तथा स्नातकोत्तर एवं उच्चतर शिक्षा में व्यक्तिगत प्रयासों से क्रमिक रुप से आगे बढ़े। मैं गौतम व्यथित को बचपन से ही जानता हूँ क्योंकि हम इनकी कविताओं को सुनते थे।
- डॉ. गौतम शर्मा व्यथित ने काँगड़ा लोक साहित्य परिषद् के कार्यक्रमों का प्रारूप तैयार किया प्रदेश में संस्कृति का महत्व क्या है तथा हम इस संस्कृति में जी कैसे सकते हैं। गौतम शर्मा ने बहुत से लोगों को काँगड़ा लोक साहित्य परिषद से जोड़ा। इनके कार्यक्रमों की समाचार पत्रों में बहुत ही चर्चा होती थी। इनका उदेश्य बहुत ही पवित्रता के साथ संस्कृति के उत्थान का था। डॉ. व्यथित ने मिट्टी के लोक गीतों, व्यवहारिक कलात्मकता, विवाह शादियों के गीतों को उकेरकर सांस्कृतिक घरातल पर ला कर खड़ा किया। डॉ. शर्मा परम्परागत काँगड़ा विवाह संस्कार गीतों झमाकड़ा को मंच पर ले गये। इनके योगदान का सबसे बड़ा मोड़ है कि डॉ. व्यथित ने विवाह संस्कारों को मंच पर पहुंचाकार राष्ट्रीय एवं अन्तर्राष्ट्रीय मंच पर प्रस्तुत किया।
- डॉ. गौतम शर्मा ने कांगड़ा लोक साहित्यिक परिषद् के माध्यम से हिमाचल प्रदेश में बहुत से लोक कलाकारों, गायकों, वादकों, नृतकों, नाट्यकारों तथा साहित्यकारों को जोड़कर कला तथा संस्कृति के क्षेत्र में एक आन्दोलन शुरु किया। सत्तर के दशक में अनेकों सरकारी सांस्कृतिक तथा साहित्यिक कार्यक्रमों का आयोजन होता था लेकिन काँगड़ा लोक साहित्यिक परिषद से आयोजित होने वाले कार्यक्रम थोड़ा हट

कर होते थे। इन कार्यक्रमों का उद्देश्य सांगीतिक चेतना का संरक्षण तथा संवर्धन था। डॉ. गौतम व्यथित ने प्रदेश को यह सिखाया कि हम अपने सांस्कृतिक परिवेश मे जी कैसे सकते हैं। इस आन्दोलन में बहुत से लोग बड़ी पवित्रता के साथ जुड़े। डॉ. व्यथित ने हमारे व्यवहार की कला तथा मिट्टी के गीतों को सांस्कृतिक धरातल पर लाकर खड़ा किया। झमाकड़ा जैसे काँगड़ा के विवाह नृत्य को नये प्रारूप में प्रस्तुत कर नगरीय मंच पर प्रस्तुत करना इनके सांस्कृतिक योगदान की बहुत बड़ी यात्रा है। काँगड़ा के लोक संगीत, गीत तथा नृत्य को युवा तथा युवतियों के माध्यम से कलात्मकता के साथ प्रस्तुत कर राष्ट्रीय तथा अन्तर्राष्ट्रीय पहचान दिलाई। डॉ. गौतम व्यथित एक 'कल्चरल एनसाइक्लोपीडिया' हैं जिन्होंने हिमाचल की संस्कृति पर खोज तथा पुस्तक कर युवा पीढ़ियों के लिये संरक्षित कर दिशा दी है। हिमाचल प्रदेश मे संस्कृति के क्षेत्र में कार्य करने वाला व्यक्ति डॉ. व्यथित से उत्कृष्ट और कोई नही।

- डॉ. गौतम व्यथित ने लोक नाट्य विशेष कर काँगड़ा जनपदीय लोक नाट्य भगत पर बहुत ही उत्कृष्ट कार्य किया। हिमाचल की संस्कृति पर बहुत ही गहराई तथा व्यापकता से कार्य किया। काँगड़ा के नेरटी जैसे गांव में 'फोक थियेटर' का निर्माण कर देना तथा वर्षों से उस मंच पर प्रस्तुतियां करवा कर कार्यशालाओं का आयोजन कर नाट्य का संरक्षण तथा संवर्धन किया है। यह फोक थिएटर आज भी सक्रिय है तथा डॉ. गौतम शर्मा व्यथित आज भी समर्पित रुप से कार्य कर रहे हैं।
- डॉ. व्यथित के पास हिमाचल प्रदेश के घुमन्तु चरवाहे, पशुपालकों के प्रेम कहानियों का बहुत बड़ा खजाना उपलब्ध है।
- डॉ. गौतम शर्मा ने कला को सामाजिक रुप से अंगीकार करवाया। डॉ. व्यथित ने लोक कलाओं तथा लोक कलाकारों

को समाज से जोड़ने के लिए एक सेतु का कार्य किया। लोक कलाकारों तथा कलाओं को समाज की आवश्यकता बनाने में डॉ. व्यथित ने बहुत ही सराहनीय कार्य किया है। इनके कारण हिमाचली लोक कलाओं, संस्कृति का विकास हुआ है। कलाकारों में आत्म सम्मान बढ़ा है समाज में उनका मान-सम्मान बढ़ा है तथा लोक कलाकारों की आर्थिकी सुदृढ़ हुई है।

- कला और संस्कृति के क्षेत्र में डॉ. सुरेश शर्मा जैसे अनुभवी व्यक्ति द्वारा डॉ. गौतम शर्मा व्यथित पर पी. एच. डी. का कार्य एवं पुस्तक लेखन करना निश्चित रुप से एक सराहनीय कार्य है। इनके उपर एक पुस्तक करना तो इनके जीवन का एक बहुत छोटा भाग है। डॉ. व्यथित पर पुस्तक करना सांस्कृतिक दृष्टि से हिमाचल प्रदेश के एक बहुत बड़े सांस्कृतिक भू-भाग पर पुस्तक करना है। डॉ. व्यथित पर पुस्तक करना हिमाचल प्रदेश की लोक संस्कृति, लोक संगीत, लोक गीतों, लोक नृत्यों पर कार्य करना है। इनका पुस्तक इनकी संघर्ष भरी जीवन यात्रा के साथ जुड़ना चाहिये। डॉ. व्यथित के ऊपर पुस्तक करना हिमाचल प्रदेश के सांस्कृतिक महासागर मे डुबकी लगाना है।
- संगीत किसी व्यक्ति की बपौती नहीं है, यह किसी व्यक्ति विशेष का नहीं है। संगीत मात्र किसी एक गायक का नहीं है। संगीत से बड़ा संगीत प्रेमी है। डॉ. व्यथित ने लोक संगीत की पूजा, वन्दना तथा स्थापना की है। इन्होंने लोक संस्कृति के नींव के पत्थर बन कर तथा लोक संस्कृति के सम्वाहक बन कर कार्य किया है।
- लोक का कलाकार कोई शास्त्रीय संगीत का गायक नही होता। गांव का सामान्य गायक, विवाह-शादियों में गायन करने वाला भी तो कलाकार ही है। हिमाचल प्रदेश की लोक संस्कृति की खोज में डॉ. व्यथित एक मील का पत्थर हैं।

हिमाचल प्रदेश की लोक संस्कृति पर दिव्य हिमाचल के साप्ताहिक स्तम्भ प्रतिबिम्ब में अतिथि सम्पादक के रूप 55 कड़ियों का सम्पादन हमारे लिये विशेष योगदान है। डॉ. व्यथित हिमाचल प्रदेश में संस्कृति पर एक अधिकारी व्यक्ति हैं। डॉ. व्यथित सरल, सहज तथा सौम्य स्वभाव के गुणी एवं विद्वान व्यक्ति हैं जो व्यक्तिगत प्रचार-प्रसार से दूर रहते हैं।

श्री अनिल सोनी जी का कहना है कि व्यवस्था को डॉ. गौतम व्यथित जैसे महान विचारक, लेखक साहित्यकार, लोक कला मर्मज्ञ तथा संस्कृति कर्मी को पहचानना होगा। डॉ. व्यथित ने एक समर्पित कला कर्मी के रूप में अपना सम्पूर्ण जीवन हिमाचल प्रदेश विशेषकर काँगड़ा-चम्बा के लिये लगा दिया। समाज में ऐसे बिरले ही लोग होते हैं जो मान-सम्मान तथा व्यक्तिगत स्वार्थों से ऊपर उठकर समाज हित में सामान्य वर्गों के लोगों के हित में कार्य करते हैं। डॉ. व्यथित ने हिन्दी साहित्यकार, लोक साहित्यकार, लोक संगीतकार, लोक कवि, लोक नाट्य कर्मी, लेखक, शोध निर्देशक, नाटककार, उपन्यासकार कहानीकार, विश्लेषक, आलोचक के रूप में इतना कार्य कर दिया है जिसे हिमाचल प्रदेश की आने वाली पीढ़ियां सदैव याद रखेंगी। ऐसे धीर गम्भीर, शिक्षाविद, विचारक, चिन्तक तथा कला मर्मज्ञ समाज में कभी-कभी दिखाई देते हैं। भविष्य में डॉ. गौतम शर्मा व्यथित के कार्यों को हर स्तर पर बढ़ाये जाने की आवश्यकता है।

श्री के.सी. शर्मा

(पूर्व भारतीय प्रशासनिक सेवा अधिकारी)

डॉ. गौतम शर्मा व्यथित ने काँगड़ा जनपद के लोक गीतों की विभिन्न शैलियों तथा लोक नाट्य की विधाओं के लोक कलाकारों को विभिन्न अवसर तथा लोक मंच उपलब्ध करवाया। प्रारम्भ में डॉ. गौतम व्यथित ने इस दिशा में व्यक्तिगत प्रयास किए। काँगड़ा हिमाचल प्रदेश का हिस्सा बनने से पहले जालन्धर दूरदर्शन से 'पर्वत की गूंज' कार्यक्रम प्रसारित होता था।

गौतम व्यथित ने प्रारम्भ में इन केन्द्रों पर अपने कार्यक्रम प्रस्तुत करने प्रारम्भ किए। डॉ. व्यथित की मंनशा या स्वाभाविक रूप से कुछ विधाओं में कार्य करने वाले लोग जो निम्न वर्ग से थे उन्हें संभ्रान्त समाज बहुत अच्छी दृष्टि से नहीं देखता था जो इन लोक कलाओं के कलाकार निम्न वर्ग से थे। इनमें चमार, जुलाहे, डूमणे आदि थे जिन्हें लोक शिष्ट, संभ्रान्त, सम्य या सुसंस्कृत नहीं समझता था। उन्हें लोक कलाकार के रूप में समाज के समक्ष प्रस्तुत किया।

श्री शर्मा ने बताया कि "भगत लोक नाट्य में संभ्रान्त समाज इन कलाकारों द्वारा हास्य व्यंग्य से दी गई जाने वाली गालियों को सुन कर आनन्द भी लेता था। लेकिन उसकी अशिष्टता पर निन्दा भी करता था। यह शिष्ट समाज की मानसिकता का विरोधाभास था। इस दृष्टि से डॉ. गौतम व्यथित ने इन लोक कलाकारों को मंच पर लाकर उन्हें ऊपर उठाने का सराहनीय कार्य किया। जैसे एक रणसिंहा जैसे लोक वाद्य यन्त्र को बजाने वाला व्यक्ति नाई जाति से सम्बन्धित रहता है। डॉ. गौतम व्यथित ने लोक के इस सामान्य लोक कलाकार को सम्मान दिलाया। इससे निम्न वर्ग से सम्बंध रखने वाले इस निम्न वर्ग के कलाकार का समाज में सम्मान बढ़ा। इस तरीके से समाज में उस सामान्य कला का सम्मान भी बढ़ा।

लोकनाट्य भगत में काम करने वाला कोई भी व्यक्ति ब्राह्मण तथा राजपूत जाति से नहीं होता था। सामान्य जाति का यह संभ्रान्त वर्ग इस सामान्य कलाकार की कला का आनंद तो लेता था लेकिन स्वीकार नहीं करता था।

डॉ. गौतम व्यथित के सांस्कृतिक तथा सामजिक प्रभासों से जहां इन निम्न जाति के कलाकारों को मंच पर लाकर सामाजिक समरसता तथा आर्थिक दृष्टि से उन्हें सबल बनाया वही पर लोक कला का भी सम्मान बढ़ा।

काँगड़ा में कुछ लोकल विधाओं का प्रसार सभी स्थानों में नहीं था। इनके प्रयासों से कलाओं में सार्व हिमाचलिकता भी आई। गौतम व्यथित ने कला तथा उसके कलाकारों को पूरे प्रदेश तथा राष्ट्रीय एवं अंतर्राष्ट्रीय स्तर पर पहुंचा कर बहुत सराहनीय कार्य किया है।

सर्वप्रादेशिक/सार्वदेशिक स्तर पर हिमाचली विशेषकर काँगड़ा के लोकगीतों तथा लोक नाट्यों का प्रचार प्रसार हुआ।

डॉ. गौतम व्यथित लगभग 1960 में इस क्षेत्र में आये इस समय काँगड़ा जिला पंजाब प्रान्त में था। इनके प्रयासों से काँगड़ा की कला एवं संस्कृति को विशुद्ध सांस्कृतिक पक्ष से अक्षुण रूप से संरक्षण रखने का प्रयास हुआ।

डॉ. गौतम व्यथित ने कांगड़ी लोक कलाओं को सुगम तथा सरली करण कर आम लोगों तक पहुंचाया।

काँगड़ा लोक साहित्य परिषद् के तत्वाधान में कलाओं का संरक्षण, प्रदर्शन एवं संवर्धन करने में इनका बहुत बड़ा योगदान है। कला संस्कृति पर इनके द्वारा चलाई गई वाणेश्वरी पत्रिका शैक्षणिक एवं आकादमी स्तर से बहुत ही सराहनीय कार्य कर रही हैं। इनका यह कार्य पुस्तक की दृष्टि से बहुत ही महत्वपूर्ण है। नेरटी में स्थापित लोक कला मंच पर कलाकारों के प्रदर्शन का भी श्रेय डॉ. गौतम व्यथित को जाता है। इनके द्वारा यदि ऐसा प्रयास न हुआ होता तो हमारी कुछ गायन शैलियाँ लोक वाद्य तथा लोकनाट्य लुप्त हो जाते।

लोक संस्कृति, लोक संगीत, लोक साहित्य तथा लोक नाट्य के उत्थान मे डॉ. व्यथित का योगदान बहुत ही सराहनीय है।

श्री शान्ता कुमार

(पूर्व मुख्यमन्त्री हिमाचल प्रदेश)

"डॉ. गौतम 'व्यथित' ने सचमुच हिमाचल प्रदेश विशेष कर काँगड़ा के लोक संगीत, लोक नाट्य तथा लोक संस्कृति पर बहुत कार्य किया। उन्होंने लोक संस्कृति पर बहुत परिश्रम किया है। गौतम व्यथित से मेरा बहुत पुराना परिचय है। मेरा एक छोटा सा प्रिंटिंग प्रेस 'पंकज प्रिंटिंग प्रेस' था। 'चेते' नामक शीर्षक से काँगड़ा के लोकगीतों पर आधारित पुस्तक इसी ही प्रिंटिंग प्रेस में छपी थी। उन्होंने लोक संस्कृति तथा साहित्य पर बहुत कार्य किया है तथा उसे संरक्षित भी किया।

- कांगड़ा लोक संगीत, लोक नाट्य, लोक साहित्य बहुत पुराना तथा बहुत समृद्ध है। गाँव की संस्कृति में तथा साहित्य में रुचि हुई जबसे मैं अपने बाल्यवस्था में था तो गांव की शादियों मे

संस्कृति के दर्शन होते थे। शादि किसी भी गांव या घर में बहुत बड़ा सांस्कृतिक तथा सामाजिक आयोजन होता था जिसमें पूरा गाँव जुड़ जाता था। शादि में महिलाओं तथा लड़कियों का चारों ओर ऊपर की मंजिल में बैठना तथा बारातियों को मीठी-मीठी गालियां देना मुझे सबसे रोचक दृष्य लगता था। क्या सुन्दर कल्पना थी। किसी का नाम लेना "तिसदिया माऊ, दे लम्बे-लम्बे दन्द वो - वाह जी वाह दाव लगे तां देवां भन्न वो अढ़िये बत्तु बी नी मिलदा - वाहजी वाह कि जब शांद होती थी तो मुझे याद है स्वर्गे ते उतरेयो देवते वो सांदि आई बैठे" क्या सुंदर कल्पना है? यानि की स्वर्ग से उतर शांद में देवता बैठ गये। बहुत समृद्ध है काँगड़ा का लोक संगीत तथा लोक साहित्य। इस पर जितना काम होना चाहिये था नहीं हुआ। उसके बहुत से कारण रहे लेकिन कुछ लोगों ने विशेषकर गौतम व्यथित ने इस दिशा में बहुत अच्छा काम करने की कोशिश की है। उन्होंने लोक गीतों तथा लोक नाट्य को संग्रहित तथा संवर्धित करने की कोशिश की है।

परिवर्तन होना स्वाभाविक है लेकिन परिवर्तन अच्छे के लिये नहीं है। वर्तमान में बढ़ते संचार साधनों तथा तकनीक से नई पीढ़ी को अपनी संस्कृति तथा परम्पराओं को दूर कर दिया है। नई पीढ़ी संस्कार विहीन हो गई। समाज में संस्कार नहीं दिये जाते ना ही स्वीकार किये जाते।

काँगड़ा का अत्यन्त महत्वपूर्ण योगदान है कि उन्होंने काँगड़ा की संस्कृति पर बहुत कार्य किया है। उन्होंने कांगड़ा की परम्पराओं, संस्कारों, रिति-रिवाजों, लोकगीतों, लोक साहित्य का बड़ी गहनता से अध्ययन किया। उनका संग्रह किया तथा पुस्तकों में लेखन कर लोक समाज को समर्पित किया। कांगड़ा की लोक संस्कृति को सहेजने तथा संवर्धन करने में डॉ. गौतम शर्मा व्यथित का बहुत ही महत्वपूर्ण योगदान है जिसे कभी भी भूला नहीं जा

सकता। विभिन्न लोक कलाओं तथा लोक कलाकारों को समृद्ध बनाने में डॉ. गौतम व्यथित ने बहुत कार्य किया। इससे समाज लोक कलाकारों का सम्मान भी बढ़ा तथा वे आर्थिक रूप से भी सबल हुए तथा कला संस्कृति का भी संवर्धन हुआ।

डॉ. बलवन्त ठाकुर

(सेवानिवृत प्राचार्य महाविद्यालय संवर्ग एवं संगीतज्ञ)

डॉ. बलवन्त ठाकुर ने अपने साक्षात्कार में बताया की "यूं तो डॉ. गौतम व्यथित का नाम मैंने सुन रखा था लेकिन सही मायनों में मेरा इनसे परिचय मेरे पी. एच. डी. के पुस्तक ज़िला हमीरपुर एवं सीमावर्ती क्षेत्रों की लोक गाथाओं का सांगीतिक अध्ययन" के कार्य के दौरान हुआ। हुआ यूं कि डॉ. नलिनी जो राजकीय महाविद्यालय हमीरपुर मे कार्यरत थी तथा जिनसे संगीत की शिक्षा प्राप्त की है, से मैने अपने पुस्तक के बारे में चर्चा की।

उन्होंने मुझे राय दी कि मैं डॉ. व्यथित से इस विषय के संदर्भ में मिलूं जो इस विषय के लिये उपयुक्त व्यक्ति हैं लिहाजा मैंने उनसे सम्पर्क साधा तथा धर्मशाला जा कर मुलाकात की। डॉ. साहब ने कुशलता पूर्वक मेरा मार्गदर्शन किया और मेरी बहुत सी शंकाओं का समाधान किया।

किसी क्षेत्र या स्थान विशेष की समृद्धि तथा खुशहाली का अनुशासन उस क्षेत्र में प्रचलित लोक परम्पराओं, लोक साहित्य, लोक गीत तथा लोक गाथाओं आदि से लगाया जा सकता है तथा डॉ. गौतम व्यथित को इस क्षेत्र में एक सांस्कृतिक पुरोधा के रूप में जाना जाता है।

डॉ. बलवन्त ठाकुर के अनुसार- "किसी क्षेत्र या स्थान विशेष की समृद्धि तथा ख़ुशहाली का अनुमान उस क्षेत्र में प्रचलित लोक परम्पराओं, लोक साहित्य, लोक गीत तथा लोक गाथाओं आदि से लगाया जा सकता है। जिला कांगड़ा इस दृष्टि से अत्यन्त समृद्ध हैं तथा डॉ. गौतम व्यथित को इस क्षेत्र में एक सांस्कृतिक पुरोधा के रूप में जाना जाता है"।

भौतिकवाद के इस युग में जिस तीव्रता से आधुनिकता तथा मशीनीकरण हो रहा है। लोक संस्कृति, लोक परम्पराओं तथा लोक साहित्य के लुप्त होने की पूर्ण सम्भावना बनी हुई है। यह एक ऐसा बीज है जो एक बार नष्ट हो जाए तो इसे पूर्ववत रूप में प्राप्त करना अत्यंत मुश्किल है। डॉ. गौतम व्यथित इन परम्पराओं को सहेजने, संवारने, दस्तावेजी करण करने तथा जीवित रखने में इस पीढ़ी का प्रतिनिधित्व करते हैं।

इनका अभूतपूर्व योगदान आने वाली पीढ़ियों को हमेशा-हमेशा तक मार्ग प्रशस्त करता रहेगा।

डॉ. विद्यासागर

(सह निदेशक शिक्षा विभाग हिमाचल प्रदेश)

डॉ. विद्यासागर के अनुसार- "काँगड़ा जिले में प्रचलित परम्परागत विवाह संस्कार के एक छोटे से अंश को सांस्कृतिक रूप से एक नृत्य का रूप देकर नगरीय मंच पर प्रस्तुत करना जिसमे कि सभी पारिवारिक, वैवाहिक संस्कार एवं पात्र संजीव हो उठे निश्चित रूप से यह श्रेय डॉ. गौतम व्यथित को ही जाता है। हिमाचल प्रदेश में काँगड़ा के विलय होने से पूर्व कोई अपना नृत्य नहीं था। यह कांगड़ा की सांस्कृतिक पहचान के लिये भी एक प्रश्न था। डॉ. व्यथित ने कांगड़ी विवाह परम्परा के इस छोटे से अंश का सांस्कृतिक रूप से अध्ययन कर तथ्यो का संकलन, उपयोगिता, लोक गीत-संगीत, लोक नृत्य, लोक वाद्यों से एक आकार दिया जिसे 'झमाकड़ा' लोक नृत्य कहा जाने लगा। यह नृत्य विवाह संस्कार में मामा का आगमन, देव पूजा, बटणा, नानकियों - दादकियों में नोक झोक, तेल, सांद, बारातियों से व्यंग्यात्मक गालियाँ देकर छेड़-छाड़, विदाई आदि विवाह संस्कार के गीतों का समिश्रण है। डॉ. गौतम ने इस नृत्य में ग्रामीण विवाह संस्कार की

एक सामान्य परम्परा को सम्पूर्ण नृत्य का रूप देकर नगरीय मंच पर प्रस्तुत करने के पश्चात विभिन्न देश तथा विदेश में पहचान दिलाने का अनुकरणीय एवं उदाहरणीय कार्य किया है। आज यह नृत्य सांस्कृतिक समारोहों, विद्यालयों, महाविद्यालयों तथा विश्वविद्यालयों की प्रतियोगिताओं का अटूट हिस्सा बन चुका है। काँगड़ा जनपद की संस्कृति के उत्थान के लिए डॉ. व्यथित का यह एक ऐतिहासिक, सांस्कृतिक कार्य है जो कभी नहीं भुलाया जा सकता।

श्री करनैल राणा

(प्रसिद्ध लोक गायक)

डॉ. गौतम शर्मा व्यथित से अपने सम्बन्ध की पृष्ठभूमि बताते हुये। करनैल राणा ने कहा- "डॉ. व्यथित जी से मेरा सम्बंध उन दिनों से रहा है जब मैं 1982 में धर्मशाला महाविद्यालय का छात्र था। हालांकि डॉ. व्यथित हिन्दी के प्राध्यापक थे और मेरे अध्ययन के विषय अलग थे। संगीत का विधार्थी होने के कारण मैं सांगीतिक गतिविधियों मे भाग लेता था तथा डॉ. साहब की

सांगीतिक गतिविधियों को अक्सर देखा करता था। डॉ. साहब विद्यार्थियों को विभिन्न गतिविधियों में भाग लेने के लिये प्रेरित तथा प्रोत्साहित करते रहते थे। उनके इस प्रोत्साहन के कारण मैं उनके नज़दीक आता गया। एक छात्र के रूप में मैनें पाया कि जहां डॉ. व्यथित अपने विषय के मेहनती प्राध्यापक है वहीं पर अपने मृदुभाषी, सौम्य एवं सरल स्वभाव के कारण वे महाविद्यालय के सभी विद्यार्थियों के चहेते भी हैं।

कांगड़ा जनपद के लोक संगीत तथा लोक नाट्य के संरक्षण एवं संवर्धन मे डॉ. व्यथित के योगदान के बारे में प्रश्न करने पर करनैल राणा जी ने बताया कि काँगड़ा के लोक संगीतों में कभी छिंझोटियां, झेहड़े, म्यागड़े, ढोलरू, बघावे, भारव, संस्कार गीत, वीर रस गीत इत्यादि सभी समाप्त होने के कगार पर थे। उनमें से कुछ एक संस्कार गीतों को डॉ. गौतम व्यथित के प्रयासों से बचाया जा सका जिनमें विवाह शादियों मे गाये जाने वाले संस्कार गीतों को झमाकड़ा नृत्य (झमाकड़ा नया नाम) के द्वारा जन मानस के समक्ष प्रस्तुत किया। इन्होनें विलुप्त हो रहे लोक संगीत को संरक्षित करने में महत्त्वपूर्ण योगदान दिया। हालांकि काँगड़ा जनपद का एक पुरुष नृत्य पूरी तरह विलुप्त हो चुका है। इसी प्रकार काँगड़ा जनपदीय लोक संगीत में भारवा लोक गायन का महत्वपूर्ण स्थान था। अब यह लोक गीत शैली काँगड़ा से समाप्त होकर जम्मू या डुग्गर क्षेत्र की प्रमुख लोक गीत गायन शैली बन चुकी है।

काँगड़ा जनपदीय लोक नाट्य 'भगत' के उत्थान में डॉ. व्यथित के मुख्य योगदान पर प्रश्न करते करनैल राणा जी ने कहा- "वैसे तो हिमाचल में लोक नाट्य को अलग-अलग नाम से जाना जाता है जिसमें करियाला, स्वांग, धाजा, ड्रामा तथा भगत जैसे बहुत से नाट्य शैलियों में नाटक स्थानीय बोली में मंचित होते रहे

हैं। कांगड़ा की भगत लोक नाट्य शैली तथा उसके पात्र कलाकारों को एक पहचान दिलाने में डॉ. गौतम शर्मा व्यथित का बहुत बड़ा योगदान है। काँगड़ा जनपद में इस लोक नाट्य शैली को पुर्नजीवित करने, संरक्षण देने तथा सम्बर्धन मे जहां डॉ. व्यथित का विशेष योगदान है वहीं पर यह योगदान तब तक सार्थक नहीं हो सकता जब तक इन विधाओं के कलाकारों को प्रोत्साहित करने के लिये प्रदेश सरकार की ओर से कोई योजना नहीं बनती। डॉ. गौतम व्यथित ने अपना सम्पूर्ण जीवन काँगड़ा संस्कृति, लोक संगीत, लोक वाद्यों, लोक कलाकारों, लोक नाट्य तथा लोक साहित्य के लिये समर्पित कर दिया। वे एक बेहद सरल, सौम्य, मिलनसार तथा शालीन व्यक्ति हैं तथा लोक विधाओं को जान-अनजान लोगों तक पहुंचा देते हैं।

श्री रमेश चन्द्र 'मस्ताना'

(शिक्षाविद एवं लोक साहित्यकार)

हिमाचल प्रदेश के काँगड़ा जनपद का नेरटी गांव जहां अपने में समृद्ध एवं वीरतापूर्ण इतिहास को संजोए हुए है, वहीं यह गांव विभिन्न कलाओं और कलाकारों की अद्भुत संगम स्थली भी रहा

है। नेरटी गांव की ऐतिहासिक व सांस्कृतिक गाथाओं के सन्दर्भ में आज भी इसके अतीत से जुड़े ऐसे-ऐसे पन्ने अंकित हैं, जिन्हें बजुर्गों के मुख से सुनने व जानने पर आश्चर्यजनक अनुभूतियाँ होती हैं और व्यक्ति दांतों तले अंगुली दबाने को विवश हो जाता है। राजाओं-रजवाड़ों के शासनकाल में यह गांव चम्बा नरेशों की प्रिय स्थली रहा है, चम्बा नरेश राजसिंह के अद्भुत वीरतापूर्ण शौर्य और उनकी बलिदानी गाथा के कारण सबके आश्चर्य का केंद्र रहा है। कई ऐसी ऐतिहासिक घटनाएं इस गांव से जुड़ी हुई हैं, जो इसे एक अलग ही पहचान दिलाती हैं। कहा जाता है कि सन् 1905 का महा प्रलयकारी भूकम्प, जिसने पूरे जनपद को तहस-नहस कर दिया था और रेहलू के किले के साथ-साथ नगरकोट का मन्दिर व कच्चे-पक्के भवनों की नींवें तक उखड़ गई थीं, इस गांव में किसी का बाल भी बांका नहीं हुआ था और कच्चे मकानों को भी कोई नुकसान नहीं हुआ था। नेरटी गांव के मध्य में स्थित नरसिंह मन्दिर के विषय में कहा जाता है कि यह मन्दिर भूकम्प के प्रकोप से किसी टहनी की तरह झूल गया था और आज तक यह थोड़े से टेढ़े रूप में ही खड़ा, सबकी श्रद्धा का केन्द्र बना हुआ है।

डॉ. व्यक्ति के बारे मे रमेश मस्ताना जी का कहना है-

"नेरटी गांव में जन्म लेकर इस गांव की विरासत को संजोने और अपने महत्वपूर्ण योगदान से राष्ट्रीय और अंतरराष्ट्रीय स्तर तक अपनी पहचान स्थापित करने में डॉ. गौतम शर्मा 'व्यथित' एक ऐसा नाम है, जिसे सभी लोग जानते पहचानते भी हैं और इनका आदरमान भी करते हैं। शिक्षा एवं साहित्य के क्षेत्र में विभिन्न उपलब्धियां हासिल करने वाले और अनेकानेक सरकारी व गैरसरकारी संगठनों के द्वारा विभिन्न अलंकरणों, विशेष रूप से साहित्य-अकैडमी नई दिल्ली तथा राष्ट्रपति सम्मान से सम्मानित डॉ. गौतम शर्मा 'व्यथित' का शिक्षा, साहित्य एवं संस्कृति के

संरक्षण, संवर्द्धन एवं उत्थान के साथ-साथ "लोक" की विभिन्न रीत-परम्पराओं को सहेजने व देश-विदेश के मंचों तक प्रदर्शित करने-करवाने में विशेष योगदान रहा है। काँगड़ा जनपदीय संस्कार गीतों पर पुस्तक करने के अलावा वर्तमान तक लेखन में रुचि रखने के कारण यह लगभग पांच दर्जन से अधिक पुस्तकों का लेखन-प्रकाशन तो कर ही चुके हैं, अनेकानेक लोक संस्कृति से संबंधित रीत-परम्पराओं पर प्रदेश एवं केंद्र सरकार की विभिन्न योजनाओं के अन्तर्गत पुस्तक और उनका फिल्मांकन व दस्तावेजीकरण करके संरक्षित भी कर चुके हैं। बीसवीं सदी के आठवें दशक के प्रारम्भिक काल में ही इनके द्वारा स्थापित और फिर इनके कुशल निर्देशन में काँगड़ा लोक साहित्य परिषद का गठन जिला काँगड़ा की एक विशिष्ट उपलब्धि कहा जा सकता है। काँगड़ा लोक साहित्य परिषद ने अपनी विकास यात्रा में ऐसे-ऐसे कीर्तिमान स्थापित किए हैं, जो आज भी साहित्य और संस्कृति के योगदान के लिए अद्भुत और अनूठे कहे जा सकते हैं। "

"काँगड़ा जनपद के गीत-संगीत की विभिन्न परम्पराओं को सहेजने और उनको चिर-भविष्य तक संरक्षित करने में डॉ. गौतम शर्मा 'व्यथित' जी का और काँगड़ा लोक साहित्य परिषद का योगदान बहुत ही अधिक रहा है। बात चाहे विभिन्न संस्कारों से संबंधित गीतों की हो, चन्द्रावली गीत-नृत्य की हो, चैती गाथाओं के रूप में मंगल मुखी समुदाय के दम्पतियों के द्वारा ढोलरु के गायन व वादन की हो, कोई भी ऐसी परम्परा नहीं है, जिस पर 'व्यथित' जी की लेखनी न चली हो। कार्यशाला अथवा वीडीयोग्राफी करके दस्तावेजीकरण न हुआ हो। लोक-संगीत की इन परम्पराओं को संरक्षित करने के लिए इन्होंने प्रदेश अथवा केन्द्र सरकार की विभिन्न योजनाओं से सहायतानुदान प्राप्त करके इन्हें जीवन्त रखने का भी प्रयास किया है। काँगड़ा जनपद में

विवाह संस्कार से जुड़ी नानूं नचाने और झमाकड़ा गाने की परम्परा को तो इन्होंने घर-आंगन की चहारदीवारी से निकाल कर, विद्यालयी एवं महाविद्यालयी कलाकारों के अलावा लोक-कलाकारों के माध्यम से स्थानीय मंचों तक पहुंचाते हुए प्रदेश और राष्ट्रीय स्तर के मंचों पर प्रस्तुत करने के साथ-साथ अन्तर्राष्ट्रीय स्तर तक भी पहचान दिलवाने का भगीरथ प्रयास किया है। आज भी जो धमक कांगड़ी झमाकड़े की किसी भी मंच पर गूंजती है, उसमें कहीं न कहीं डॉ. 'व्यथित', काँगड़ा लोक साहित्य परिषद और उन कलाकारों का योगदान झलकता हुआ अवश्य दिखाई देता है। "

काँगड़ा जनपद में विभिन्न सुआंगों और नकलों के माध्यम से सम्पन्न व उच्च वर्ग के लोगों की कमियों, बुराइयों और सामाजिकता के लिए नुकसानदायक आदतों में सुधार की दृष्टि से संवादात्मक रूप से जो अभिनय किया जाता रहा है, उसे भगत का नाम दिया गया है। इस भगत का संबन्ध जहां अनुसूचित जाति के हरिजन चर्मकार वर्ग से और रांझू व कांझू दो भाइयों से जुड़ा हुआ है, वहीं इसका संबन्ध काँगड़ा जनपद के अणोही के जंगल और सिद्धाथा क्षेत्र के क्याल बड़ नामक स्थान से जुड़ा हुआ है। किसी समय में यही भगतिया लोक-थियेटर इतना प्रसिद्ध और लोकप्रिय था कि लोग भगतों का आयोजन तो करवाते ही थे, दर्शक और श्रोता भगत का नाम सुनकर दूर-दूर से दौड़े चले आते थे। यहां तक कि जिन संभ्रांत लोगों की नकलें लगाई जाती थीं, वह भी छिप-छिपकर इनका आनन्द उठाते रसास्वादन करते थे। इतना अवश्य है कि इनमें औरतें प्रायः दो कारणों से सम्मिलित नहीं होती थीं। पहला और बड़ा कारण यह कि इनमें अधिकांश संवाद जो मनसुखा नाम के हास्य कलाकार द्वारा प्रस्तुत किए जाते थे, उसमें द्वी-अर्थता होने के कारण अश्लीलता का पुट रहता था और दूसरा

कारण यह कि इनका आयोजन रात्रि के समय ही किसी निर्जन स्थान अथवा खेत-खलिहानों में ही किया जाता था। कोई समय था जब दो-दो मंडलियों की भगतें भी एक साथ इकट्ठी एक ही स्थान पर की जाती थीं परन्तु बाद में विवादों में घिरने के कारण यह प्रथा लगभग बन्द ही हो गई। झीवर-मेहरा समुदाय के कलाकार भी ऐसी भगतों का मंचन करते रहे हैं।

काँगड़ा जनपद में यह परम्परा विभिन्न डेरों के माध्यम से सम्पन्न की जाती रही है और इसका प्रारम्भ जहां पूर्व-रंग व गणपति वन्दना और फिर कृष्ण और गोपियों की रासलीला से होता हुआ विभिन्न सुआंगों व नकलों से होता है, वहीं समापन भगतमाल और सुक्खणा को उठाने से होता है। भगत का संबंध शिव महिमा व पांडवों से भी है, इसलिए सुक्खणा उठाने का हक भी पांडवों के वरदान के कारण हरिजन कलाकार को ही है, दूसरा कोई भी इस सुक्खणा के सामान व पैसों को नहीं उठा सकता है। घाड़जड़ोट नामक स्थान पर जो पांडव लगाने का उत्सव पंचभीष्मों में मनाया जाता है, वह इस बात की सार्थकता सिद्ध करता हुआ दिखाई देता है। इस आयोजन में भी भगत का मंचन किया जाता है।

लोक-नाट्य भगत के रुप-स्वरुप को भी ग्रामीण और निर्जन स्थान से निकाल कर साहित्यिक और प्रबुद्ध जन के सामने मंच पर लाने का श्रेय भी डॉ. गौतम शर्मा 'व्यथित' जी को ही अधिकांशतः जाता है। यह वास्तविकता है कि भगत के सुआंगों और संवादों का कोई भी लिखित अथवा निर्धारित स्वरुप नहीं होता है और यह सब कुछ ही कुशल कलाकारों के द्वारा समय और अवसर-विशेष पर उसी समय बनाएं और बोले जाते रहे हैं। डॉ. गौतम शर्मा 'व्यथित' ने न केवल इसे सार्वजनिक मंच पर ही प्रस्तुत करवाया अपितु अपनी शोधात्मक प्रवृत्ति के बल पर उसमें

संशोधन व परिष्कार करते हुए लिखित रूप देकर पुस्तकें भी प्रकाशित की और कई अन्य कलाकार भी तैयार करके, भगतों का मंचन करवाया।

भगतिया-थियेटर को भी निर्जन स्थान से निकाल कर मंच तक पहुंचाने के लिए डॉ. 'व्यथित' जी के प्रयास बहुत अधिक रहे हैं। यह बात भी शाश्वत और सत्य रही है कि कोई भी डेरेदारी कलाकार रौशनी और माइक की चकाचौंध में अपनी कला का प्रदर्शन सहज रूप से नहीं कर पाता था। मंच पर आना इन्हें बहुत असहज कर देता था और यह पधरे खेत अथवा खुआड़े-खलिहान के बीच में घियांणा लगाकर, पूरी लगन व तन्मयता के साथ अभिनय करने में सफल हो पाते थे। बार-बार आग्रह करने पर भी यह लोग मंचीय व्यवस्था को अंगीकार नहीं करते थे और निर्जन स्थान के लिए एकदम तैयार हो जाते थे।

आज भले ही मनोरंजन के क्षेत्र में बहुत से माध्यमों का फैलाव आने से और लोगों में श्रद्धा और समय का अभाव आ जाने से यह डेरेदारी प्रथा लगभग समाप्तप्राय: ही हो चुकी है परन्तु कुछ एक भगतिया कलाकार अभी भी इस मनोरंजन के माध्यम भगतिया-थियेटर को जीवन्त रखे हुए हैं। डॉ. गौतम शर्मा 'व्यथित' जी ने परम्परित भगत को परिष्कृत रूप प्रदान करते हुए "मनसुखा" नामक पुस्तक की रचना करके इसे आधुनिक रंगमंच के योग्य भी बनाया है और सामयिक घटनाओं व परिदृश्यों को संवादात्मक शैली में प्रस्तुत करके एक अनूठी पहल भी की है।

काँगड़ा जनपदीय लोक संगीत तथा लोक नाट्य के संरक्षण, संवर्धन एवं दस्तावेजी , संवर्धन करण के लिये डॉ. गौतम शर्मा व्यथित ने बहुत ही सराहनीय भूमिका निभाई है। परम्परागत संस्कारों एवं नई पीढ़ी मे संस्कृति को प्रेषित करने मे डॉ. व्यथित ने अतुलनीय कार्य किया है।

प्रो. चन्द्र रेखा डढ़वाल

(कवयित्री, कहानीकार तथा उपन्यासकार)

प्रो. चन्द्र रेखा डढ़वाल कला, साहित्य तथा संस्कृति के लिए एक समर्पित व्यक्तित्व हैं। हिमाचल प्रदेश के महाविद्यालय संवर्ग में वर्षों तक प्राध्यापन करने के पश्चात आप राजकीय महाविद्यालय धर्मशाला से सेवा निवृत हुई हैं। श्रीमती डढ़वाल मूलतः धर्मशाला से ही सम्बंध रखती हैं। काँगड़ा जनपदीय संस्कृति के परिवेश मे पलने-बढ़ने, शिक्षित तथा संस्कारित होने के कारण आप इसके मर्म को जानती, समझती तथा अनुभूत करती रही हैं।

प्रो. चन्द्र रेखा डढ़वाल लगभग पांच दशकों से डॉ. गौतम व्यथित से परिचित हैं। कला, संस्कृति, लोक साहित्य, लेखन तथा संस्कृति कर्मी के रूप में एक जैसी रुचियां होने के कारण अनेकों सांस्कृतिक, सामाजिक, शैक्षिक कार्यक्रमों में विभिन्न भूमिकाओं मे सहयोगी रहे हैं।

प्रो. डढवाल के अनुसार- "डॉ. गौतम शर्मा व्यथित लम्बे समय से हिन्दी तथा हिमाचली भाषा में निरन्तर लिखते रहे हैं। साहित्य की प्रत्येक विद्या में सार्थक सृजन उन्होंने किया है। वे राज्य एवं राष्ट्रीय स्तर पर प्रतिष्ठित एवं सम्मानित व्यक्तित्व हैं। काँगड़ा जनपद की सांस्कृतिक घरोहर एवं लोक साहित्य के संरक्षण एवं संवर्धन का श्रेय उन्हें है। लोक साहित्य के गम्भीर अध्येता तथा विश्लेषक डॉ. व्यथित ने काँगड़ा की लोक परम्परा तथा लोक मानस को मौलिक स्वरूप में उद्घाटित किया है। लोक गायकों तथा लोक कलाकारों से मिल कर कला रूपों को इनके भूल स्वरूप में प्राप्त किया। लोक साहित्य की प्रत्येक विद्या को आलोक में लाने का महत्वपूर्ण कार्य डॉ. व्यथित ने किया है।

डॉ. व्यथित ने लोक गीतों को सांस्कृतिक पृष्ठ भूमि में व्याख्यांकित किया। विवाह संस्कार गीतों में के एक अत्यन्त रोचक प्रसंग को नृत्य नाटिका का रूप देने का कार्य इन्होंने किया। झमाकड़ा नामक गीत से शीर्षित नृत्य नाटिका आज विद्यालयों एवं महाविद्यालयों में प्रचलित हैं। प्रतियोगिताओं में अनेक प्रतियोगी दल 'झमाकड़ा' लोक नृत्य करके सम्मानित हो रहे हैं। इस तरह डॉ. व्यथित ने युवाओं को संस्कारों तथा संस्कार गीतों को जोड़ने का सराहनीय योगदान दिया है।

इस क्षेत्र में काम कर रहे तथा लिख रहे कलाधर्मी डॉ. व्यथित से अभिप्रेरित तथा निर्देशित हो रहे हैं। एक द्वार इन्होंने खोला है तथा एक दिशा दी है।

मेरा यह सौभाग्य है कि धर्मशाला महाविद्यालय में मैंने डॉ. व्यथित के साथ कार्य किया यद्यपि यह मेरे अध्यापक नहीं रहे परन्तु मेरे लिये इनका व्यक्तित्व प्रेरक ही रहा। लोक संस्कृति के प्रति इनकी प्रतिबद्धता से मैं बहुत ही प्रभावित हुई धीर गम्भीर डॉ. गौतम शर्मा व्यथित का भाषा एवं भावों में संयम है। कैसी भी

परिस्थिति के प्रति इनमें सहज स्वीकार का भाव रहता है अतः सदैव शान्त एवं सौम्य मुद्रा में दिखाई देते हैं।

व्यक्तिगत प्रयासों से निर्मित राज मन्दिर नेरटी में लोक व साहित्य में भव्य समागम का साक्षी अवसर बनता हैं। जहां लोक गीत, लोक नृत्य तथा लोक नाट्य विशेष रूप से भगत का मंचन होता है। इनका परिवार इनकी साहित्य, संस्कृति तथा कला साधना में अप्रत्यक्ष रूप से इनका निरन्तर सहयोग दे रहा है। शिष्यों तथा प्रशिष्यों की भी लम्बी परम्परा है, राज मन्दिर नेरटी का शोध पुस्तकालय। पुस्तक संस्कृति को बढ़ावा देने के लिये एक सार्थक प्रयास इन्होंने किया है। लोक संस्कृति को अगली पीढ़ी तक सम्प्रेषित करने का सराहनीय योगदान डॉ. व्यथित को महत्वपूर्ण पायदान पर प्रतिष्ठित करने में साक्ष्य है। इनके व्यक्तित्व व कृतित्व का उद्घाटन पुस्तक कर्ताओं ने किया है। सुरेश शर्मा का डॉ. व्यथित को समस्त एवं समग्र रूप मे मूल्यांकित करता यह पुस्तक महत्वपूर्ण होगा क्योंकि सुरेश शर्मा संगीत व भाषा के साथ-साथ भावना की दृष्टि से भी समृद्धि-सम्पन्न हैं।

श्री प्रभात शर्मा

(पूर्व हिमाचल प्रशासनिक अधिकारी एवं साहित्यकार)

डॉ. गौतम शर्मा व्यथित से सम्बंधों की पृष्ठ भूमि पर पूछे गये प्रश्न के उत्तर में प्रभात जी ने कहा कि व्यथित जी से मेरे सम्बन्ध वर्ष 1969 से हैं। उस समय राजकीय उच्च पाठशाला शाहपुर जिला काँगड़ा में पढ़ाते थे। मैं उनके पास सन् 1969-70 व 1970-71 दो वर्ष कक्षा नवमीं व दसवीं में पढ़ा हूँ। वह हिन्दी के अध्यापक थे। पाठशाला में सांस्कृतिक कार्यक्रम करवाने का दायित्व उन्हीं के पास था। जब मैनें नवमी कक्षा में राजकीय उच्च पाठशाला शाहपुर में प्रवेश लिया तो मुझे लोक गीत, लोक नृत्य एवं भाषण कला की प्रतिभा को निखारने के लिये डॉ. गौतम व्यथित जी का सानिध्य प्राप्त हुआ। इस पाठशाला में सांस्कृतिक कार्यक्रमों के संचालन का कार्यभार डॉ. गौतम शर्मा व्यथित के पास ही होता था। नवमी एवं दसवीं कक्षा में दो वर्ष की अवधि में अनेकों विद्यालीय एवं अन्त-विंद्यालीय तथा राजकीय कार्यक्रमों मे लोक नाटक, लोक गीत, लोक नृत्य एवं भाषण प्रतियोगिताओं में मुझे अवसर मिलता रहा। इस प्रकार के कार्यक्रमों से मैं मंच

भय से मुक्त होकर डॉ. गौतम शर्मा व्यथित के मार्गदर्शन एवं सानिध्य में कई मंचों पर प्रस्तुतियां देता रहा। एक सक्रिय एवं श्रेष्ठ अध्यापक के रूप में डॉ. व्यथित ने कई विधार्थियों को अपने ज्ञान एवं शिक्षण से प्रभावित कर उनकी मंच प्रतिभा तथा उत्साह को बढ़ाने के लिये अनेक अवसर सृजित कर उन्हें मंच प्रदान किया।

लोक संगीत के संरक्षण एवं संवर्धन में डॉ. गौतम शर्मा व्यथित के योगदान पर प्रकाश डालते हुये प्रभात शर्मा जी का कहना है- काँगड़ा जनपद के लोक संगीत पर सबसे अधिक और प्रमाणिक पुस्तक डॉ. गौतम शर्मा 'व्यथित' ने किया है। इनका प्रलेखीकरण भी इनके ही द्वारा किया गया है। इन्हें काँगड़ा जनपद के लोक साहित्य एवं लोक संस्कृति का चलता-फिरता संस्थान कहें तो इसमें कोई भी अतिशयोंक्ति नहीं होगी। इन्होंने काँगड़ा जनपद के साथ-साथ पूरे हिमाचल प्रदेश में भ्रमण करके उन क्षेत्रों के लोक गीतों का संचयन, संपादन एवं लेखन करते हुये प्रलेखीकरण (Documentation) किया है। क्षेत्रीय बोली के लोक गीतों को हिन्दी भाषा में रूपान्तरित भी किया है। काँगड़ा का 'झमाकड़ा' लोकगीत जो कि बारात दुल्हन के घर जाने के उपरान्त स्त्रियों द्वारा अभिनय करते हुये गाया जाता है उसे अन्तर्राष्ट्रीय स्तर तक पहचान दिलाई है। लोक संस्कृति एवं हिमाचली पहाड़ी ग़ज़ल संग्रह पर इन्हें हिमाचल भाषा एवं संस्कृति अकादमी की ओर से दो बार प्रथम पुरस्कार प्राप्त हुये हैं। राष्ट्रीय पुस्तक न्यास, भारत द्वारा भी लोक संस्कृति के संरक्षण एवं संवर्धन हेतु कई पुस्तकें प्रकाशित हो चुकी हैं। इन्हें हिमाचली भाषा एवं साहित्य विशेष योगदान हेतु साहित्य अकादमी दिल्ली द्वारा भाषा सम्मान भी मिल चुका है। सन् 1974 में काँगड़ा लोक साहित्य परिषद् (पंजीकृत) स्वैच्छिक संस्था नेरटी काँगड़ा के

संस्थापक निदेशक के रूप में चिरकाल से लोक संगीत एवं नृत्य तथा नाटकों का मंचन हर वर्ष परम्परा उत्सव के रूप में किया जाता है इससे हमारी लोक संस्कृति को बचाये रखने में सहयोग मिलता है। ऐसा लगता है कि डॉ. गौतम शर्मा व्यथित के बाद की पीढ़ी लोक संस्कृति को बचाने का प्रयास बहुत कम करेगी। जो पुस्तकें इन विषयों पर डॉ. गौतम शर्मा 'व्यथित' ने लिखी हैं। उनको पढ़ने के बाद ही जान कारी प्राप्त होगी कि काँगड़ा के लोक गीत, लोक नाट्य एवं लोक संस्कृति कितनी समृद्ध रही हैं।

काँगड़ा जनपदीय लोक नाट्य 'भगत' के उत्थान में डॉ. व्यथित के पर प्रश्न पूछने पर प्रभात शर्मा ने बताया कि "डॉ. गौतम शर्मा व्यथित ने लोक संस्कृति को बहुत नजदीकी से निहार कर उसका प्रलेखीकरण यानि दस्तावेजीकरण किया है। भगत परम्परा जो काँगड़ा जनपद के गांव में अभिनीत की जाने वाली नाट्य परम्परा है। यह नाट्य धर्मी और लोक धर्मी परम्परा को भी स्पष्ट करती है। इस परम्परा को निभाने वाले विभिन्न कलाकारों से डॉ. गौतम शर्मा व्यथित का सीधा सम्वाद हुआ है जिसका परिणाम है कि इन्होंने लोक नाट्य परम्परा में भगत पर सन् 1999 में सम्पूर्ण अध्ययन एवं पुस्तक करने के उपरान्त एक पुस्तक लोक साहित्य को दी है। यह पुस्तक यहां के जीवन की लोक नाट्य परम्परा को एक सम्पूर्ण घरातल पर प्रस्तुत करने वाली श्रम साध्य पुस्तक के रूप में प्रस्तुत की गई है। बहुत से भगतियों के डेरेदारों से इन्होंने सम्पर्क कर उसके उत्थान के लिये श्रम साध्य प्रयास करके उन्हें प्रकाश में लाया है।

प्रभात जी का कहना है कि मैं स्वयं शाहपुर रैत का रहने वाला हूँ और अपने बाल्यकाल में अनेकों बार भगत परम्परा का मंचन अपनी आंखों से देखा है। यह मंचन घरों से दूर फसल कट जाने के उपरान्त खाली पड़े खेतो मे किया जाता रहा है। इसमें केवल

पुरुष ही दर्शक रूप में होते हैं, स्त्रियाँ प्रायः भगत नाट्य में नहीं जाती हैं। कई बार इसमें अश्लील हास्य व्यंग्य विनोद शैली में अभिव्यक्ति की परम्पर रही है। कई भगतियों को मैंने नज़दीक से देखा है उनके भगत नाट्य परम्परा के अभिनय को भी साक्षात् कई बार मुझे अपने ही गाँव में देखने का सुभवसर प्राप्त हुआ है।

काँगड़ा जनपदीय लोक नाट्य भगत परम्परा के उत्थान में प्रस्तोता तथा संरक्षक एवं संवर्धक के रूप में जो कार्य डॉ. गौतम व्यथित ने किया है वह शायद ही किसी व्यक्ति, संस्था या किसी सरकारी व्यवस्था ने किया है।

डॉ. व्यथित ने इन ग्रामीण नाट्य कलाकारों की नाट्य परम्परा पर निरन्तर शोध कर उन्हें सामाजिक एवं आर्थिक रूप से प्रोत्साहित किया। नाट्य मण्डलियों के डेरेदारों तथा कलाकारों को इकठ्ठा कर प्रशिक्षित कर उन्हें नगरीय मंच पर लाना उनका लोक संस्कृति के क्षेत्र में बहुत बड़ा योगदान है। इस दिशा में निरन्तर पुस्तक कर इस नाट्य परम्परा के संरक्षण के लिए पुस्तकें लिख कर प्रकाशित करवाना इसे भविष्य में जीवतं रखने के लिये इनके प्रयास सामाजिक दृष्टि से अतिसराहनीय हैं।

कांगड़ा लोक साहित्य परिषद् ने कई भगतियों को अपनी कला दिखाने का मौका दिया है। इस प्रकार उन्होंने उनकी नाट्य परम्परा पर पुस्तक करके नाट्य मण्डलियों को एक साथ बिठाया ताकि एक दूसरे के कृत्य को देखकर उसमें नवीनता लाई जा सके। वर्तमान में लोक नाट्य परम्परा भगत लगभग समाप्त हो चुकी है। यह गांव तथा समाज के मनोरंजन का एक मात्र साधन था। अब गांव के लिये मनोरंजन के बहुत सारे साधन हो गये हैं। गांव की परम्परायें जो प्राचीन समय से इस परिवेश में प्रचलित थी, अब लगभग समाप्त हो गई हैं। वर्तमान में भगतिये डेरे तथा उनके कलाकार न के बराबर हैं। अगली पीढी ने इस परम्परा को

सीख कर सामाजिक निर्वहन नहीं किया। इसके अतिरिक्त डॉ. गौतम शर्मा 'व्यथित' जैसे प्रोत्साहन देने वाले व्यक्ति भी समाज में नहीं हैं। नई पीढ़ी बुजुर्गों की सलाह मानने को तैयार नहीं है। उन्हें पता नहीं कि परिवार के संगठित रहने से समाज संगठित होता है तथा जब समाज संगठित होता है तो राष्ट्र संगठित होगा।

डॉ. गौतम शर्मा 'व्यथित' से सम्बन्धित किसी संस्मरण पर पूछने पर प्रभात शर्मा ने बताया कि- "डॉ. गौतम शर्मा 'व्यथित' जी मेरे लिये एक आदर्श शिक्षक एवं मार्गदर्शक रहे हैं और आज भी उसी भूमिका में हैं। साहित्य रचना में आज भी मार्ग दर्शन तथा रचना धर्मिता के लिये प्रेरणा देते रहते हैं। अपने विद्यार्थी जीवन में जब मैं नवमी एवं दसवीं कक्षा में शाहपुर पाठशाला मे पढता था तो उस समय मुझे डॉ. व्यथित से साहित्य सृजन की प्रेरणा मिलती रहती थी यद्यपि यह पाठशाला मेरे घर से आठ किलोमीटर की दूरी पर थी। मैं पाठशाला के साथ ही एक घर मे रहता था। उस समय पाठशाला के प्रांगण में छुट्टी होने के उपरान्त शाम को कवि गोष्ठी का आयोजन होता रहता था। इन संगोष्ठियों में बैठने की व्यवस्था करने की जिम्मेदारी मेरी होती थी। दरियां बिछाना, कुर्सियां लगाना तथा अन्य व्यवस्थायें करना उन्हें उठाना भी मेरा ही दायित्व होता था। मैंने उस समय के प्रतिष्ठित कवियों एवं साहित्यकारों को नज़दीक से सुना तथा समझा है। उनमे प्रेम सागर 'पालमपुरी', शम्मी शर्मा, देश राज डोगरा से मेरा परिचय रहा। अब ये तीनों उच्च कोटि के कवि तथा शायर इस दुनियां में नहीं हैं। शाम के समय इन सभी की खाने-पीने की व्यवस्था करने का जिम्मा डॉ. गौतम व्यथित मुझे ही सौंपते थे"।

एक लोक संस्कृति के सजग प्रहरी के रूप में डॉ. गौतम शर्मा व्यथित ने लोक संगीत, लोक नाट्य, लोक साहित्य तथा लोक कलाओं को संरक्षण दिया है। उन्होंने अपना सम्पूर्ण जीवन कला

एवं कलाकारों को सबल बनाने के लिये अर्पित कर दिया। डॉ. व्यथित के सानिध्य में रहकर साहित्य की बारीकियों को सीखने का अवसर मिला जिसके लिये आज भी उनके सम्पर्क में रहता हूँ तथा साहित्य सृजन की उलझनों का समाधान उन्हीं से पाता हूँ।

डॉ.युगल किशोर डोगरा

(पूर्व प्राध्यापक एवं वरिष्ठ साहित्यकार)

साहित्य की मूल चेतना परिवेशों में पलती है। कोई भी साहित्यकार अपने परिवेश, तथा सांस्कृतिक एवं पारिवारिक विरासत से आंखें मूंद कर अपने व्यक्तित्व का निर्माण नहीं कर सकता और न ही अपनी कला को पुरुषार्थमयी बना सकता है। उसका परिवेश और उसकी पारिवारिक पृष्ठभूमि उसके जीवन को प्रत्यक्ष अथवा अप्रत्यक्ष रूप से अवश्य प्रभावित करते हैं। समाज

स्वीकृत कोई भी उदात्त व्यक्तित्व कई धनात्मक संप्राप्तियों का समाहार होता है और इसी से वह अपने पाठकों तथा प्रशंसकों के बीच उनके आदर्श का हेतु बनता है। डॉ. गौतम शर्मा व्यथित का व्यक्तित्व और उनका रचना कर्म सभी सहृदय चिंतकों तथा पाठकों के लिए प्रेरक भी है और मार्ग दर्शक भी। लोक साहित्य और लोक-संस्कृति के उन्नयन हेतु अपने लेखन के माध्यम से जो शोधात्मक व मौलिक कार्य डॉ.व्यथित जी ने किया है वह हमारी आगामी पीढ़ियों के लिए एक अमूल्य निधि है। अपने साहित्यिक सरोकारों का निर्वाहन करते हुए डॉ. व्यथित की लेखनी से कविता, कहानी, उपन्यास, नाटक, निबंध, संस्मरण आदि सभी विधाओं पर अपने वैविध्य पूर्ण लेखन के माध्यम से हिमाचली लोक-संस्कृति, परम्पराओं, लोकाख्यानों को लेकर बड़ा प्रामाणिक और सटीक लिखा गया है। वे उम्र के इस पड़ाव पर भी सक्रिय हैं और उनका लेखन निरंतर, अनवरत रूप से गतिशील है। अभी हाल ही में उनकी एक पुस्तक "किरले दियां सरपटां", उपन्यास "विपाशा का गांव" तथा एकांकी नाटक "समै रा सच्च" प्रकाशित हुए हैं। डॉ. गौतम शर्मा व्यथित जी से मेरा बड़ा आत्मीय और पारिवारिक संबंध रहा है, विशेष कर कांगड़ा लोक साहित्य परिषद् के गठन के बाद तो हमारा नैकट्य और अधिक बढ़ता गया तथा परिषद् के तमाम सभी समारोहों एवं आयोजनों में उनका सान्निध्य निरंतर मिलता रहा। मैंने उनसे बहुत कुछ सीखा और उनकी प्रेरणा एवं मार्गदर्शन से ही मैं अपने व्यवसाय व अपनी शैक्षिक योग्यता में निरंतर सुधार लाता गया। मेरा सौभाग्य कि मैं उनकी प्रेरणा से ही पंजाब विश्वविद्यालय चंडीगढ़ में पीएचडी कर ने हेतु प्रेरित हुआ और मेरे शोध विषय के निर्देशक रहे श्रद्धेय डॉ. मैथिली प्रसाद भारद्वाज से परिचय उनके माध्यम से ही हुआ। यही नहीं, मैं जो कुछ भी आज तक लिख सका हूं, मेरे साहित्यिक रचना

कर्म के पीछे भी डॉ. व्यथित जी की प्रेरणा और उनका आशीर्वाद रहा है।

हिमाचली लोक-संस्कृति के पुरोधा के रूप में डॉ. व्यथित के योगदान को कभी विस्मृत नहीं किया जा सकता।

लोक संस्कृति और लोक परम्पराओं के उन्नयन, संवर्धन और उन्हें अक्षुण्ण बनाए रखने के लिए डॉ. व्यथित के प्रयास निस्संदेह सराहनीय हैं। उनके द्वारा संगृहीत-संरक्षित लोकगीतों, लोक नृत्यों, लोक कथाओं, लोक नाट्यों और लोक रीति-रिवाजों, संस्कारों से हिमाचली लोक-संस्कृति को एक असीम ताकत मिली है जो आने वाली पीढ़ियों के लिए एक वरदान साबित होगी।

एक साधारण संस्कारी परिवार में जन्मे, पले, बढ़े डॉ.व्यथित जी के चिंतन का गांभीर्य और उनकी लेखकीय दक्षता अनुकरणीय है।उनका समग्र शोध परक लेखन लोक-संस्कृति और लोक संस्कारों पर ही केन्द्रित रहा है।

उनकी सशक्त लेखनी से हिमाचली लोक-संस्कृति और अधिक पुष्ट बने यही शुभेच्छा है।

डॉ. नरेश शर्मा

(वरिष्ठ प्राध्यापक)

A renowned professor of English says about Dr. Gautam Vyathit- "Dr. Gautam Sharma Vyathit's contribution for folk songs folk theatre of Himachal and literature in particular and diction can never be equalised in the times to come as modern generation is wedded to mobile phones and divorced to books, you will always Keep on teaching the coming generations as he is the true connoisseur of literature and a walking encyclopedia. I always feel Bankruptcy of words to write and speak something about him. Budding writers must sit in his feet to put the language, Himachali culture in the hole of lock.

His humility and down to earth nature makes him more sweet and adorable scholar".[1]

पवनेंद्र पवन

(शिक्षक एवं साहित्यकार)

डॉ. गौतम 'व्यथित' के बारे में विचार प्रकट करते हुये कांगडा जनपद के प्रतिष्ठित साहित्यकार पवनेद्र 'पवन' कहते हैं- "हिमाचल प्रदेश की संस्कृति के संरक्षण, संवर्धन एवं इसके प्रति लोगों में जागृति पैदा कर इसे जीवन्त रखने में डॉ. गौतम शर्मा व्यथित का महत्त्वपूर्ण योगदान है। सन् 1974 में कांगड़ा लोक साहित्य परिषद् का गठन कर इसके माध्यम से वर्षों तक जिला कांगड़ा के दूर दराज क्षेत्रों तक लोक गीत, लोक संगीत, लोक नाट्य की स्पर्धायें करवाकर न केवल आने वाली पीढ़ियों में लोक संस्कृति के प्रति लगाव ही पैदा किया बल्कि लुप्त हो रहे नृत्यों,

---

[1] डॉ. नरेश शर्मा सह-प्राध्यापक राजकीय महाविद्यालय, धर्मशाला साक्षात्कार 25 जून, 2022

लोक गीतों, भाषाओं को पुनर्जीवन भी दिया। गाथाओं को लिपिवद्ध कर पुस्तकों में सहेजा बल्कि मानव संसाधन मन्त्रालय व संगीत नाटक अकादमी के सहयोग से गद्दी देव परम्परा, काँगड़ा क्षेत्र में चेता लोक गायन, काँगड़ा क्षेत्र महिला लोक उत्सव, भीति व भूमि चित्र कला, पारम्परिक ऐंचली गायन, काँगड़ा क्षेत्र के मन्दिरों की भीति चित्रकला, काँगड़ा जनपद के पखड़ू लोक गायन, बारह मासा गीत, चन्द्रावली नृत्य, लोक वाघ यन्त्रों आदि का वीडियो दस्तावेजीकरण द्वारा इनका संरक्षण निश्चित किया। इसके अतिरिक्त समय-समय पर लोक संस्कृति आधारित सैमिनारो का आयोजन भी राजमन्दिर परिसर मे होता रहता है। काँगड़ा क्षेत्र की लोक प्रिय नाट्य विद्या रास भगत का समय-समय पर मंचन करवा कर इसकी घूम अन्य प्रदेशों तक पहुँचाने का श्रेय भी डॉ. गौतम जी को ही जाता है"। [1]

दस्तावेजीकरण तथा आर्थिक संसाधनों पर अपने विचार प्रकट करते हुए पवनेन्द्र 'पवन' का कहना है कि-

"काँगड़ा लोक साहित्य परिषद् ने अब तक संगीत नाटक अकादमी दिल्ली, संस्कृति मन्त्रालय के आर्थिक सहयोग से 14 संस्कृति संबंधी परम्पराओं पर डाक्यूमेंट्री बनाई है जिनके आधार पर पुस्तक परक योजनायें संभव हैं इसके अतिरिक्त एक दस्तावेजी डाक्यूमैन्ट्री हिमाचल प्रदेश भाषा संस्कृति विभाग के लिये भी जिला काँगड़ा के जीवित स्वतन्त्रता सेनानियों के साक्षात्कारों पर आधारित कर विभाग को दी है। इन सभी परियोजनाओं पर 30-40 हजार रुपये के बीच ही उपर्युक्त स्थानों से आर्थिक सहयोग मिलता रहा जिसमें परियोजना प्रस्ताव, सर्वेक्षण, संपर्क यात्रा व्यय, पारिश्रमिक, आयोजन, साक्षात्कार, वीडीयोग्राफी, संपादन, आडिट आदि सभी व्यय समाहित रहते हैं।

---

[1] श्री पवनेन्द्र 'पवन' नगरोटा बगवां से प्राप्त जानकारी, 22 जनवरी 2022

परन्तु परिषद् ने जितना कार्य किया है उसके लिये इतना कम सहयोग प्याप्त नहीं था। ”

आज भी डॉ. गौतम ’व्यथित’ अपनी उर्जा और संकल्प से लोक संस्कृति के प्रति समर्पित होकर कर्मशील हैं। मैं उनके स्वस्थ एवं दीर्घायु होने की कामना करता हूँ। [1]

डॉ. सतीश ठाकुर

(सह-प्राध्यापक संगीत गायन)

सतीश ठाकुर का कहना है कि- ”वर्तमान में डॉ. गौतम शर्मा ’व्यथित’ हिमाचल की कला तथा संस्कृति के क्षेत्र में एक जाना पहचाना नाम है। इन्होंने अपने जीवन में कठिन परिश्रम करते हुए कला तथा संस्कृति को संजोने तथा भविष्य की पीढ़ियों के लिये पहाड़ी तथा हिन्दी में अनेको पुस्तकें लिखी जो कि वर्तमान में

---

[1] बाणेश्वरी पत्रिका संयुक्तांक 298-299, 31 दिसम्बर 2022

कला, लोक संगीत, लोक नाट्य तथा लोक संस्कृति के क्षेत्र में युवा पुस्तक कर्ताओं के लिये संजीवनी का कार्य कर रही हैं।

डॉ. गौतम शर्मा द्वारा स्थापित काँगड़ा लोक साहित्य परिषद् पर अपने विचार प्रकट करते हुए डॉ. सतीश का कहना कि एक सरकारी पाठशाला मे अध्यापक के रूप मे कार्य करते हुये डॉ. व्यथित ने इस परिषद् की स्थापना करने के पश्चात काँगड़ा जनपद के लोक गायकों, लोक नृतकों, लोक वादकों, लोक नाट्यकारों तथा पहाड़ी के कुछ कवियों को शामिल किया जिनमें काँगड़ा के लोक संपर्क विभाग के कलाकार कमल हमीरपुरी, ब्रह्मचारी मास्टर प्रकाश, विमला राणा, पण्डित किशोरी लाल तथा जोगिन्द्रा आदि प्रमुख थे। इसी के साथ नवोदित कलाकारों में कुमारी मीनाक्षी शर्मा, सतीश ठाकुर, रेणु शर्मा, संगीता गौतम, दुर्गेश तथा काँगड़ा के रहने वाले आकाशवाणी शिमला के मशहूर हास्य कलाकार रिड़कू राम थे स्वर्गीय प्रेम भारद्वाज तथा कमल हमीरपुरी परिषद् के कार्यक्रमों में मंच संचालन का कार्य करते।

कांगड़ी महिला लोक नृत्य झमाकड़ा के बारे में डॉ. सतीश का कहना है कि इस नृत्य को जो पहचान विदेश में मिली है उसका श्रेय डॉ. व्यथित को जाता है। इन्होंने सर्वप्रथम विभिन्न पाठशालाओं की स्थानीय छात्राओं को इकट्ठा कर उनकी कार्यशालायें आयोजित कर काँगड़ा लोक साहित्य परिषद् के मंच पर प्रतियोगितायें करवाई। इन्होंने लोक वाद्य कलाकारों को प्रोत्साहन देते हुए नंगाड़ा, शहनाई, नरसिंगा झमाकड़ा के साथ बजाकर न केवल भारत में बल्कि इंग्लैंड तथा जर्मनी में भी इस नृत्य को लोक प्रिय किया।

इन्होंने ही चढ़ी पाठशाला के बच्चों सतीश ठाकुर यानि मुझे और सुमंगला की जोड़ी बनाकर चन्द्रवती लोक नृत्य को विद्यालयों तथा महाविद्यालयों से लेकर राजधानी शिमला तथा

युवा समारोहों में प्रस्तुतियां दिलवाई जो लोगों को बहुत भाई। डॉ. गौतम व्यथित ने भगत लोक नाट्य को जालन्धर दूरदर्शन तक पहुंचाया। कोदरू राम और पार्टी जो कि भगत में निपुण थी उसको विभिन्न मंचों पर स्थान दिलवाकर लोक नाट्य संस्कृति को जीवन दान दिया।

डॉ. गौतम शर्मा व्यथित का संस्कृति, हिन्दी साहित्य, लोक साहित्य, लोक कलाओं तथा कथाकार, कवि, नाटककार, उपन्यासकार, आलोचक तथा विश्लेषक के रूप में बहुत ही लम्बा अनुभव है। समय-समय पर डॉ. गौतम व्यथित के व्यक्तित्व के बारे में विभिन्न समाचार पत्रो, पत्र-पत्रिकाओं में विद्वानों के विचार छपते रहे हैं। इनके समग्र मूल्यांकन में इन बिंदुओं को भी शामिल करना पुस्तक की आवश्यकता है। उनके समग्र मूल्यांकन हेतु उनके कार्य से परिचित, पुस्तक कर्ताओं, कलाकारों, शिक्षकों तथा संस्कृति कर्मियों के विचार इस प्रकार हैं।

भारतीय प्रशासनिक सेवा अधिकारी एवं विख्यात लेखक श्री श्री निवास जोशी डॉ. व्यथित के बारे में कहते हैं-

"He is the authority on folk theatre especially that of the Kangra region but his book 'Ghiana' which means a fire lit in the open for warmth, contains 22 pahari plays. Besides several books to his credit his greatest contribution has been to promote and popularise 'Jhamakara' folk dance and being it to the stage from the closed doors of a ready-to-weading house. Earlier, women used to have festivily in the house and sing 'Jhamakara' cutting jokes on the ralatives of the bride and the bridegroom, 'Jhamakarya-Jhamakarya, Name

mangaa aayaa Vo Jhamakarya-Jhamakarya' on the right of the defectives of the boraat".[1]

कांगड़ी विवाह परम्परा के रीति-रिवाजों का संकलन, सम्पादन तथा निर्देशन कर उसको कोरियोग्राफ करना डॉ. व्यथित का काँगड़ा संस्कृति में बहुत ही मुख्य एवं सराहनीय कार्य है।

श्री श्री निवास जोशी जी का कहना है-

"Dr. Vyathit Choreographed the dance which today, is one of the popular folk dances of Himachal Pradesh and Kangra women breaking the old age shackles perform it with gay abondon. He constituted 'Kangra Lok Sahitya Parishad in 1974 at Nerti as founder director and organised women groups to initiate their way to the stage for public performances, offshore it struck a chord with the populance of West Germany, England and in India; 'Jhamakra' is enjoyed all over".[2]

काँगड़ा जनपदीय लोक संस्कृति के विकास, उत्थान, संरक्षण स्वं संवर्धन के लिये वर्ष 1974 में डॉ. गौतम द्वारा स्थापित कांगड़ा लोक साहित्य परिषद् एक वरदान सिद्ध हुई।

"With the formation of 'Kangra Lok Sahitya Parishad' in November 1974, the place has started humming with literacy and cultural activities and the motivating fouce behind it is Dr. Gautam Vyathit who has donated 1500 plus books to the parishad to be used as literary for common man and has developed an open air theatre where about a thousand people consists and enjoy the preceedings".[3]

---

[1] Shriniwas Joshi, The Tribune, 13 April 2015
[2] Shriniwas Joshi, The Tribune, 13 April 2015
[3] Shriniwas Joshi, The Tribune, 13 April 2015

Dr. Gautam Sharma 'Vyathit', who has been honoured for his contribution in folklor and culture of Kanga is working hard to preserve the folk culture of the hill state says in an interview-

"I have done my very best to called, policies and preserve the folklore of Himachal Pradesh. Through my books and through the Kangra the Kangra Lok Sahitya Parishad, I hope to reach out to scholars who will need help in this field, as well as for comparative studies will folklore from other parts of India. Our country has a very rich culture and oral literacy heritage which every one of us should be immensly proud of, says the proud Champion of Himachal folklore".[1]

डॉ. गौतम 'व्यथित' के लोक संस्कृति, लोक संगीत, लोक साहित्य तथा लोक नाट्य में दिये गये योगदान के बारे मे प्रदेश के वरिष्ठतम पत्रकार तथा 'लोकतन्त्र सेनानी' पुरुस्कार प्राप्त पण्डित जय कुमार का कहना है- "मैने यह पाया कि प्रदेश में शायद ही ऐसा कोई दूसरा व्यक्ति हो जिन्होंने लोक कलाओं, लोक साहित्य तथा लोक संस्कृति पर इतना विस्तृत कार्य किया हो। डॉ. गौतम ने अपने जीवन में कलाओं को सहेजने तथा उनके विकास के साथ भविष्य की पीड़ी को प्रेषित करने में बहुत परिश्रम किया है तथा मुझे संतोष भी है कि हिमाचल प्रदेश सरकार ने उनके कार्यो के लिये हिमाचल गौरव से सम्मानित भी किया है जिससे उनको पहचान भी मिली है"। [2]

---

[1] An Interview by Aparna Menon in Times of Shimla

[2] पण्डित जयकुमार पत्रकार, लेखक एवं साहित्यकार भेंटवार्ता निवास स्थान बिलासपुर, 21 अगस्त 2022

डॉ. गौतम व्यथित पर सांस्कृतिक, साहित्यिक तथा लोक संगीत पर चर्चा करते हुये द ट्रिब्यून के हिमाचल प्लस अंक ने लिखा-

"There are very few people in this hill state who preserve its folk culture and dedicate their lives to this cause. One name that figures among the top is that Dr. Gautam Sharma Vyathit. Dr. Gautam Sharma 74 recently submitted an anthology of Himachal traditional love songs of all regions of the state to the National Book trust of India, which was ouchted as his fifth contribution of the preservation of the culture and traditions of Himachal".[1]

डॉ. व्यथित द्वारा सम्पादित पत्रिका वाणेश्वरी तथा कांगड़ी परम्परागत लोकगीतों के संकलन तथा दस्तावेजीकरण के रूप में उनका योगदान सांस्कृतिक दृष्टि से बहुत ही महत्वपूर्ण है।

"Vyathit, editor of Baneshwari, a fortnightly has authored books in Pahari and Hindi, including monographs and books on folklore and literature. He has collected and published Pahari folk songs, including Himachali lokkaavya Baarahmaasa and Dhoraroo-Chaiti Gaathaye. His important works in Hindi are 'Kangra Lokgeet', Himachal Pradesh Lok Sanskriti and Sahitya, Himachal ki Lok Natya Parampara Bhagat and Himachali Grameen Rangmanch Yatra".[2]

Awarding with Excellence Awards 2013 Himachal This week says about Dr. Gautam Vyathit-

"Dr. Gautam Vyathit is a renowned authority on folk acts and culture in Himachal. He is credited

---

[1] Himachal Plus, The Tribune, Preservation of Pahari Culture

[2] Himachal Plus, The Tribune, Preservation of Pahari Culture, 11 April 2012

with promoting and popularizing Kangri dance, 'Jhamakara', performed during the marriage recemony since 1974. Though songs and dance steps were prevalent but Dr. Vyathit composed and choreographed Jhamakara ritual performed during a marriage from the beginning to end as earlier women were not allowed to perform on stage".[1]

Recommending the name of Dr. Gautam Vyathit for the nomination as member in Sahitya Akademi Sh. M. k. Kaw Joint Secretary, Ministry of Defence, Govt. of India, New Delhi Says-

I know Dr. Gautam Vyathit, Director of Kangra Lok Sahitya Parishad, personally. He has been engaged in the resurgence of various folk forms in dance and drama. In the last quarter century and is totally dedicated to this task.[2]

डॉ. व्यथित के मुख्य कार्यों का विश्लेषण एवं समग्र मूल्यांकन

डॉ. गौतम शर्मा व्यथित एक बहुयामी व्यक्तित्व हैं। एक संवेदनशील व्यक्तित्व होने के साथ वे एक उच्च कोटि के शिक्षक, विचारक, चिन्तक, साहित्यकार, कला संरक्षक, शोध कर्ता, लेखक तथा सक्रिय संस्कृति कर्मी रहे हैं। अपने व्यवसायिक जीवन में वे प्रदेश की लोक कलाओं, लोक संस्कृति को सहेजने तथा बचाने के लिये अनन्त कार्य कर चुके हैं जिसे एक शोध कार्य में वर्णित करना असंभव है। डॉ. गौतम व्यथित अपने व्यवसायिक जीवन में विभिन्न भूमिकाओं में रहे हैं। लोक कला तथा लोक संस्कृति के क्षेत्र में संरक्षण एवं संवर्धन के उद्देश्य से वे अनन्त

---

[1] Rajiv K. Phull, Himachal this week, 7th December 2013

[2] Sh. M. K. Kaw Joint secretary Ministry of Defence, 4th January 1991

लेखन कार्य कर चुके हैं जो कि भविष्य की पीढ़ियों के लिये अमूल्य है। संस्कृति कर्मी के रूप में उनके विभिन्न महत्वपूर्ण कार्यों पर विचार करना उनके व्यक्तित्व एवं उनके समग्र मूल्यांकन की दृष्टि से अति आवश्यक है।

काँगड़ा लोक साहित्य परिषद् की स्थापना

डॉ. गौतम शर्मा 'व्यथित' द्वारा हिमाचल प्रदेश विशेषकर काँगड़ा जनपदीय संस्कृति, लोक संगीत तथा लोक नाट्य में दिये गये मूल्यांकन करते हुये उनके द्वारा स्थापित कांगड़ा लोक साहित्य परिषद् पर चर्चा करना आवश्यक हो जाता है। यह एक पंजीकृत संस्था है जो कि हिमाचल प्रदेश विशेषकर काँगड़ा जनपदीय लोक साहित्य, लोक संगीत, लोक गीत, लोक नाट्य, लोक नृत्य, लोक भाषा, लोक कलाकारों तथा गायक, वादक, एवं नृतकों के संरक्षण तथा संवर्धन के लिये समर्पित हैं। यह संस्था वर्ष 1973 में पंजीकृत है तथा डॉ. गौतम शर्मा 'व्यथित' इसके संस्थापक, निदेशक हैं। इस परिषद् के तत्वाधान में अनगिनत साहित्यिक, सांगीतिक तथा सांस्कृतिक कार्यक्रमों का आयोजन हो चुका है तथा अनेकों लोक गायन शैलियों, सांस्कृतिक विषयों, रीति-रिवाजों, परम्पराओं, लोक कलाओं, परम्पराओं, लोक नृत्यों, लोक संगीत, लोक नाट्यों का विभिन्न परियोजनाओं के माध्यम से वीडियो दस्तावेजीकरण हो चुका है। इस परिषद् के माध्यम से लोक कलाओं के भविष्य की पीढ़ियों के प्रेषण हेतु अनगिनत कार्यशालाओं का आयोजन हो चुका है। लोक कलाओं के प्रचार-प्रसार, संरक्षण तथा संवर्धन के उद्देश्य से स्थापित इस संस्था ने अनेको गायन, वादन, नृत्य तथा लोक नाट्य कलाकारों को मंच प्रदान कर उनको समाज में प्रतिष्ठित स्थान दिलाकर उनकी आर्थिकी को सुदृढ़ कर सामाजिक रूप से सम्मान दिलाया।

कांगड़ा लोक साहित्य परिषद् के तत्वाधान मे हर वर्ष 20-21 जून को दो दिवसीय 'परम्परा उत्सव' का आयोजन किया जाता है। राजमन्दिर स्थित ग्रामीण निष्पादन कला मंच, नेरटी के इस उत्सव में सभी ग्रामीण कलाओं तथा कलाकारों को अधिमान तथा सम्मान दिया जाता है। यह लोक साहित्य परिषद् लोक कलाकारों की कार्यशालायें आयोजित कर उन्हें मंच एवं अवसर प्रदान करती है। इस संस्था के तत्वाधान में वर्ष 1975 से अब तक कवि सम्मेलन, मुशायरे, पहाड़ी साहित्य चर्चा, आलेख वाचन, कार्यशालायें आयोजित करवाती रही हैं। काँगड़ा लोक साहित्य परिषद् ने संगीत नाटक अकादमी तथा संस्कृति मन्त्रालय भारत सरकार द्वारा आवेदित तथा स्वीकृत परियोजनाओं पर शोध सर्वेक्षण, संकलन, संपादन, वीडियो फिल्मांकन कर दस्तावेजीकरण कार्य किया है। परिषद्र अभी तक 15 परियोजनाओं पर दस्तावेजीकरण कार्य किया है।

परिषद् ने चंद्रावली पारंपरिक शर्द ऋतु लोक नृत्य सर्वेक्षण, संपादन तथा मंचीय प्रस्तुतियां, बाल, युवा कलाकारों को पूर्वाभ्यास तथा मंचीय प्रस्तुतियां दिलाकर कला एवं संस्कृति की सेवा की है। इसके लिए हिमाचल प्रदेश भाषा-संस्कृति विभाग तथा भाषा एवं संस्कृति अकादमी का आर्थिक सहयोग भी लिया जाता रहा है।

वर्षों से यह परिषद् झमाकड़ा, भगत, चंद्रावली, होरी तथा ढोलरु आदि परम्परागत लोक गायन शैलियों की प्रतियोगिताओं का आयोजन करवाती रही हैं।

काँगड़ा जनपदीय परम्परागत विवाह लोक नृत्य झमाकड़ा को राष्ट्रीय तथा अंतर्राष्ट्रीय स्तर पर पहचान दिलाने में भी परिषद् की अहम भूमिका रही है।

काँगड़ा लोक साहित्य परिषद् हर वर्ग के कलाकारों को पुरुस्कृत कर प्रोत्साहित करती रही है।

लोक संस्कृति के विभिन्न विषयों पर शोध कार्य करने के लिये परिषद् युवा लेखकों को प्रेरित एवं प्रोत्साहित करती है। इस संस्था के तत्वाधान में ग्रामीण कलाओं के संरक्षण एवं संवर्धन हेतु समय-2 पर कार्यशालायें आयोजित की जाती रही हैं। संस्था द्वारा सभी वर्गों, जातियों, सम्प्रदायों के लोक कलाकारों को मंच प्रदान किया जाता रहा है।

यह संस्था डॉ. गौतम शर्मा 'व्यथित' के निर्देशन मे लोक कलाओं के लिये लगभग पचास वर्षों से कार्य कर रही है। यह एक स्वैच्छिक संस्था है जो केवल लोक कला, लोक संगीत, लोक भाषा तथा लोक संस्कृति के लिये समर्पित है।

परंपरित विवाह लोक नृत्य झमाकड़ा प्रतिष्ठा

डॉ. गौतम 'व्यथित' एवं लोक परंपरित विवाह लोक नृत्य एक दूसरे के पूरक एवं पर्याय बन चुके हैं। विवाह के रीति-रिवाजों का संयोजन कर एक लोक नृत्य के रुप में आकार देने का श्रेय डॉ. गौतम शर्मा व्यथित को जाता है। काँगड़ा जनपद के परंपरागत विवाह संस्कार से उत्पन्न यह नृत्य आज हिमाचल प्रदेश के साथ-2 राष्ट्रीय एवं अंतर्राष्ट्रीय स्तर पर अपनी पहचान बना चुका है। शादी के रीति-रीवाजों का दर्शाता यह नृत्य मामा, नानू विनायक, तेल, सांद, उबटन, बारातियों के साथ गालियां देकर छेड़छाड़, स्त्रियों के आनंद, उल्लास, सिर गुंदी, विदाई तथा अंत में बधाई देने का एक गुलदस्ता सा बन चुका है। इस नृत्य को एक पूर्ण आकार देने के परिपेक्ष्य में डॉ. गौतम 'व्यथित' का संकलन, संयोजन, कोरियोग्राफी तथा निर्देशन मुख्य है। वर्तमान में कांगड़ी झमाकड़ा लोक नृत्य सभी प्रकार के सरकारी समारोहों, गैर

सरकारी कार्यक्रमों तथा प्रतियोगिताओं का अटूट अंग बन चुका है। पाठशालाओं, महाविद्यालयों तथा विश्वविद्यालयों के युवा समारोहों एवं प्रतियोगिताओं में काँगड़ा परम्परित महिला लोक नृत्य झमाकड़ा की प्रस्तुतियां देखने को मिलती रहती हैं।

लोक कलाओं के प्रदर्शन के लिए 'खुला मंच'

डॉ. गौतम शर्मा 'व्यथित' के प्रयासों से राजमन्दिर नेरटी, के परिसर में 'ओपन थियेटर' की स्थापना की गई है। लोक कलाओं के संरक्षण एवं संवर्धन हेतु ग्रामीण कलाकारों को मंच देने के उद्देश्य से इस लोक कला मंच की स्थापना की गई है। वर्ष भर विभिन्न लोक गीत, नृत्य, वाद्य शैलियों को लोक कलाकार इस मंच पर अपनी प्रस्तुतियां देना अपना सौभाग्य समझते हैं। युवा लोक कलाकारों को पेशेवर एवं वरिष्ठ कलाकारों द्वारा प्रशिक्षित करने के उदेश्य से कार्यशालाओं का आयोजन होता है तत्पश्चात उन्हें नगरीय मंच देने से पूर्व गांव नेरटी में स्थापित इस लोक रंग मंच पर अवसर प्रदान किया जाता है। इससे जहां प्रदर्शन का अभ्यास होता है वहीं पर ग्रामीण परिवेश के सामान्य कलाकारों में आत्म विश्वास भी पैदा होने लगता है। इसी मंच पर लोक नृत्य, लोक संगीत तथा लोक नाट्यों का मंचन होता रहता है। काँगड़ा जनपदीय लोक नाट्य भगत को नगरीय मंच पर प्रस्तुत करने से पहले नेरटी में बने इस ओपन थियेटर पर प्रस्तुति दिलवाई जाती है। ग्रामीण क्षेत्र मे 'ओपन थियेटर' की संकल्पना की पृष्ठभूमि में डॉ. व्यथित की विशेष भूमिका रही है।

लोक संस्कृति पुस्तकालय नेरटी

डॉ. गौतम शर्मा 'व्यथित' अनेक लोक कलाकारों, संस्कृति कर्मियों, साहित्यकारों, कलाकारों के लिये एक प्रेरक व्यक्तित्व

हैं। लोक संस्कृति के प्रचार-प्रसार संरक्षण एवं संवर्धन में डॉ. व्यथित ने निरंतर कार्य किया है। हिमाचल की संस्कृति के संरक्षण में डॉ. व्यथित ने एक वट वृक्ष के रूप में कार्य किया है। गौतम व्यथित एक शिक्षक, साहित्यकार चिन्तक, विश्लेषक तथा शोधकर्ता तथा संस्कृति कर्मी के रूप में जाने जाते हैं। डॉ. व्यथित लोक संस्कृतिकार, साहित्यकार तथा शोध कर्ता के रूप में जाने जाते हैं। डॉ. गौतम ने अनेक लोक संस्कृति के क्षेत्र में कार्य कर रहे शोधार्थियों का मार्गदर्शन किया है। हिमाचल की लोक कलाओं तथा संस्कृति के क्षेत्र में शोध कार्यों को सहायता के उद्देश्य से डॉ. गौतम शर्मा ने अपने ही गांव नेरटी के राजमन्दिर में काँगड़ा लोक साहित्य परिषद् के माध्यम से पुस्तकालय की स्थापना की गई है। डॉ. व्यथित के मार्गदर्शन तथा परामर्श से अनेकों शोधार्थी लोक संस्कृति के क्षेत्र में कार्य कर रहे हैं तथा यह पुस्तकालय शोध की दृष्टि से शोधार्थियों को शोध विषयक संभव सहायता प्रदान कर रहा है।

लोक संस्कृति पत्रिका 'वाणेश्वरी'

डॉ. गौतम शर्मा 'व्यथित' लोक कलाओं के संरक्षण एवं संवर्धन, प्रदर्शन, प्रचार एवं प्रसार के साथ-2 साहित्यकार के रूप में विभिन्न माध्यमों से सक्रिय हैं। सक्रिय, संस्कृति कर्मी के रूप में साहित्यकार, लेखक, विश्लेषक, समीक्षक, शोधकर्ता, सम्पादन, लोक कलाकार, लोक साहित्यकार, नाटककार, कविताकार, लोक नाट्यकार, उपन्यासकार के साथ-2 गौतम व्यथित ने अनेकों पत्र-पत्रिकाओं, समाचार पत्रों में लेखन कार्य किया है। काँगड़ा लोक साहित्य परिषद् की स्थापना के साथ ही डॉ. व्यथित ने वर्ष 1982 में त्रिमासिक पत्रिका 'बाणेश्वरी' का सम्पादन करना प्रारम्भ किया। लगभग पांच दशकों से छप रही तथा डॉ. व्यथित

द्वारा सम्पादित यह सांस्कृतिक पत्रिका प्रदेश की लोक कलाओं, परम्पराओं, लोक साहित्य तथा संस्कृति के लिये समर्पित है। इस पत्रिका में प्रदेश की लोक संस्कृति, परम्पराओं, लोक गीतों, लोक गाथाओं, लोक नाट्य तथा प्रदेश की समृद्ध लोक संस्कृति से सम्बन्धित लेख प्रकाशित होते रहते हैं। लोक कलाकारों, संस्कृति कर्मियों तथा शोध कर्ताओं के लिये यह पत्रिका बहुत ही उपयोगी एवं बहुमूल्य है।

इस पत्रिका के स्तर एवं सारगर्भित सामग्री एवं विषयों को लेकर पूर्व से ही प्रदेश के विशिष्ट जन-नायकों, प्रशासनिक अधिकारियों तथा साहित्यकारों ने अपनी अनुशंसा दी है।

"मुझे यह प्रसन्नता है कि काँगड़ा लोक साहित्य परिषद् अपनी पत्रिका 'वाणेश्वरी' प्रकाशित कर रही है। काँगड़ा का लोक साहित्य, कला तथा लोक नृत्य हिमाचली जीवन का अभिन्न अंग बन चुके हैं। इस जनपद का 'झमाकड़ा', रास-भगत, करियाला तथा बांठड़ा अपनी राष्ट्रीय पहचान बनाने में कामयाब हुए हैं। काँगड़ा लोक साहित्य परिषद् ने इन्हें विशिष्ट स्थान प्रदान करने में जो अथक प्रयास किये हैं वे सराहनीय हैं"।

शान्ता कुमार

पूर्व मुख्य मंत्री, हिमाचल प्रदेश

"लोक संस्कृति की गति, मिठास और सहजता लोक नृत्यों में ही मिलती है। काँगड़ा के लोक नृत्य एवं लोक नाट्यों के विकास और प्रसार में काँगड़ा लोक साहित्य परिषद् की भूमिका उल्लेखनीय है। परिषद् 'वाणेश्वरी' का प्रकाशन कर रही है"।

महाराज कृष्ण काव

पूर्व सचिव

भारत सरकार, दिल्ली

"बहुश्रुत कांगड़ा संस्कृति की पावन, सतत प्रवाह मती धारा के अमृत स्वाद के प्रति इतर अनुजों की रसना को लालायित करने की दिशा में काँगड़ा लोक साहित्य परिषद् का प्रयास भव्य रहा है। 'वाणेश्वरी' में लोकनृत्य एवं लोक गीत निकालने की योजना इस प्रयास में नये आयाम जोड़ती है"।

के. सी. शर्मा

पूर्व भारतीय प्रशासनिक अधिकारी

"पारम्परिक लोक नृत्य एवं लोक नाट्य वर्तमान समय में कई समस्याओं एवं खतरों से जूझ रहे हैं। तेजी से बदलते युग में इन्हें वो स्थान नहीं मिल रहा जो इन्हें मिलना चाहिये। इनसे जुड़े कलाकार अब अन्य व्यवसायों को अपना चुके हैं क्योंकि पुराने मूल्यों की कद्र नहीं हो रही। मनोरंजन की आधुनिक सुविधाओं ने प्राचीन लोक कलाओं को अत्यधिक प्रभावित किया और लोक नाट्य इत्यादि तो अब लुप्त हो रहे हैं। ऐसी परिस्थितियों में इनको संरक्षण देना परमावश्यक हैं। मुझे विश्वास है कि काँगड़ा लोक साहित्य परिषद् जिसके निदेशक डॉ. व्यथित है, इस दिशा में अपने प्रयास जारी रखेंगे ताकि भावी पीढ़ी अपनी सांस्कृतिक धरोहर से परिचित हो सके"।

सुदृप्त रॉय

पूर्व भारतीय प्रशासनिक अधिकारी

इसी प्रकार अनेको राजनेताओं, प्रशासनिक अधिकारियों, कला संस्कृति प्रेमियों, संस्कृति कर्मियों, लोक साहित्यकारों, संपादकों, लेखकों, पत्रकारों, विचारकों तथा बुद्धि जीवियों के डॉ. गौतम शर्मा 'व्यथित', उनके लोक संगीत, लोक नाट्य तथा लोक संस्कृति के क्षेत्र में किये गये कार्यों के लिये समय-2 पर अनेकों माध्यमों से अपनी प्रतिक्रियायें दी है जिससे यह प्रतीत होता है कि

डॉ. व्यथित ने अपना सम्पूर्ण जीवन लोक कलाओं के विकास, उत्थान तथा संरक्षण में लगा दिया।

हिमाचली लोक साहित्य, लोक संगीत एवं लोक नाट्य में शोध

डॉ. व्यथित ने अपने साहित्यिक जीवन में हिन्दी साहित्य में लेखन एवं नवीन सृजन करने के साथ हिमाचल प्रदेश की लोक कलाओं, लोक भाषा, लोक साहित्य, लोक संगीत तथा लोक नाट्य पर शोधकार्य कर प्रकाशित सामग्री में शोध परक अध्ययन कर संकलन भी किया। डॉ. गौतम शर्मा 'व्यथित' ने गुरु नानक देव विश्वविद्यालय अमृतसर के हिन्दी विभाग में प्रथम विद्यावाचस्पति उपाधि प्राप्त की। "कांगड़ा के लोकगीत साहित्यिक विश्लेषण एवं मूल्यांकन" विषय पर आपने 11 जनवरी 1974 को पी.एच.डी. की उपाधि प्राप्त की। कांगड़ा के लोक गीतों पर किया तत्पश्चात प्रकाशन में लाया गया यह शोधकार्य आज भी अनेकों शोधार्थियों का मार्गदर्शन करता है। हिमाचल प्रदेश लोक संस्कृति एवं साहित्य, हिमाचल के लोकगीत, कांगड़ा चम्बा जनपदीय विरसा लोक गायन- ढोलरू, लोक संगीत, हिमाचल की लोक नाट्य परम्परा भगत, घियाणा, लोक नाट्य तथा पहाड़ी साहित्य को लोक साहित्य एवं हिमाचल की जनजाति गद्दी देव परम्परा और संस्कृति हिमाचल प्रदेश की लोक सांस्कृतिक दृष्टि से महत्वपूर्ण शोध परक कार्य है।

डॉ. गौतम व्यथित द्वारा हिमाचल प्रदेश की लोक संस्कृति के संरक्षण एवं संवर्धन के लिये लोक संगीत, लोक नाट्य में किए गये कार्य वर्षों तक याद किये जायेंगे।

हिमाचल प्रदेश की लोक संस्कृति में इनके द्वारा अनुसंधान परक किये गये कार्यों के बिना डॉ. व्यथित का समग्र मूल्यांकन

नहीं किया जा सकता। इन्होंने प्रदेश की हर विधा, गायन, वादन, नृत्य तथा नाट्य शैली पर प्रकाश डालते हुये अपने शब्दों एवं भावों से व्यक्त किया है।

हिन्दी एवं लोक साहित्य में प्रकाशन

डॉ. गौतम शर्मा 'व्यथित' ने लगभग 50 पुस्तकों का लेखन कार्य किया जिनमे हिन्दी साहित्य में काव्य संग्रह, कथा संग्रह, लोक कहानियाँ, उपन्यास, लोक नाटक तथा लोक गीत संग्रह शामिल हैं। हिन्दी साहित्य, हिमाचली लोक साहित्य, कला, संस्कृति की दृष्टि से यह लेखन कार्य बहुत ही अमूल्य है जिसे पीढ़ियों तक याद रखा जायेगा। डॉ. गौतम व्यथित के समग्र मूल्यांकन में हिन्दी साहित्य में अनुभूति का दर्द (हिन्दी काव्य संग्रह), अंजुरी (हिन्दी गजल संग्रह), उसके लौटने तक कहानी संग्रह, रंग अतीत के (लघु नाटक संग्रह), कागज़ का हंस (कथा संग्रह), चौपाल (लोक कहानियाँ), कांगडा इतिहास एवं संस्कृति धार के आर-पार (उपन्यास) मुख्य हैं।

डॉ. व्यथित ने 'चेते', पुंगरासां, गास्सें हत्थ पुजाणे कियां, मिंजरा, गाओ गीत बाँटो अक्षर आदि काव्य संग्रह की रचना की। लोक कथा संग्रह में पहाड़ी ड़े अत्थरू, निबन्ध संग्रह में गितलू एकांकी नाटक संग्रह में मनसुखा तथा घियाणा, लोक गीत संग्रह में कांगड़ी लोक गीत भाग एक (126 जन्म से मृत्यु संस्कार लोकगीत सानुवाद), ढोलरु-चैती कथाएँ, झूमे धरती गायें लोग (प्रणय श्रम लोकगीत), महके आंगन झूमे गांव (पूजा-जातरा, भक्ति संबंधी लोकगीत), हिमाचली लोक काव्य बारहमासा आदि का लेखन, संकलन तथा संग्रहण किया जो कि हिन्दी साहित्य, हिमाचली लोक साहित्य, पहाड़ी काव्य, नाटक, ग़ज़ल तथा लोक संस्कृति की दृष्टि से बहुत ही महत्वपूर्ण योगदान है। डॉ. व्यथित ने

अनेकों पत्र-पत्रिकाओं, समाचार पात्रों का सम्पादन एवं लेखन कार्य किया। डॉ. शर्मा ने बोर्ड तथा विश्वविद्यालयों के लिए भी कई पुस्तकों का लेखन कार्य भी किया।

सदस्यता एवं अधिछात्रवृत्तियां

डॉ. गौतम शर्मा 'व्यथित' ने एक गरिमा पूर्ण शिक्षक के रूप में अपने व्यवसायिक दायित्वों को निर्वहन करते हुये अनेकों सरकारी एवं गैर सरकारी संस्थाओं में सदस्य एवं निदेशक के रूप में कार्य किया। ये सभी संस्थाएँ, संगीत, साहित्य, भाषा, कला तथा संस्कृति के लिये ही समर्पित थीं। साहित्यिक, लोक सांस्कृतिक कार्यों के लिये डॉ. व्यथित न केवल प्रदेश में बल्कि पंजाब, चंडीगढ़, दिल्ली, हरियाणा तथा गुजरात प्रदेशों के सांस्कृतिक विभागों, संस्थाओं के भी सदस्य रहे हैं। भाषा विभाग, भाषा कला संस्कृति विभाग, ज़िला एवं प्रदेश स्तरीय सांस्कृतिक, शैक्षिक समितियों के रूप में डॉ. व्यथित बहुत ही सक्रिय रहे हैं। इन्हें मानव संसाधन विकास मंत्रालय भारत सरकार की ओर से दो वर्षीय सीनियर फेलोशिप प्रदान की गई। इसके अतिरिक्त विश्वविद्यालय अनुदान आयोग, हिमाचल भाषा संस्कृति अकादमी द्वारा अधिछात्रवृति तथा शोध परियोजना के लिये भी चयनित किया जा चुका है। अनेको सरकारी, गैर सरकारी, संस्थाओं में मनोनीत सदस्य के रुप में सदस्यता तथा विभिन्न पदों पर सकारात्मक एवं सृजनात्मक कार्य कर लोक संस्कृति का संरक्षण एवं संवर्धन करना एक व्यक्ति के लिये बहुत बड़ी बात है। इससे डॉ. व्यथित की लोक कलाओं एवं लोक संस्कृति क्षेत्र में विशेष लगाव की पुष्टि होती है। विभिन्न संस्थाओं में संस्कृति कर्मी के रूप में इनके कार्यों का योगदान इनके मूल्यांकन को कई गुणा बढ़ा देता है।

लोक संगीत, लोक नाट्य तथा लोक संस्कृति का संरक्षण

हिमाचल प्रदेश विशेषकर काँगड़ा जनपदीय लोक संगीत तथा लोक नाट्य मे डॉ. व्यथित का अमूल्य योगदान है। काँगड़ा जनपदीय महिला लोक नृत्य झमाकड़ा का सर्वेक्षण, संपादन, मंचीय स्वरूप निर्धारण एवं मंचीकरण करना इनका विशेष सांस्कृतिक योगदान है। इस लोक नृत्य को स्वरुप देकर देश तथा विदेश स्तर पर स्थापित करना कोई सामान्य घटना नहीं है। राजमन्दिर परिसर नेरटी में सन् 2003 में लोक संस्कृति, साहित्य शोध पुस्तकालय की स्थापना, राजमन्दिर नेरटी मे ओपन थियेटर में लगभग 50 परम्परा उत्सवों का आयोजन, अनेक साहित्यकारों, कलाकारों का सम्मान-अलंकरण, 200 से अधिक कार्यशालाओं, सेमिनारों, गोष्ठियों तथा प्रतियोगिताओं का आयोजन, अनेकों स्मारिकाओं, पत्र-पत्रिकाओं का प्रकाशन, भगतिया काँगड़ा जनपदीय लोक नाट्य की कार्यशालायें, प्रस्तुतिकरण तथा पुस्तक लेखन सांस्कृतिक दृष्टि से कोई सामान्य कार्य नहीं हैं।

डॉ. व्यथित ने काँगड़ा की संस्कृति, रीति-रिवाजों, अवसरों, संस्कार गीतों का दस्तावेजीकरण किया। काँगड़ा भगतिया थियेटर, चैत्र गायन व रली विवाह, काँगड़ा जनपदीय महिलाओं के व्रत त्योहार गीतों, एंचली गायन, पक्खड़ू गायन, छिंझोटी गायन, जन्म गीत गायन, लोक वाद्यों तथा काँगड़ा भीति चित्र लेखन का वीडीयोग्राफ़ी से दस्तावेजीकरण करना सांस्कृतिक दृष्टि से बहुत ही अमूल्य योगदान है। डॉ. व्यथित ने संस्कृति मंत्रालय भारत सरकार तथा हिमाचल भाषा कला संस्कृति विभाग से अनुदान प्राप्त कर गूगा गायन परम्परा, ढोलरू गायन परम्परा, होली गायन परम्परा, कांगड़ी-गद्दयाली, विवाह रीतियों, सहित

लगभग 15 वीडियो दस्तावेजीकरण, परियोजनाओं पर कार्य किया है जो कि संस्कृति के संरक्षण एवं संवर्धन की दृष्टि से बहुत ही महत्वपूर्ण है।

सम्मान, अलंकरण, अवार्ड एवं पुरुस्कार

सामाजिक जीवन में विशेष कार्य करने पर सरकारी तथा गैर सरकारी संस्थाओं द्वारा उनके योगदान के लिये सम्मानित तथा पुरस्कृत किया जाता है। किसी व्यक्ति द्वारा विभिन्न सम्मानों, पुरुस्कारों, अलंकरणों तथा अवार्डों से भी किसी व्यक्ति द्वारा उसके क्षेत्र विशेष मे सराहनीय योगदान की भी पुष्टि होती है। डॉ. व्यथित ने अपने व्यवसायिक जीवन में नि:स्वार्थ भाव से कार्य किया है। लोक कला, लोक संगीत, लोक नाट्य लेखन के क्षेत्र में इन्हें अनेकों संस्थाओं द्वारा सम्मानित किया जा चुका है। जिनमें हि. प्र. भाषा कला संस्कृति अकादमी पुरस्कार, हिमाचल केसरी लोक साहित्य अवार्ड, हिमोत्कर्ष आवार्ड, भाषा रत्न सम्मान, हिमाचल एक्सीलेंस अवार्ड, शिक्षा सम्मान, शाने हिमाचल आवार्ड आदि मुख्य हैं। वर्ष 2021 में हिमाचल प्रदेश सरकार द्वारा इन्हें लोक संगीत, कला, नाट्य, लेखन तथा संस्कृति के प्रचार-प्रसार तथा संरक्षण एवं संवर्धन के लिये 'हिमाचल गौरव' को पुरस्कार प्रदान किया जिसमे शाल, ताम्र पत्र तथा एक लाख रुपये की राशि प्रदान की जाती है। अनेको पुरस्कारों से भी कला संस्कृति तथा साहित्य लेखन के क्षेत्र में डॉ. गौतम शर्मा 'व्यथित' के कार्यों के योगदान से उनका समग्र मूल्यांकन किया जा सकता है।

विभिन्न साक्ष्यों, दस्तावेजों तथा साक्षात्कारों के आधार पर विशेषण से पता चलता है कि हिमाचल प्रदेश विशेष कर काँगड़ा जनपद में लोक संगीत तथा लोक नाट्य के क्षेत्र में डॉ. गौतम शर्मा

'व्यथित' के त्याग, समर्पण, अथक प्रयासों तथा संस्कृति कर्मी के रूप में किये गये कार्यों से लोक कलाओं, लोक कलाकारों के सामाजिक, पारिवारिक तथा व्यक्तिगत जीवन में बहुत बड़ा परिवर्तन हुआ है। निष्कर्ष रूप में विभिन्न पहलुओं को उजागर किया जा सकता है।

- डॉ. गौतम शर्मा 'व्यथित' द्वारा नवीन कांगड़ी लोकगीतों पर लिखित पुस्तक 'चेते' कांगड़ी लोकगीत भाग एक, कांगड़ी लोकगीत भाग दो तथा 'हिमाचल प्रदेश के लोक गीत नाम के शीर्षक से संकलित तथा सम्पादित पुस्तकें हिमाचल प्रदेश विशेष कर काँगड़ा जनपदीय लोकगीत के क्षेत्र मे एक मील का पत्थर है। डॉ. गौतम ने कांगड़ी भाषा में से यहां के लोक जीवन, संस्कृति, परम्पराओं, रीति-रिवाजों, जीवन शैली, दर्शन, प्रकृति, प्रेम, सौन्दर्य तथा मानवीय भावनाओं को उकेरते हुये अनेकों लोक गीतों की रचना की। डॉ. व्यथित ने अपने लिखे हुये पहाड़ी गीतों को प्रचलित, परम्परागत तथा परम्परागत लोकगीतों की धुन या तर्जें देकर उन्हें लोकप्रिय बनाने का कार्य किया। इससे जहां परम्परागत लोक गीतों तथा लोक धुनों को पुर्नजीवन प्राप्त हुआ वहीं पर उनके द्वारा नवीन रचे गये पहाड़ी गीतों को भी लोकाधार प्राप्त हुआ। काँगड़ा जनपद में लोक संगीत की दृष्टि से डॉ. गौतम शर्मा व्यथित का यह कार्य बहुत ही सराहनीय एवं उल्लेखनीय है। लोकगीतों के निर्माण में जहाँ गायकों, वादकों तथा लोक नृतकों की भूमिका महत्वपूर्ण होती है वहीं पर लोकगीतों के रचनाकारों की भूमिका को भी नकारा नहीं जा सकता।
- डॉ. गौतम शर्मा व्यथित ने हिमाचल प्रदेश के लोक नाट्यों की परम्परा का अध्ययन तथा अनुभूत कर लोक नाट्य की अनेक पुस्तकों का लेखन किया। काँगड़ा जनपदीय लोक नाट्य 'भगत' पर उनके द्वारा लिखित अनेकों लेख तथा पुस्तकें लोक साहित्य तथा लोक नाट्य की दृष्टि से बहुत ही महत्व पूर्ण है। इस कार्य के

लिये डॉ. व्यथित ने वर्षों से परम्परागत अनपढ़ लोक नाट्य कलाकारों को अनुभूत किया। लोक नाट्य कलाकारों की व्यक्तिगत, पारिवारिक, सामाजिक तथा जातीय समस्याओं को समझा। परम्परागत पेशेवर कलाकारों से सम्पर्क कर उन्हें इन विद्याओं के लिये प्रेरित एवं प्रोत्साहित किया। भगत लोक नाट्य की कार्यशालायें आयोजित की तथा उन्हें नगरीय मंचों पर प्रदर्शित भी किया। इनके प्रयत्नों से जहाँ ग्रामीण परम्परागत तथा पेशेवर कलाकारों का भरण-पोषण हुआ वही पर उनकी कला को सम्मानीय दृष्टि से देखा जाने लगा।

- डॉ. गौतम 'व्यथित' ने जिला काँगड़ा की शाहपुर तहसील के गांव नेरटी में लोक नाट्य के संवर्धन के लिये प्रदेश में 'ओपन थियेटर' का कान्सेप्ट दिया तथा इन ग्रामीण कलाकारों की कार्यशालायें आयोजित कर इन्हें रंगमंच के क्षेत्र में पारंगत किया। काँगड़ा जनपदीय भगत के पुर्नउद्धार, नवजीवन तथा सांस्कृतिक संवर्धन के उद्देश्य से उनका यह कार्य अमूल्य एवं ऐतिहासिक है इससे काँगड़ा जनपदीय भगत लोक नाट्य शैली का संरक्षण एवं संवर्धन हुआ है तथा इसके लोक कलाकारों को संजीवनी मिली है।
- विभिन्न साक्षात्कारों से प्राप्त जानकारी का विश्लेषण करने से ज्ञात होता है कि 'काँगड़ा लोक साहित्य परिषद्' के गठन से काँगड़ा की लोक कलाओं विशेषकर कांगड़ी लोक गीतों, लोक नृत्यों, लोक नाट्य भगत, लोक वाद्यों, लोक वाद्य वादकों, लोक नृतकों, लोक साहित्य तथा काँगड़ा की संस्कृति को सबल प्राप्त हुआ है जिसका श्रेय केवल और केवल डॉ. गौतम शर्मा 'व्यथित' को ही जाता है। पहाड़ी संस्कृति, कविता, लेखन, तथा सभी प्रकार की विधाओं को काँगड़ा लोक साहित्य परिषद् ने नई ऊर्जा तथा पहचान दी है। इसी परिषद् के माध्यम से काँगड़ा की लोक संस्कृति देश तथा विदेश में प्रसिद्ध हुई है। इस परिषद् के माध्यम से असंख्य लोक साहित्य लेखकों, कवियों, लोक अभिनेताओं, वाद्य वादकों, नृतकों को पहचान मिली है।

- डॉ. गौतम शर्मा 'व्यथित' के अनन्त एवं अथक प्रयासों से समाज में जातीय बन्धनों की परत मे शिथिलता आई है। इन्होंने हरिजनों, जुलाहों, झीवरों, कीली, गद्दी गज्जरों, धीरथ, डुमणों तथा सामान्य जातियों लोक कलाकारों के साथ सामूहिक प्रेम पूर्वक तथा सम्मान जनक सांस्कृतिक कार्य किये फलस्वरूप लोग जाति बन्धनों की संकीर्णता से मुक्त हुये। कलात्मक पक्ष के लिये सम्मान पैदा हुआ तथा परम्परागत जाति भेद कम हुये। परम्परागत लोक सामाजिक जीवन मे यह कड़वा सत्य है कि अभी तक अनेकों संवैधानिक नियमों तथा कानूनों के बावजूद भी हम जातिय बन्धनों से मुक्त नही हो पाये हैं।
- डॉ. गौतम शर्मा 'व्यथित' ने अनुसूचित जातियों तथा जनजातियों के लोक कलाकारों को सामाजिक तथा प्रशासनिक स्तर पर मान-सम्मान दिलाने में बहुत ही सराहनीय कार्य किया है। सम्मान न मिलने के कारण बहुत से कलाकार अपना परम्परागत विरसा गायन, वादन तथा नृत्य छोड़ने पर विवश थे।
- काँगड़ा लोक जीवन में परम्परागत रूप से कार्य कर रहे लोक कलाकार आर्थिक रूप से सबल हुये हैं। आधुनिक परिवेश में परम्परागत लोक कलाकारों ने अपने व्यवसाय छोड़ कर छोटा-मोटा काम धन्धा करना शुरू कर दिया है। लोक कलाओं से उचित पारिश्रमिक न मिलना भी इसका एक कारण रहा है। डॉ. व्यथित ने इस दिशा में सराहनीय कार्य कर परम्परागत लोक कलाकारों को अपना परम्परागत व्यवसाय अपनाने के लिये प्रेरित किया।
- डॉ. गौतम शर्मा 'व्यथित' काँगड़ा जनपदीय ऐंचली गायन, होली गायन, गुग्गा गाथा गायन, छिंझोटी गायन, विभिन्न संस्कार गीतों तथा भगत लोक नाट्य का दस्तावेजीकरण किया। संगीत नाटक अकादमी से अभी तक डॉ. व्यथित 16 कार्ययोजनाओं पर कार्य कर दस्तावेजीकरण कर चुके हैं जो कि काँगड़ा संस्कृति के संरक्षण एवं संवर्धन में एक मील का पत्थर साबित होगा।

- कांगड़ी विवाह नृत्य की एक पारम्परिक ग्रामीण प्रस्तुति को संकलित, निर्देशित कर झमाकड़ा लोक नृत्य को नगरीय मंच देकर इसे राष्ट्रीय तथा अन्तर्राष्ट्रीय स्तर पर स्थापित करना डॉ. व्यथित की महत्वपूर्ण देन है। विवाह संस्कार से उत्पन्न यह नृत्य वर्तमान में विद्यालयों, महाविद्यालयों, विश्वविद्यालयों, सरकारी सांस्कृतिक समारोहों का एक अटूट अंग हो चुका है।
- डॉ. गौतम शर्मा एक प्रख्यात लोक साहित्यकार, कवि, आलोचक विश्लेषक तथा संस्कृति कर्मी रहे हैं। एक संस्कृति शोध कर्मी के रूप में आपका अध्ययन तथा अनुभव बहुत विशाल है। डॉ. व्यथित एक प्रतिष्ठित हिन्दी लेखक, उपन्यासकार, नाटककार, कवि तथा साहित्यकार भी हैं। डॉ. व्यथित ने अनेकों शोध कार्य करने के साथ अनेक शोधार्थियों का मार्गदर्शन भी किया है। इस गुणी, अनुभवी, साहित्यकार का काँगड़ा के लोक संगीत तथा लोक नाट्य तथा विभिन्न सांस्कृतिक विधाओं को सबल मिला है जिससे कि काँगड़ा की संस्कृति विश्व के पटल पर अपना स्थान बना पाई है। डॉ. व्यथित का काँगड़ा जनपदीय संस्कृति में बहुत ही अमूल्य तथा अद्वितीय योगदान है।
- डॉ. गौतम शर्मा 'व्यथित' द्वारा हिमाचल प्रदेश विशेष कर काँगड़ा जनपदीय लोक संगीत, लोक नाट्य तथा लोक संस्कृति के क्षेत्र मे उनके द्वारा किये गये कार्यों की तुलना नही हो सकती। डॉ. गौतम व्यथित ने लोक संस्कृति को समझने के लिये अपना पूर्ण जीवन उसकी साधना तथा तपस्या में लगा दिया। डॉ. व्यथित एक बहुआयामी व्यक्तित्व है। संस्कृति से जुडी अनेक विधाओं, विषयों, पहलुओं तथा व्यक्तियों पर उनका बहुत विस्तृत कार्य है जिसे सीमाओं में बांधना बहुत कठिन है। उन्होंने एक चिन्तक, मनीषी, दार्शनिक के रूप में चिन्तन कर लोक संस्कृति पर मनन, लेखन तथा संकलन कर संरक्षण तथा संवर्धन किया है। उनका यह कार्य न केवल लेखन तथा पुस्तकों में वर्णित है परन्तु व्यवहारिक रूप में जनमानस में उसे स्थापित करने का कार्य किया। भविष्य में

सांस्कृतिक शोध करने वाले शोधार्थियों, लोक साहित्यकारों तथा संस्कृति कर्मियों को इससे मार्गदर्शन मिलेगा। संस्कृति के क्षेत्र में एक हिंदी भाषा के साहित्यकार, लोक संस्कृति कर्मी, शोधकर्ता, लेखक, लोक साहित्यकार, विश्लेषक, आलोचक, लोक कला संवर्धक, दस्तावेजीकरण कर्ता तथा संरक्षण कर्ता के रुप में डॉ. गौतम शर्मा का व्यक्तित्व बहुआयामी है। इनके व्यक्तित्व तथा अनेकों विधाओं मे कवि, नाट्यकार, उपन्यासकार, नाटककार, लेखक के रुप में डॉ. व्यथित पर भविष्य में अनेकों शोध कार्य किये जा सकते हैं।

- हिमाचल संस्कृति के विभिन्न आयामों पर डॉ. गौतम शर्मा 'व्यथित' के कार्यों पर विवेचन करने तथा कला, संस्कृति, लोक संगीत, साहित्य क्षेत्र के विभिन्न प्रतिष्ठित व्यक्तियों साक्षात्कारों, पुस्तकों, पत्र-पत्रिकाओं के अध्ययन तथा विविध माध्यमों से जानकारी प्राप्त करने के उपरान्त निष्कर्ष रुप से यह कहा जा सकता है कि डॉ. गौतम 'व्यथित' ने अपना सम्पूर्ण जीवन कला, संस्कृति, लोक संगीत, लोक भाषा, लोक साहित्य, लोक कलाकारों एवं लोक कलाओं के संरक्षण एवं संवर्धन के लिये लगा दिया। डॉ. व्यथित का सम्पूर्ण जीवन कला, संगीत तथा संस्कृति के लिये समर्पित रहा जो कि भविष्य की पीढ़ियों के लिए मार्गदर्शन करता रहेगा।

उपसंहार

किसी भी लेखन तथा लेखक की अपनी सीमायें होती हैं। कोई भी लेखन, लेखक के विषय चयन, समय, स्थान, स्थिति तथा विभिन्न परिस्थितियों पर निर्भर करता। पुस्तक एक निरन्तर प्रक्रिया है जिसे कभी भी पूर्ण रूप से सम्पन्न नहीं समझा जा सकता क्योंकि पुस्तक पर पुनः पुस्तक करने की संभावना हमेशा बनी रहती है। ज्ञान का क्षेत्र विस्तृत एवं व्यापक है इसलिए किसी भी पुस्तक पर पूर्ण विराम लग जाये यह सम्भव नहीं।

हिमाचली सांस्कृतिक धरोहर के संरक्षक-डॉ.गौतम शर्मा 'व्यथित' शीर्षक से यह पुस्तक एक व्यक्ति विशेष के योगदान पर केन्द्रित है। इस लेखन के विवेच्य व्यक्ति 'व्यथित' एक बहुआयामी व्यक्तित्व हैं। वे एक हिन्दी साहित्यकार, शिक्षाविद्, भाषा विद्वान्, कवि नाटककार, व्यंगकार, लोक संगीत प्रेमी, पहाड़ी भाषाकार, लेखक, विश्लेषक, आलोचक, सम्पादक, संकलनकर्ता, संरक्षण, संवर्धक, दस्तावेजीकरण कर्ता तथा सक्रिय संस्कृति कर्मी के रूप में जाने जाते हैं तथा लगभग पांच दशक से हिमाचल प्रदेश की कला, साहित्य, लोक कलाओं, लोक संगीत, लोक नाट्य, लोक संस्कृति तथा लोक कलाकारों के

विकास, पुनरुत्थान, संग्रहण, संकलन एवं संवर्धन के लिए समर्पित रूप से कार्य कर रहे हैं। वे एक प्रख्यात संस्कृति कर्मी, चिन्तक तथा विचारक हैं। कला एवं संस्कृति से सम्बन्धित विभिन्न क्षेत्रों में अपना अधिकार रखते हैं। मूलतः एक शिक्षक होने के साथ वे एक प्रसिद्ध लेखक, साहित्यकार, लोक कला शिल्पी, लोक नाट्यकार, संस्कृति कर्मी के रूप मे कलाओं का संरक्षण एवं संवर्धन कर रहे हैं। संगीत, ज्ञान-विज्ञान का क्षेत्र इतना व्यापक होता है कि हम किसी भी कार्य के पुस्तक, मूल्यांकन तथा विश्लेषण में पूर्ण विराम नहीं लगा सकते। एक बार पुस्तक होने के पश्चात भी हम उसकी परतें पुनः खोल सकते हैं। किसी भी पुस्तक की अपनी सीमायें रहती हैं तथा कला, साहित्य, संस्कृति एवं लेखन के विभिन्न क्षेत्रों मे डॉ. 'व्यथित' का कार्य असीमित है। उनकी प्रत्येक विद्या, पुस्तक तथा किए गये कार्यों पर अनेक पुस्तक हो सकते हैं।

वे एक विशाल व्यक्तित्व हैं। कांगड़ा जनपद की मिट्टी से बचपन से जुड़े हैं। लोक संस्कृति, रीति-रिवाजों, संस्कारों तथा सरोकारों मे पले-बढ़े हैं। वास्तव में वे एक लोक गायक, लोक संगीत कार, लोक नाट्यकार न होकर संस्कृति के संवर्धक, संरक्षक, प्रेरक प्रोत्साहक एवं वाहक हैं जिन्होंने हिमाचल प्रदेश विशेषकर काँगड़ा जनपद की कला एवं संस्कृति का भविष्य की पीढियों के लिये लेखन तथा दृश्य एवं श्रव्य संसाधनों का उपयोग कर संग्रहण एवं संरक्षण किया है। वर्तमान समाज में भौतिक वाद तथा संचार माध्यमों के कारण लोगों के आचरण, वृतियों तथा रुचियों में बहुत से परिवर्तन हो रहे हैं। हमारी कला एवं संस्कृति की जड़ें कमज़ोर हो रही हैं। डॉ. गौतम व्यथित ने लोक कलाओं, लोक साहित्य, लोक कलाकारों के आर्थिक उत्थान, जातीय बन्धनों से मुक्त होकर सामाजिक समरसता के लिए उल्लेखनीय

कार्य किया है। स्वभाव में खुलापन, व्यक्तित्व में उदारता, संवेदनशीलता, मानवीयता, व्यवहार में सरलता एवं सौम्यता लिये डॉ. व्यथित समाज के लिये उदाहरणीय हैं।

भारतीय सामाजिक परिवेश अनेकों संस्कृतियों के मिश्रण की कृति है। यह ताना-बाना अनेक जीवन शैलियों, खान-पान, रहन-रहन, विचारों, विश्वासों, बोलियों, भाषाओं, धर्मों, मतों, संप्रदायों, पूजा पद्धतियों, रीति-रिवाजों, संस्कारों, व्यवहारों, देव संस्कृतियों, मान्यताओं, सभ्यताओं से बना हुआ है। यही सांस्कृतिक परिवेश हमारे जीवन को मूल्यवान बनाता है। यह सांस्कृतिक विविधता भारतीय संस्कृति की विशेषता है। और यही सांस्कृतिक विविधता की स्वीकारोक्ति मानवीय एकता के सूत्र में पिरोती है। संस्कृति हमारे जीवन का आधार है। इसके मूल में हमारा लोक जीवन है। लोक संगीत, लोक भाषायें, लोक साहित्य तथा लोक नाट्य मनुष्य के जीवन का श्रृंगार करता है।

संयुक्त राष्ट्र संघ के वैश्विक एजेंडा 2030 में सतत् विकास के लक्ष्यों को प्राप्त कर मानवीय जीवन मे सभी की भागीदारी सुनिश्चित किया गयी है। इस ऐजेंडा के चार स्तम्भों में आर्थिक सम्पन्नता, सामाजिक सम्पन्नता, पर्यावरण संरक्षण के साथ सांस्कृतिक विकास मुख्य हैं। सतत् विकास तब तक नहीं हो सकता जब तक सांस्कृतिक एवं प्राकृतिक धरोहर का संरक्षण एवं संवर्धन न हो। इसके अनुसार ग्रामीण समुदाय में विभिन्न वर्गों द्वारा लोक कलाओं के संरक्षण एवं संवर्धन एवं परंपरागत, पारिवारिक विरासत की पीढ़ी दर पीढ़ी ढ़ोने वाले लोक कलाकारों का आर्थिक तथा सामाजिक विकास होना अति आवश्यक है। लेखक ने पाया कि लोक कलाओं की पृष्ठभूमि में समाज का गरीब उपेक्षित, पिछड़ा तथा सामाजिक तथा आर्थिक रूप से अपनी रोजी-रोटी के लिये संघर्ष कर्ता व्यक्ति ही है। जो पीढ़ियों के

अपनी आर्थिक, सामाजिक तथा सांस्कृतिक स्थिति को सुधारने का प्रयत्न करता रहा है। सामान्य परिवेश के विभिन्न विधाओं के लोक कलाकारों तथा लोक कलाओं के संरक्षण के लिये अनेकों संस्कृति कर्मी सक्रिय है जो कला, कलाकारों तथा लोक संस्कृति को सहेजने में कार्य कर रहे हैं जो इन वर्गों की जीविका, आर्थिकी तथा सामाजिक जीवन में सराहनीय कार्य कर रहे हैं। इस लक्ष्य को पाने के लिये आवश्यक है कि इन लोक कलाओं, लोक कलाकारों तथा आर्थिक एवं सामाजिक रूप से पिछड़ रहे इन पिछड़े वर्गों पर पुस्तक हों। सांस्कृतिक समृद्धि, सम्पन्नता, संग्रहण, संरक्षण तथा संवर्धन में लगे अनेकों सक्रिय संस्थाओं तथा सांस्कृतिक कर्मियों के जीवन, कार्यों, उनकी उपलब्धियों तथा संस्थाओं पर पुस्तक होना समय की आवश्यकता है।

डॉ. व्यथित कला, संगीत, साहित्य तथा संस्कृति के क्षेत्र में एक हस्ताक्षर है। एक लेखक, सम्पादक, विश्लेषक, आलोचक, वक्ता तथा संगठन कर्ता के रूप में हिमाचल प्रदेश विशेषकर काँगड़ा जनपदीय लोक संगीत तथा लोक नाट्य में उल्लेखनीय है।

कला तथा संस्कृति के क्षेत्र में डॉ. व्यथित की तरह ना जाने कितने लोग गुमनामी के अन्धेरे में संघर्षरत हैं। ऐसे निःस्वार्थ भाव से कार्य करने वाले बहुत कम मिलते हैं। ऐसे लोग नींव के पत्थर की तरह होते हैं जो बाहर दिखते नहीं हैं बल्कि वास्तव में होते हैं जिनके दम पर विशाल भवन खड़े होते हैं।

पुस्तक के एक उद्देश्य पर बल देते हुए लेखक का मानना है कि ऐसे अनेक व्यक्तियों जो बिना किसी धन, पद, प्रतिष्ठा से संस्कृति संरक्षण, संवर्धन के कार्यों में त्याग तथा निःस्वार्थ भाव से कार्य कर रहे हैं उन पर पुस्तक होने चाहिए। संस्कारों तथा व्यवस्थाओं को ऐसे व्यक्तियों का सम्मान कर प्रतिष्ठित तथा

स्थापित करना चाहिए। डॉ. गौतम शर्मा व्यथित के आधी शताब्दी के सांस्कृतिक अनुभव का लाभ लिया जाना चाहिए तथा एक साहित्यकार तथा संस्कृति कर्मी के रूप में उन्हें मान-सम्मान दिया जाना चाहिए।

निष्कर्ष रूप मे इस पुस्तक के माध्यम से इस बात की स्थापना तो होती है कि शैक्षिक, सांस्कृतिक एवं सामाजिक रूप से एक व्यक्ति अपने जीवन में क्या नही कर सकता। ग्रामीण परिवेश से एक साधारण व्यक्ति ने एक बुनियादी शिक्षक के रूप में अपने व्यवसायिक जीवन का प्रारम्भ कर डॉ. गौतम व्यथित ने अपने आपको एक उदाहरणीय शिक्षक, भाषा शास्त्री, हिन्दी साहित्यकार, लोक साहित्यकार नाट्यकार, कहानीकार, कविताकार तथा सांस्कृतिक कर्मी के रूप में समाज के समक्ष स्थापित किया। विभिन्न सामाजिक एवं सांगीतिक विषयों पर लगभग 55 पुस्तकों का सृजन किया। सृजनात्मकता तथा रचनात्मकता से कार्य करते हुये समाज को एक दृष्टि दी, सामाजिक उत्थान के दृष्टिगत समाज में उपेक्षित, पिछड़ी जातियों के व्यक्तियों को सामाजिक रूप से आर्थिक रूप से सबल बनाया, गायन, नृत्य तथा नाट्य शैलियों का संरक्षण किया, नये संस्थानों की स्थापना कर ग्रामीण कलाओं तथा कलाकारों को नगरीय मंचों पर प्रस्तुत कर राष्ट्रीय एवं अंतर्राष्ट्रीय पहचान दी।

निष्कर्ष तथा इस पुस्तक के सार तत्व के रूप में डॉ. गौतम शर्मा व्यथित की निम्न लिखित सांस्कृतिक उपलब्धियों को प्रस्तुत किया जा सकता है।

1. डॉ. व्यथित ने हिन्दी साहित्य, लोक भाषा, लोक साहित्य, कविता, कहानी, उपन्यास, नाटक, लोक संगीत, लोक नाट्य तथा लोक संस्कृति से सम्बन्धित लगभग 55 पुस्तकों का लेखन कार्य किया है। जिन पर विभिन्न क्षेत्रों में कई पुस्तक हो सकते हैं।

2. लोक संगीत के संरक्षण तथा संवर्धन में भाषा विभाग हिमाचल प्रदेश सरकार तथा संगीत नाटक अकादमी भारत सरकार के आर्थिक अनुदान से डॉ. व्यथित द्वारा काँगड़ा जनपदीय चैत्र गायन, रली विवाह, महिलाओं के व्रत त्यौहार, जन्म संस्कार गीत, काँगड़ा लोक वाद्यों, ऐंहचली गायन, पक्खड़ू गायन, छिंझोटी गायन परम्परा, गूग्गा गायन परंपरा, ढोलरु गायन परम्परा, होली गायन परम्परा, गद्दयाली विवाह रीति परम्परा के दस्तावेजीकरण में किए गये प्रमुख कार्य हैं।

3. 1974 में कांगड़ा लोक साहित्य परिषद् के गठन में संस्थापक निदेशक के रुप में काँगड़ा परम्परित लोक संस्कृति, लोक मंच, लोक संगीत, लोक नाट्य तथा लोक साहित्य के उत्थान तथा संरक्षण में उनकी भूमिका बहुत ही सराहनीय है।

4. डॉ. व्यथित को काँगड़ा परंपरित विवाह नृत्य 'झमाकड़ा' को नगरीय मंच प्रदान करने, इस नृत्य को मंचीय स्वरुप देने, कोरियोग्राफर तथा प्रतिस्थापित कर्ता कहा जा सकता है। काँगड़ा जनपद के विवाह संस्कार में होने वाले इन सामान्य रीति-रिवाजों एवं संस्कारों को समूह लोक नृत्य का स्वरुप देकर राष्ट्रीय तथा अन्तर्राष्ट्रीय स्तर पर एवं लोक समाज में प्रतिष्ठित एवं स्थापित करने का पूर्ण श्रेय डॉ. गौतम व्यथित को ही जाता है।

5. राजमन्दिर नेरटी, शाहपुर के परिसर में व्यथित जी अब तक कला, संस्कृति, लोकगीत, संगीत तथा लोक नाट्य के लगभग 50 'लोक परम्परा' उत्सवों का आयोजन कर चुके हैं।

6. कला तथा कलाकारों, साहित्य कारों के लिये अनेकों सम्मान तथा अलंकरण समारोहों का आयोजन करना उनकी बड़ी उपलब्धि है।

7. हिमाचल प्रदेश में लोक कलाओं के प्रदर्शन के लिए सर्वप्रथम 'ओपन थियेटर' की संकल्पना तथा स्थापित करने का श्रेय डॉ. व्यथित को ही जाता है ग्रामीण परिवेश में निष्पादन कला मंच की स्थापना करना उनका एक विशेष कार्य है।

8. राजमन्दिर परिसर नेरटी में लोक संस्कृति, साहित्य पुस्तक पुस्तकालय की स्थापना कर उन्होंने लोक कलाओं के क्षेत्र में पुस्तक के लिये पाठकों को नई दिशा दी।
9. डॉ. व्यथित अपने व्यवसायिक जीवन में अनेकों, ग्रामीण, जिलास्तरीय, प्रादेशिक, राष्ट्रीय, अन्तराष्ट्रीय कार्यक्रमों, सेमिनारों, कार्यशालाओं, गोष्ठियों तथा प्रतियोगिताओं का आयोजन करवा चुके हैं।
10. अनेकों पत्र पत्रिकाओं, पुस्तको, समाचार पत्रों के सह-सम्पादक, सम्पादक, लेखक, विश्लेषक के रुप में उन्होंने महत्वपूर्ण कार्य किया है। व्यथित जी अनेक समारिकायें, पत्रिकायें प्रकाशित कर चुके हैं। वर्ष 1996 से लोक संस्कृति पर आधारित पत्रिका 'बाणेश्वरी' का सम्पादन तथा प्रकाशन कर रहे हैं।
11. राजपत्रित, गैर राजपत्रित तथा स्वैच्छिक संस्थाओं में वे पदाधिकारी तथा सदस्य के रुप में अपनी सेवायें दे चुके हैं।
12. अनेकों सामाचार पत्र-पत्रिकाओं तथा समाचार पत्रों में उनके साक्षात्कार छप चुके हैं।
13. साहित्य, संस्कृति, लोक शैलियों में व्यवहारिक अनुभव रखने वाले डॉ. व्यथित अनेकों पाठकों का मार्गदर्शन कर चुके हैं।
14. डॉ. गौतम शर्मा व्यथित को अनेकों सम्मान, अलंकरण, अवार्ड तथा से सम्मानित किया जा चुका है जिनमें हिमाचल प्रदेश सरकार द्वारा प्रदत्त सर्वोच्च पुरुस्कार 'हिमाचल गौरव' का पुरुस्कार मुख्य है।

एक कला संस्कृति संरक्षक, संवर्धक, उद्धारक, तथा दस्तावेजीकरण कर्ता के रुप में उनका योगदान अतुलनीय है। लोक संस्कृति, लोक संगीत, लोक नाट्य के संरक्षण कर्ता संकलनकर्ता, संरक्षक एवं संवर्धक के रुप में उनका यह योगदान भविष्य की पीढ़ियों को अनन्त काल तक मार्गदर्शन करता रहेगा। हिमाचल प्रदेश की लोक कला तथा संस्कृति में पुस्तक की दृष्टि

से वे एक हस्ताक्षर है उन पर एक नहीं बल्कि अनेक पुस्तक कर उपाधियां प्राप्त की जा सकती है।

डॉ. व्यथित जैसा प्रखर विद्वान, विचारक, लेखक, चिन्तक, विश्लेषक तथा सक्रिय संस्कृति कर्मी एवं कला प्रेमी आज 86 वर्ष की आयु में भी सक्रिय रह कर अनुकरणीय एवं उदाहरणीय हैं। भविष्य की युवा पीढ़ी उनसे प्रेरणा ले सकती।

भौतिकवाद के प्रभाव से लगभग तीन दशकों से विभिन्न काँगड़ा जनपदीय लोकसंगीत शैलियों तथा लोक कलाकारों ने अपने परम्परागत व्यवसायों को छोड़ कर छोटी-मोटी नौकरी, काम-धंधा, रेहड़ी-फड़ी, खोखा-ढाबा तथा मजदूरी करना शुरू किया है। डॉ. गौतम व्यथित के प्रयासों से उन्हें विभिन्न अवसर प्रदान कर, परम्परित कलाओं एवं पुश्तैनी पीढ़ी दर पीढ़ी के व्यवसायों को ना छोड़ने के लिए शिक्षण तथा प्रेरित किया अन्यथा सरकार एवं प्रशासन के स्तर भी लोगों को कलाओं को धन देकर तथा धन व्यय कर कार्यशालाएं आयोजित कर भी कला का मूल स्वरूप भी जीवित ना रह पाता क्योंकि कुछ गायन-वादन शैलियां तथा परम्पराओं पर इन विशेष जातियों के ही कलाकारों का सामाजिक रूप से अधिकार है। काँगड़ा जनपदीय लोक कलाओं तथा कलाकारों को काँगड़ा लोक साहित्य परिषद के माध्यम से अनेकों कार्यशालाएं आयोजित कर प्रशिक्षण दिलवा कर धन तथा प्रोत्साहन देकर इन कलाओं के अस्तित्व को जीवित रखने तथा भविष्य की पीढ़ियों को प्रेषित करवा कर, दस्तावेजीकरण कर डॉ. गौतम शर्मा ने बहुत ही सांस्कृतिक, ऐतिहासिक एवं सराहनीय कार्य किया है।

लोक कलाओं के संरक्षण एवं संवर्धन के उद्देश्य के साथ डॉ. गौतम शर्मा ने विभिन्न निम्न जातियों में जातिभेद तथा हीनभावना समाप्त कर समाजिक समरसता तथा सौहार्द पैदा करने की दृष्टि से

बहुत ही सराहनीय कार्य किया है। चमार, डुमणे, जुलाह, झीवर तथा अनेकों अन्य छोटी जातियों, वर्गों, समुदायों के परम्परागत कलाकारों को एक मंच पर इकट्ठा करना, मंच प्रदान करना तथा उनकी लुप्त होती कलाओं को प्रोत्साहन देकर डॉ. गौतम शर्मा ने बहुत ही सराहनीय कार्य किया है। इससे समाज में जातिय बन्धन समाप्त हुए, तथा सामाजिक समरसता तथा सौहार्द बढ़ा।

इनके सामाजिक तथा सांस्कृतिक प्रयासों से इन सामान्य लोक कलाकारों की आर्थिक स्थिति भी अच्छी हुई। लोगों ने इन कलाओं से धन अर्जन किया तथा उनका जीवन सुखद होने लगा।

डॉ. गौतम शर्मा के सांस्कृतिक प्रयासों से निम्न जातियों के इन कलाकारों को सम्मान मिलने लगा। समाज के विभिन्न वर्गों के लोग अब इन कलाकारों तथा उनकी कलाओं का आदर-सम्मान करने लगे हैं।

'व्यथित' जी के प्रयासों से इन लोक कलाओं के सामान्य कलाकारों को प्रदेश तथा देश के बड़े-बड़े मंचों पर अपनी कला के प्रदर्शन का अवसर मिला है। इससे इन कलाकारों का आत्मबल तथा आत्म सम्मान भी बढ़ा है। संस्कृति संवर्धन के लिए किए गए डॉ. व्यथित के प्रयासों ने समाज के इन सामान्य कलाकारों को शिमला, चण्डीगढ़, दिल्ली, मुम्बई, जर्मनी तथा इंग्लैंड आदि प्रदेशों तथा देशों में अपनी कला का प्रदर्शन करने तथा भ्रमण का अवसर मिला जो कि एक साधारण व्यक्ति के लिए सपने जैसा था।

डॉ. व्यथित ने एक कलाकार के रुप में परोक्ष रुप में नहीं बल्कि अपरोक्ष, अप्रत्यक्ष रुप में लोक कलाकार की पृष्ठभूमि में रह कर कला तथा कलाकारों के उत्थान, विकास, संरक्षक एवं संवर्धक एवं प्रोत्साहन देकर बहुत ही सराहनीय कार्य किया है।

इस पुस्तक के विवेच्य व्यक्ति डॉ. गौतम शर्मा 'व्यथित' हिमाचल प्रदेश की कला, लोक साहित्य, लोक संस्कृति, लोक भाषा, लोक संगीत तथा लोक नाट्य के क्षेत्र में एक प्रसिद्ध एवं प्रतिष्ठित नाम है। वे एक बहुआयामी व्यक्तित्व हैं। हिन्दी साहित्य में एक साहित्यकार, लेखक कवि, नाटककार, उपन्यासकार, आलोचक, विश्लेषक, समीक्षक तथा सम्पादक होते हुए भी वे हिमाचल प्रदेश की लोक कला, लोक संगीत, लोक गायन, लोक वाद्य, लोक नृत्य, लोक संस्कृति तथा लोक नाट्य पर पूर्ण अधिकार रखते हैं। जहां वे एक कला तथा संस्कृति के मूक अवलोकन कर्ता हैं वहीं पर वे लोक संस्कृति के संग्रह कर्ता, संयोजक, संरक्षक, संवर्धक के रूप में लोक नायक बन कर उभरे हैं। उन्होंने काँगड़ा जनपद के ग्रामीण परिवेश में पनपती तथा जीवंत होती संस्कृति को लगभग आधी शताब्दी से अनुभूत किया है। उत्तर भारत विशेषकर हिमाचल प्रदेश विश्वविद्यालय में शायद ही कोई संगीत, साहित्य तथा संस्कृति से जुड़ा हुआ लेखन होगा जिसमें डॉ. व्यथित द्वारा रचित, संकलित तथा संयोजित पुस्तकों का उल्लेख, टिप्पणी या विचार उद्धृत ना हुआ होगा। शायद ही कोई लेखक हो जिसने अपने पुस्तक को सम्पन्न करने के लिए डॉ. व्यथित का साक्षात्कार ना किया हो। एक सक्रिय संस्कृति कर्मी होने तथा लेखक होने पर लगभग 56 पुस्तकें हिन्दी, पहाड़ी साहित्य, लोक संगीत, लोक संस्कृति तथा लोक नाट्य समाज को समर्पित करना कोई सामान्य कार्य नहीं है। ग्रामीण परिवेश के रीति-रिवाजों, लोक संस्कारों के संरक्षण एवं संवर्धन के लिए संगीत तथा लोक नाट्य विभिन्न शैलियों पर लेखन कर उनका दस्तावेजीकरण करना बहुत ही महत्वपूर्ण है। लोक संस्थानों, लोक नृत्य तथा लोक कलाओं के लिए खुले मंच की स्थापना कलाओं को लिंग भेद, जाति भेद से मुक्त कर साधारण परिवारों व

जातियों को आर्थिक रूप से सबल बनाकर उनकी लोक कला को सम्मान दिलाना कोई साधारण कार्य नहीं है। एक हिन्दी साहित्य के विद्वान ज्ञाता का लोक संस्कृति के संरक्षण के लिए योगदान अतुलनीय है। एक लोक गायक, लोक संगीतकार तथा लोक नाट्य कार ना होते हुए भी वे लोक कला के क्षेत्र में प्रेरक, प्रोत्साहन कर्ता तथा सबल बन कर हमेशा खड़े रहे हैं। गौतम शर्मा 'व्यथित' जैसे व्यक्ति बिरले ही होते हैं जो कलाओं का संरक्षण एवं संवर्धन करते हुए हजारों लोक कलाकारों को स्वयं परदे के पीछे खड़े होकर उन्हें साहस प्रेरणा, सहयोग एवं समर्थन देते हैं। यह सत्य है कि किसी भी कला तथा कलाकार की नींव में डॉ. गौतम जैसे मजबूत पत्थर होते हैं जो वास्तव में होते हैं परन्तु दिखाई नहीं देते। सामान्य पृष्ठभूमि के व्यक्तियों से बिना पक्षपात, लिंगभेद, जातियों तथा समुदायों के बंधनों से दूर डॉ. व्यथित जैसे लोग समाज को एकसूत्र में पिरोने के साथ सौहार्दपूर्ण, संवेदनशील वातावरण तैयार करते हैं। एक सक्रिय संस्कृति कर्मी के रूप में हिमाचल प्रदेश विशेषकर काँगड़ा-चम्बा जनपदों की लोक संस्कृति में डॉ. गौतम शर्मा 'व्यथित' का बहुत बड़ा योगदान है। इन पर एक नहीं बल्कि इनसे सम्बन्धित अनेक विषयों पर पुस्तक किए जा सकते हैं। लेखक का पूर्ण विश्वास है कि प्रस्तुत लेखन भविष्य में लोक संस्कृति, लोक संगीत तथा लोक नाट्य के क्षेत्र में पुस्तक कर्ताओं के लिए बहुत ही उपयोगी तथा मार्गदर्शक होगा क्योंकि इस लेखन में विवेच्य व्यक्ति के संदर्भ में मूल रूप में उन्हीं के द्वारा दी गई जानकारी को उनके शब्दों तथा भाषा शैली में कलमबद्ध कर संरक्षित किया है तथा उसे पुस्तकों, पत्र-पत्रिकाओं, समाचार पत्रों, आधुनिक ज्ञान संसाधनों तथा सामाजिक, पारिवारिक, प्रशासनिक, राजनैतिक

एवं सांस्कृतिक क्षेत्र में विभिन्न भूमिकाओं में कार्य करने वाले व्यक्तियों के साक्षात्कारों से पुष्ट किया गया है।

डॉ. व्यथित के व्यक्तित्व और कृतित्व के पुस्तक एवं विस्तृत अध्ययन से स्पष्ट होता है -

- पारिवारिक और पेशेवर उत्तरदायित्वों का सफलतापूर्वक निर्वाहन करते हुए भी शाश्वत महत्व के कार्य किये जा सकते हैं।
- अपनी संस्कृति से अगाध प्रेम तथा सम्बद्ध समुदाय की बेहतरी का स्वपन शाश्वत योगदान के लिए आधारभूत दशाएं हैं।
- संस्कृति के संरक्षण में केवल साहित्य या संगीत या नृत्य या नाट्य ही नहीं हो सकता, संस्कृति का संरक्षण समग्रता से ही उपयोगी स्वरुप ग्रहण कर सकता हैं।
- दस्तावेजीकरण संरक्षण का महत्वपूर्ण सोपान है किन्तु अपने आप में यह पर्याप्त नहीं है। संस्कृति के संरक्षण के लिए सांस्कृतिक अभिव्यक्तियों को रोज़गार से जोड़ना आवश्यक है।
- संस्कृति का संरक्षण समाज में कमज़ोर तबकों के आत्मसम्मान एवं सशक्तीकरण का एक महत्वपूर्ण माध्यम हो सकता है।
- पारम्परिक लोक कलाओं को मंचीय स्वरुप प्रदान करके ही उसकी सर्वजन स्वीकृति और ग्राह्यता सुनिश्चित करवाई जा सकती है।
- स्कूल और कॉलेजों के विद्यार्थियों के लिए निरन्तर कार्यशालाओं और प्रतियोगिताओं का आयोजन करके ही इन कलाओं की निरंतरता तथा नई पीढ़ी के लिए प्रेषण संभव है।
- लोक कलाकारों को भी बदलते परिस्थितियों के साथ अपने प्रदर्शन विधा और विधि को रुपांतरित करने की आवश्यकता है जो तभी संभव जब उनके लिए समय-समय पर कार्यशालाएं और एक्सपोज़र विजिट्स करवाएं जाएँ। इसके लिए परम्परागत कलाओं को सहेजे हुए लोककलाकारों का निरंतर प्रशिक्षण आवश्यक है।

- स्थानीय सांस्कृतिक संस्थाओं की स्थापना और उनका प्रोत्साहन कलाकारों, पाठकों और कला रसिकों के लिए और संस्कृति के संरक्षण-संवर्धन के लिए अत्यंत आवश्यक है।
- समसामयिक विषयों पर लोक सांस्कृतिक अभिव्यक्तियों को प्रोत्साहित करने की आवश्यकता है।
- लोककला और संस्कृति के विविध पक्षों पर कार्यरत व्यक्तियों और संस्थाओं को एक मंच पर लाकर ही कुछ सार्थक योगदान संभव है।
- सरकारी योजनाओं और नीतियों को समुदाय तक पहुँचाना आवश्यक है ताकि उनका सदुपयोग संभव हो।
- दस्तावेजीकरण, लेखन, प्रकाशन, वीडियो प्रलेखीकरण,ध्वन्यांकन, वितरण --ये समस्त प्रक्रियाएं एक साथ चलनी चाहिए तभी सांस्कृतिक संरक्षण संभव है।
- सांस्कृतिक संरक्षण एक बहु-हितधारक परियोजना है जिसमें सरकारी, गैर-सरकारी व स्वैच्छिक संस्थाओं को एक साथ आना होगा।
- प्रलेखीकरण के लिए अत्याधुनिक तकनीकों के प्रयोग को प्राथमिकता मिलनी चाहिए।
- सोशल मीडिया के प्लेटफॉर्म्स का प्रयोग भी लोक कलाओं के प्रचलन को प्रभावी रूपों में प्रचारित संरक्षित कर सकते हैं।

संस्तुतियां: नीति निर्माताओं के लिए

इस पुस्तक के विस्तृत अध्ययन के पश्चात इसी ही आधार पर भविष्य के संस्कृति नीति निर्माताओं के लिए निम्नलिखित संस्तुतियां प्रस्तुत हैं-

- जो व्यक्ति और संस्थाएं हमारी सांस्कृतिक धरोहर के संरक्षण में संलग्न हैं उन्हें चिन्हित करने की मानक प्रक्रिया बनायी जाये और प्रत्येक क्षेत्र में इनकी निर्देशिका तैयार की जानी चाहिए

जिनमें इनसे से सम्बन्धित समस्त जानकारी, विशेषकर उनका कृतित्व सूचीबद्ध हो। लोक संस्कृति में उल्लेखनीय कार्य करने वाली संस्थाओं तथा व्यक्तियों इन संस्थाओं और व्यक्तियों को भी धरोहर माना जाना चाहिए।

- इस संस्थाओं को चिन्हित करने के उपरांत उनके कार्य में उन्हें तकनीकी और वित्तीय सहयोग का प्रावधान हो। संरक्षण, दस्तावेजीकरण और प्रलेखीकरण के लिए नूतन और नवाचारी प्रविधियां और तकनीक उपलब्ध हैं जिन्हे संस्कृति कर्मियों को उपलब्ध करवाया जाना चाहिए।
- कई संस्कृतिकर्मियों के प्रयास अप्रलेखित रह जाते हैं और नष्ट हो जाते हैं। यह आवश्यक है कि उनके किये गए कार्यों को सहेजा जाना चाहिए और डिजिटल माध्यमों द्वारा भी प्रचारित किया जाना चाहिए।
- लोककलाओं के संरक्षण के लिए उन्हें मंच दिया जाना अति आवश्यक है। यह आवश्यक है कि कम से कम राज्यपोषित मंचों पर उन्हें अवसर मंचीय स्वरुप प्रदान किया जाए और उनके लिए विशेष मंच भी उपलब्ध करवाए जा सकते हैं।
- संस्कृति कर्मियों के साथ समय-समय पर गोष्ठियां और सम्मेलन आयोजित किए जाने चाहिए ताकि विचारों का आदान प्रदान का एक मंच मिल सके।
- राष्ट्रीय शिक्षा नीति-2020 की प्रमुख अनुशंसाओं में से एक है भारतीय ज्ञान परंपरा को शिक्षा से जोड़ना। लोकसंगीत, लोकनृत्य और लोकवाद्य और लोकनाट्य भारतीय ज्ञान परंपरा का एक महत्वपूर्ण अंग है जिसके वाहक लोक कलाकार हैं। शिक्षण संस्थाओं के लिए यह आवश्यक कर दिया जाना चाहिए कि वे लोकसंस्कृति के विभिन्न पहलूओं को पाठ्यक्रम का हिस्सा बनायें और लोक कलाकारों को अतिथि शिक्षक और उनके लिए मानदेय की भी व्यवस्था हो।

- शिक्षण संस्थाओं में विद्यार्थियों के साथ दीर्घ अवधि की कार्यशालाएं होती रहनी चाहिए और इनके प्रतिभागियों को क्रेडिट्स मिलने चाहिए जिससे इन विद्यार्थियों और इन कलाओं को प्रोत्साहन मिलेगा।

संस्तुतियां: संस्कृति कर्मियों के लिए

- किसी भी समुदाय की सांस्कृतिक अभिव्यक्तियों के संरक्षण के लिए यह आवश्यक है कि संस्कृतिकर्मी भी उन अभिव्यक्तियों में गहन रुचि रखता हो और उनसे दिल से जुड़ा महसूस करता हो।
- अधिकतर संरक्षणीय सांस्कृतिक अभिव्यक्तियाँ ग्रामीण परिवेश, विशेषकर संस्कार या अवसर विशेष तक सीमित होती है जबकि उनका नागर समाज तक पहुंचना उनके दीर्घ जीवी होने के लिए आवश्यक है।
- इसके लिए आवश्यक है कि पारम्परिक कलाओं को नगरीय मंचो तक लाया जाए।
- यह भी ध्यातव्य है कि अधिकतर सांस्कृतिक अभिव्यक्तियाँ मंचीय पारिवारिक/धार्मिक आयोजनों से सम्बद्ध होती है और संभवतः सीधे सीधे मंच पर ले जाने लायक नहीं होती। अतः यह आवश्यक है कि उन्हें मंचीय स्वरुप स्वरुप प्रदान किया जाये।
- नगरीय प्रस्तुतियां समयबद्ध होनी चाहिए। अपने मूल स्वरुप में कलात्मक अभिव्यक्तियाँ एक निर्धारित अवधि की नहीं होती थी क्योंकि इनकी उत्पत्ति एक ऐसे समाज और समय में हुई होती है जिनके पास अवकाश और विश्राम था किन्तु मंचीय प्रदर्शन असीमित अवधि के लिए नहीं सम्भव नहीं है इसलिए उन अभिव्यक्तिओं को समय सीमा में बंधन नितांत आवश्यक है। सम्भवतः यह और भी बेहतर होगा यदि उनकी लघु,

मध्यमावधि और दीर्घावधि की प्रस्तुतियां बना ली जाएँ ताकि मांग के आधार पर उनके प्रदर्शन करवाए जा सकें।

- रुचिपरकता और बोधगम्यता पारम्परिक कलाओं की स्वीकार्यता सुनिश्चित करने हेतु आवश्यक हैं। कला रसिकों के लिए अनुवाद और अर्थ प्रकाशन (interpretation) की व्यवस्था भी होनी चाहिए।
- पारम्परिक कलाओ को न केवल समकालीन स्वरुप और कलेवर प्रदान करने की आवश्यकता है अपितु उन्हें समसामयिक मुद्दों से जोड़ने की भी आवश्यकता है।
- यह भी ध्यान रखना चाहिए कि ग्राह्यता सुनिश्चित करने के प्रक्रिया में लोक कलाओं का मूल स्वरुप विकृत न हो जाये।
- मुख्यतः दो कारणों से दुनियां भर में लोक कलाकार अपनी कला विधा का त्याग कर रहे हैं: मनोरंजन के आधुनिक साधनों की उपलब्धता की वजह से जीविकोपार्जन कठिन हो गया है और साथ ही कलाकारों को किसी ऐसे समुदाय विशेष (जाति/जनजाति) से सम्बद्ध होने की वजह से हीन भावना रही है जो सामाजिक पदानुक्रम में तथाकथित रुप से निम्नवर्गीय माने जाते रहे हैं। इस से यह स्पष्ट है कि लोकसंस्कृति के विविध रुपों के संरक्षण के यह आवश्यक है कि उन्हें रोज़गार से जोड़ा जाये और कलाकारों को एक सम्मानजनक मानदेय मिलता रहे। साथ ही उन्हें स्थानीय, राष्ट्रीय और अंतर्राष्ट्रीय मंचों पर सम्मानित किया जाये और उन्हें सामाजिक समकक्षता दी जाये ताकि किसी समुदाय या कला-विशेष से जुड़े होने की वजह से उनके भीतर जो हीन भावना भरी उस से वे मुक्ति पा सकें और द्विगुणित उत्साह के साथ अपने कला को संजोने और सजाने में लग सकें।
- संरक्षण के लिए बहुआयामी विधियों का प्रयोग आवश्यक है जिसमे शामिल है- पुस्तक, मल्टीमीडिया प्रलेखीकरण, दस्तावेजीकरण, प्रस्तुति, प्रकाशन, जागरुकता कार्यशालाएं,

विद्यालयों-महाविद्यालयों में प्रशिक्षण इत्यादि। केवल एक या दो रणनीतियां अपर्याप्त होंगी।

- डिजिटल तकनीकों का प्रयोग संस्कृति के विभिन्न रूपों के संरक्षण में गेम चेंजर सिद्ध हो रहा है। यह आवश्यक है कि संस्कृति कर्मी भी अपने आपको इन तकनीकों में शिक्षित करें।
- संस्कृति संरक्षण से जुड़े सरकारी और गैर सरकरी संस्थाओं, व्यक्तियों, अनुदान दाताओं, विद्यार्थियों, पाठकों, प्रकाशकों, तकनीकविदों से संपर्क रखते हुए इनका सम्यक लाभ उठाना अत्यंत लाभप्रद होगा।

संस्तुतियाँ: पाठकों एवं शोध कर्ताओं के लिए

- विगत कुछ वर्षों से प्रदर्शन कला विभागों द्वारा लोक कलाओं के संरक्षण,दस्तवेजीकरण के लिए कई पुस्तक प्रकल्प संपन्न हुए हैं और कई अभी भी चल रहे हैं किन्तु संस्कृति कर्मियों, सांस्कृतिक संस्थाओं और उनके द्वारा दिए गए योगदान पर उतना काम नहीं हुआ जितना अपेक्षित है। यह ध्यातव्य है कि हमारे देश और हमारे राज्य में कई व्यक्तियों और संस्थाओं ने संस्कृति के विविध रूपों के संरक्षण में अपना सम्पूर्ण जीवन समर्पित कर दिया है किन्तु उनके प्रयास या तो अव्यवस्थित रह गए हैं या उनके प्रयासों का दस्तावेजीकरण नहीं हुआ जिस से इस क्षेत्र में उनके द्वारा किए गए कार्य के नष्ट हो जाने का खतरा हो गया है। इन संस्कृतकर्मियों का व्यक्तित्व और कृतित्व तथा सांस्कृतिक संस्थाओं द्वारा दिए गए अवदान पुस्तक की उर्वर भूमि सिद्ध हो सकते हैं।
- उपयुक्त विवेच्य व्यक्तियों के चयन के कई स्रोत संभव हैं। लोक कलाकार ,भाषा -संस्कृति विभाग के अधिकारी, सांस्कृतिक पत्र -पत्रिकाओं के संपादक। एक ज्ञात संस्कृतिकर्मी और संस्था भी अन्य व्यक्तियों और संस्थाओं के

बारे में बता सकते हैं जिसे पुस्तक की भाषा में स्नोबॉल सैंपलिंग कहते हैं।

- व्यक्ति-विशेष पर अध्ययन बिना उनकी अनुमति और सहयोग के संभव नहीं है। पुस्तक प्रस्ताव प्रस्तुत करने के पूर्वे विवेच्य व्यक्ति का औपचारिक सहमति अवश्य प्राप्त कर लें उसके बाद ही कार्य आरम्भ करना चाहिए।
- यह संभव है कि व्यक्ति विशेष के कृतित्व और अवदान के कुछ अंशों का उचित दस्तावेजीकरण अन्य पाठकों द्वारा हो चुका हो। उन पक्षों को अपने पुस्तक उद्देश्यों की सूची में नहीं शामिल करना चाहिए। यह आवश्यक है कि पुस्तक उद्देश्य वही हों जिन पर पहले से कोई पुस्तक नहीं हुआ हो।
- पुस्तक प्रविधि बहु आयामी होनी चाहिए। उपलब्ध दस्तावेजों के अवलोकन और साक्षात्कार के अलावा समूह परिचर्चा जैसी विधियों का भी प्रयोग होना चाहिए।
- विवेच्य व्यक्ति और संस्थान से जुड़े व्यक्ति सूचना और अंतर्दृष्टियों के प्रमुख स्रोत हो सकते हैं। यह ध्यान रखना चाहिए की पुस्तक प्रक्रिया में हर श्रेणी के लोग शामिल किए जाएं जिसमें सहकर्मी, प्रशंसक, आलोचक , पाठक, लक्ष्य समूह, समुदाय के लोग हो सकते हैं।
- इस तरह के पुस्तक स्वभावतः विवरणपरक होते हैं किन्तु लेखक को विश्लेषण पर भी ध्यान देना चाहिए ताकि निष्कर्ष निकालना सरल और उपयोगी हो सके।

भविष्य के लोक संस्कृति कर्मियों, लोक कलाकारों, लोक साहित्यकारों तथा पाठकों को डॉ. गौतम शर्मा 'व्यथित' के सम्पूर्ण जीवन से प्रेरणा लेकर लोक संस्कृति के क्षेत्र में कार्य कर उसे संग्रहीत, संकलित, संरक्षित तथा संवर्धित करने का संकल्प लेना चाहिए। लेखक का मानना है कि व्यवस्थाओं तथा सरकारों को डॉ. गौतम शर्मा 'व्यथित' जैसे विद्वान मनीषियों, चिंतकों

तथा लोक कलाओं तथा लोक संस्कृति का संरक्षण तथा संवर्धित करने वाले व्यक्तियों का सम्मान होना चाहिए जो स्वछंद तथा निःस्वार्थ भाव से समाज कल्याण के लिए अपना कार्य अनवरत करते रहते हैं।

अंत में लेखन की सीमाओं में रहते उसकी व्यापकता, अन्नतता तथा असीम संभावनाओं को स्वीकार करता हुआ लेखक लोक संस्कृति तथा संस्कृति कर्मी पर आधारित इस कार्य को भविष्य के विश्लेषकों, समीक्षकों, आलोचकों तथा पाठकों के लिए लेखन समुद्र में गोते लगाने तथा ज्ञान रुपी मोती खोजने के लिए उनके विवेक पर विनम्र भाव से खुला छोड़ते हुए विदा लेता है।

खोजत-खोजत ना मिले, खोजत सब संसारा,
राग-रंग, ज्ञान-ध्यान, हरि कथा परम् आपारा।

परिशिष्ट

डॉ. गौतम व्यथित की जीवन यात्रा तथा उपलब्धियों के कुछ छाया-चित्र

राष्ट्रपति सम्मान के दौरान डॉ. गौतम 'व्यथित' भारत के पूर्व राष्ट्रपति ज्ञानी ज़ैल सिंह तथा अपनी पत्नी स्वर्णलता, डॉ. चंद्रशेखर तथा उनकी पत्नी देव लता के साथ (वर्ष 1986)

डॉ. 'व्यथित' बौद्ध धर्म गुरु महामहिम दलाई लामा के साथ

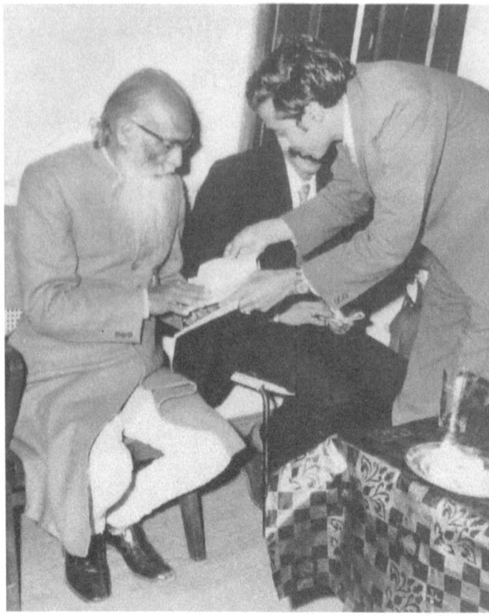

डॉ. 'व्यथित' हिमाचल प्रदेश के शिक्षा तथा संस्कृति मंत्री श्री लाल चंद प्रार्थी के साथ (वर्ष 1977)

डॉ. 'व्यथित' हिमाचल प्रदेश के पूर्व मुख्यमंत्री वीरभद्र सिंह के साथ

डॉ. गौतम 'व्यथित' हिमाचल प्रदेश के पूर्व मुख्यमंत्री श्री शांता कुमार के साथ

हिमाचल प्रदेश के पूर्व मुख्यमंत्री प्रो. प्रेम कुमार धूमल, डॉ. गौतम 'व्यथित' को सम्मानित करते हुए

पहाड़ी गांधी बाबा कांशीराम की जन्मस्थली गांव डाडासीबा में हिमाचल भाषा,कला संस्कृति अकादमी के प्रथम साहित्य पुरस्कार वितरण समारोह 1977 में पूर्व मुख्यमंत्री राजा वीरभद्र सिंह से लोक कथा संग्रह 'कागज़ का हंस' के लिए अकादमी का प्रथम पुरस्कार ग्रहण करते डॉ. गौतम शर्मा व्यथित।

'अपना उत्सव' 1988 के समापन पर प्रदेश के महामहिम राज्यपाल माननीय आर.के.एस. गांधी डॉ.गौतम शर्मा 'व्यथित' को सम्मान पत्र भेंट करते। साथ हैं निदेशक भाषा श्री श्रीनिवास जोशी और निदेशक मैडम उत्तर क्षेत्रीय सांस्कृतिक केन्द्र पटियाला।

पूर्व शिक्षा मंत्री सागर चन्द नैयर से सम्मान प्राप्त करते डॉ.व्यथित।

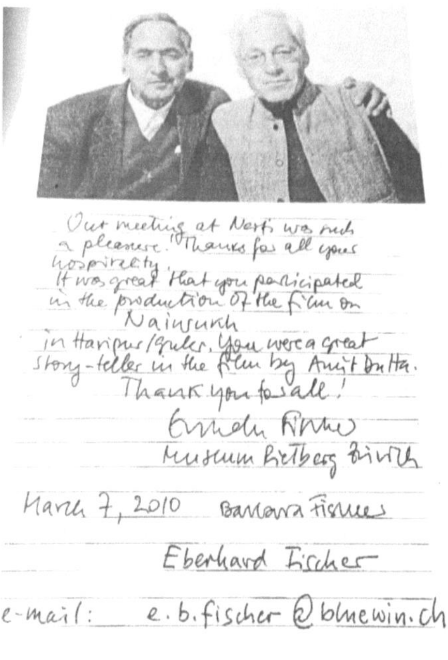

Our meeting at Nerti was such a pleasure. Thanks for all your hospitality.
It was great that you participated in the production of the film on Nainsukh in Haripur/Guler. You were a great story-teller in the film by Amit Dutta.
Thank you for all!
Eberhard Fischer
Museum Rietberg Zürich
March 7, 2010 Barbara Fischer
Eberhard Fischer
e-mail: e.b.fischer@bluewin.ch

प्रसिद्ध आर्ट फ़िल्म निर्देशक डॉ. एवरहार्ड फ़िशर के साथ डॉ. 'व्यथित' (2010)

डॉ.व्यथित को हिमाचली भाषा तथा लोक संस्कृति के संरक्षण एवं संवर्धन के लिए सराहनीय योगदान हेतु माननीय मुख्यमंत्री श्री जयराम ठाकुर 15 अप्रैल, 2022 को 'हिमाचल गौरव पुरस्कार' प्रदान करते हुए।

हिमाचल प्रदेश केन्द्रीय विश्वविद्यालय के उपकुलपति प्रो.सत्य प्रकाश बंसल डॉ. गौतम शर्मा 'व्यथित' की नव प्रकाशित पुस्तक 'विपाशा का गांव' का विमोचन करते हुए।

जम्मू कश्मीर के पूर्व मुख्य मंत्री डॉ. फ़ारुख अब्दुल्ला से सम्मान प्राप्त करते हुए

8वें विश्व हिंदी सम्मेलन में डॉ. गौतम शर्मा 'व्यथित', वरिष्ठ साहित्यकार डॉ. प्रत्यूष गुलेरी के साथ (न्यूयार्क, अमेरिका)

डॉ. शर्मा भाषा सम्मान (2007) प्राप्त करते हुए

राजमंदिर परिसर नेरटी कांगड़ा मे आयोजितशिवालिक सांस्कृतिक धरोहर संबंधी सेमिनार में डॉ. कर्म सिंह सचिव हि,प्र. अकादमी, श्री तोवदन साहित्यकार ,डॉ.ओ.सी.हांडा पूर्व निदेशक भाषा विभाग,श्री सुदर्शन वशिष्ठ पूर्व सचिव हि.प्र.अकादमी,डॉ. गौतम शर्मा व्यथित, श्रीमति व्यथित स्वर्णलता शर्मा

गुरु नानक देव विश्वविद्यालय अमृतसर के हिन्दी विभाग से प्रथम पीएचडी की उपाधि प्राप्त करने के अवसर पर डॉ.व्यथित (दिनांक 2 मार्च, 1974)

डॉ. व्यथित प्रदेश के पूर्व भारतीय प्रशासनिक अधिकारी पी सी डोगरा, पूर्व मुख्य सचिव महाराज कृष्ण काव एवं पूर्व शिक्षा निदेशक डॉ. आत्माराम के साथ

कांगड़ा चित्रकला के चित्रकार ओम प्रकाश टाक ,श्री कमल हमीरपुरी सहायक लोकसंपर्क अधिकारी ,श्री नेक चंद संस्थापक राकगार्डन चंडीगढ़,डॉ. गौतम शर्मा व्यथित, जी.ए.श्री चंबयाल।

मुख्यमंत्री प्रो प्रेम कुमार धूमल तथा मंत्री सरवीण चौधरी के साथ डॉ. व्यथित

भारतीय प्रशासनिक अधिकारी एवं पूर्व मुख्य श्रीकांत बाल्दी तथा डॉ. प्रेम भारद्वाज के साथ

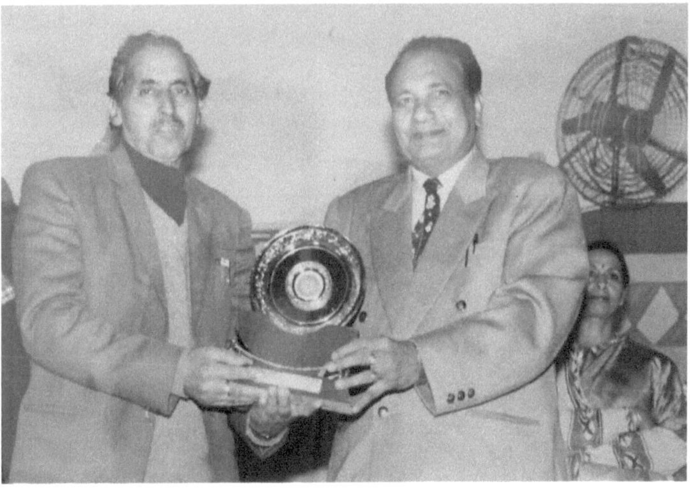

भा. प्र. से. अधिकारी एवं साहित्यकार देवराज शर्मा के साथ

पुस्तक लेखन के दौरान डॉ. गौतम 'व्यथित' तथा डॉ. सुरेश शर्मा के विभिन्न अवसरों के छायाचित्र

गौतम शर्मा व्यथित

डॉ. 'व्यथित' को सांस्कृतिक धरोहर के संरक्षण एवं संवर्धन के लिए विभिन्न संस्थाओं द्वारा प्रदत्त प्रशस्ति पत्र

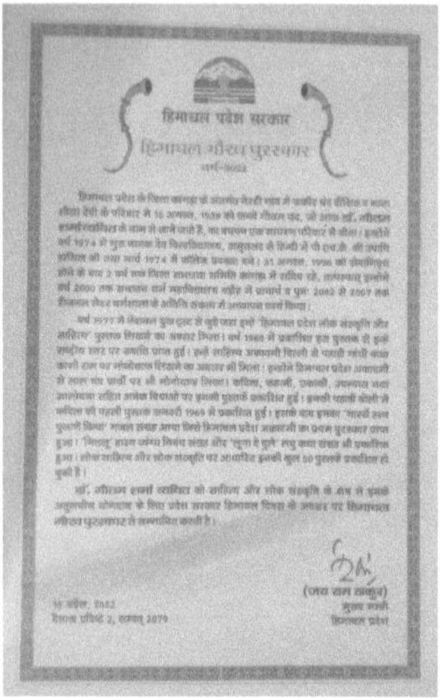

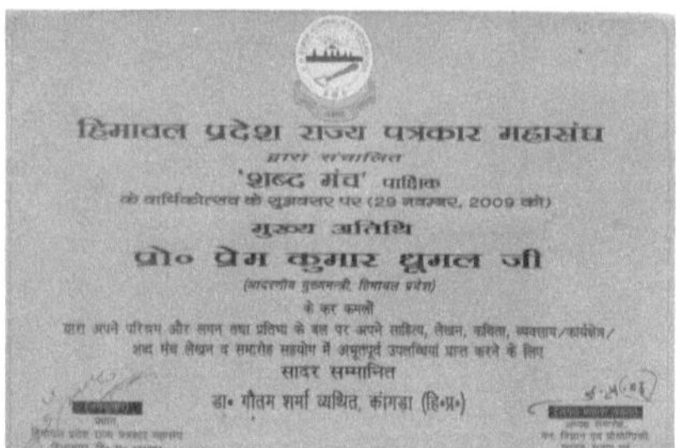

डॉ. 'व्यथित' द्वारा रचित हिमाचली लोक नाट्य परम्परा 'भगत' की विभिन्न पुस्तकें

डॉ. गौतम शर्मा व्यथित द्वारा कांगडी लोक विधाओं का दस्तावेजीकरण

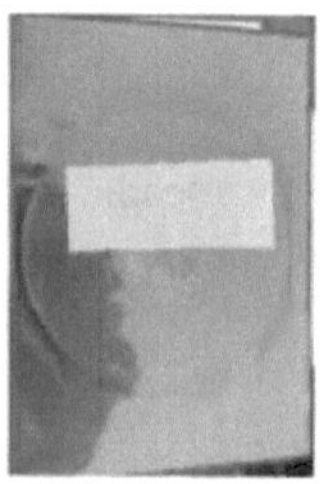

डा० व्यथित द्वारा लोक संगीत सम्बन्धी लिखित पुस्तकों के मुख पृष्ठ (छायाचित्र)

The Sunday Tribune

SPECTRUM

ARTS PAGE 3

BOOKS PAGE 4

CHANDIGARH | 12 JANUARY 2025

A painting, a temple, and a father-son duo — the knowledge-bearers of Nerti

HEART OF THE VILLAGE

Dr Gautam Sharma Vyathit (seated) and his son, Durgesh Nandan

प्रसिद्ध अंग्रेज़ी समाचार पत्र ' द ट्रिब्यून' में इतिहासकार, कलाकार एवं सांस्कृतिक आलोचक सिद्धार्थ पाण्डेय का डॉ.गौतम शर्मा एवं उनके कार्य पर विस्तृत लेख-12 जनवरी,2025

झमाकड़ा के ऐतिहासिक पचास वर्ष एवं प्रथम दल की नर्तकियों का सम्मान

कांगड़ा लोक साहित्य परिषद् ने वर्ष 1974 से त्रिगर्त संस्कृति संरक्षण-प्रसारण संबंधी गतिविधियों का प्रयास किया था।

20 जनवरी,2025 को कांगड़ा लोक साहित्य परिषद् के पचासवें वार्षिक स्वर्ण जयंती समारोह के अवसर पर कांगड़ा जनपदीय महिला लोकनृत्य झमाकड़ा दल की प्रथम आदर्श प्रचारक दल की महिलाओं को विशेष समारोह में सम्मानित किया गया। इस अवसर पर समारोह के मुख्य अतिथि हिमाचली मीडिया दिव्य हिमाचल के मुख्य संपादक अनिल सोनी ने इस पचास वर्षीय नृत्य की शानदार यात्रा को ऐतिहासिक बताया। चित्र में ऐतिहासिक राजमंदिर परिसर नेरटी के मंच पर अनिल सोनी के साथ झमाकड़ा नृत्य के संरक्षक एवं संवर्धक डॉ. गौतम शर्मा 'व्यथित' एवं उनकी धर्मपत्नी स्वर्ण लता शर्मा, डॉ.मीनाक्षी दत्ता, पूर्व प्रशासनिक अधिकारी प्रभात शर्मा एवं लोक साहित्यकार रमेश मस्ताना।

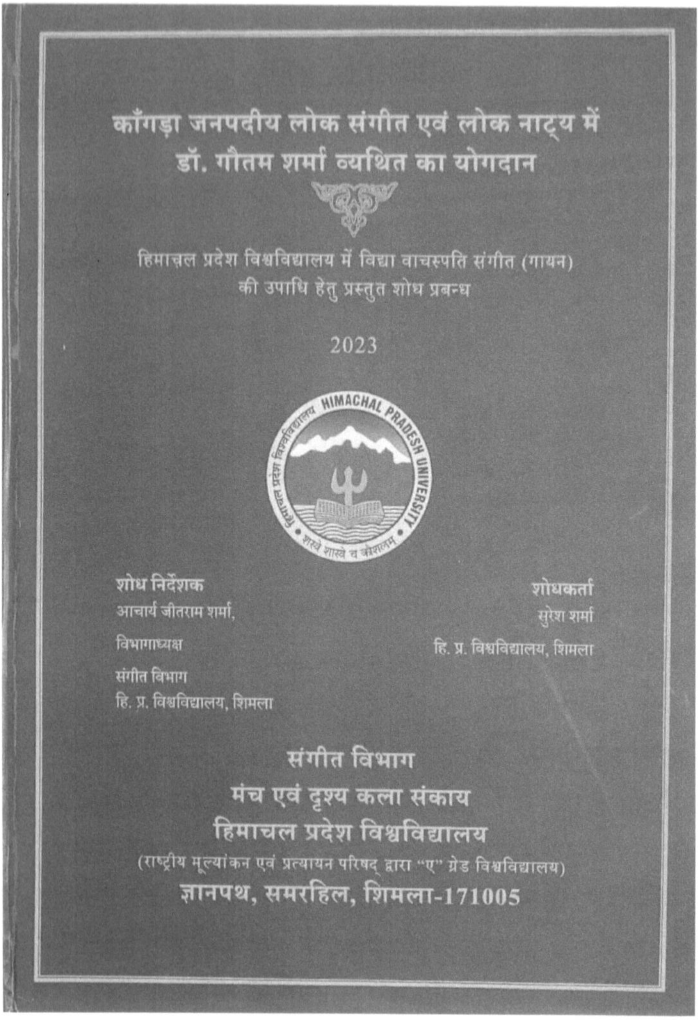

काँगड़ा जनपदीय लोक संगीत एवं लोक नाट्य में
डॉ. गौतम शर्मा व्यथित का योगदान

हिमाचल प्रदेश विश्वविद्यालय में विद्या वाचस्पति संगीत (गायन)
की उपाधि हेतु प्रस्तुत शोध प्रबन्ध

2023

शोध निर्देशक
आचार्य जीतराम शर्मा,
विभागाध्यक्ष
संगीत विभाग
हि. प्र. विश्वविद्यालय, शिमला

शोधकर्ता
सुरेश शर्मा
हि. प्र. विश्वविद्यालय, शिमला

संगीत विभाग
मंच एवं दृश्य कला संकाय
हिमाचल प्रदेश विश्वविद्यालय
(राष्ट्रीय मूल्यांकन एवं प्रत्यायन परिषद् द्वारा "ए" ग्रेड विश्वविद्यालय)
ज्ञानपथ, समरहिल, शिमला-171005

डॉ. गौतम शर्मा व्यथित के लोक संगीत तथा लोक नाट्य में योगदान पर पुस्तक के लेखक डॉ. सुरेश शर्मा द्वारा पीएचडी की उपाधि के लिए प्रस्तुत शोध प्रबन्ध

संदर्भ ग्रन्थ सूची

- अग्रवाल, राम नारायण, संगीत एक लोक नाट्य परम्परा
- अभिजायत्य संस्कृति के परिपेक्ष्य में लोक संस्कृति जनवरी 1985
- आनन्द, केशव, हिमाचल का लोक संगीत
- उपाध्याय, डॉ. कृष्ण देव, लोक साहित्य वर्ण भूमिका
- उपाध्याय, कृष्ण देव, लोक संस्कृति की भूमिका
- उपाध्याय, डॉ. कृष्ण देव, लोक संस्कृति की रुपरेखा निर्मल पब्लिकेशनस कबीर नगर दिल्ली 2003
- ओहरी, विश्व चन्द्र, पहाड़ी चित्र कला का जन्म और विकास हिमाचल प्रदेश राज्य संग्रहालय शिमला
- कपूर, डॉ. बी. एल., हिमाचल इतिहास और परम्परा, जय श्री प्रकाशन, नई दिल्ली
- गोस्वामी तुलसीदास, राम चरित मानस काशी पुस्तकालय मुम्बई 1988
- चतुर्वेदी, परशुराम, हिन्दी साहित्य का वृहद् इतिहास
- चातक, डॉ. गोविन्द, गढ़वाली लोकसंगीत
- जस्टा, हरि राम, हिमाचल की लोक संस्कृति
- ठाकुर, डॉ. कोश पाल, करसोग तथा चच्योट क्षेत्र के लोकगीतों का सांगीतिक एवं विश्लेषणात्मक अध्ययन
- डॉ. सत्येन्द्र, व्रज लोक साहित्य का अध्ययन
- डॉ. सत्येन्द्र मध्य युगीन हिन्दी साहित्य का लोक तात्विक अध्ययन
- डॉ. देवराज, आधुनिक समीक्षा
- डॉ. सत्येन्द्र, व्रत लोक साहित्य का अध्ययन
- दत्ता, डॉ. मीनाक्षी, मध्यकालीन कृष्ण काव्य के परिप्रेक्ष्य में हिमाचली लोक गीतों का अनुशीलन पंकज पुस्तक प्रकाशन उत्तर प्रदेश
- द्विवेदी, हजारी प्रसाद, लोक साहित्य का अध्ययन
- परमार, डॉ. श्याम, मालवीय लोक साहित्य
- प्रसाद, कालिका, वृहत हिन्दी कोष
- पाण्डेय, राम शुक्ल, साहित्य परिचय

- मिथिला, मोहनानन्द झा, सांस्कृतिक परम्परा में लोकगीत
- मिश्रा, भागीरथ, डॉ. पी ललिताम्ब, व्यक्तित्व एवं कृतित्व
- राठौर मोहन, हिमाचल प्रदेश के लोकगीत: हिमाचल प्रदेश कला संस्कृति भाषा अकादमी
- रमण, तुलसी, पहाड़ी रियासतों का प्रादुर्भाव, मियां गोवर्धन सिंह भाषा संस्कृति विभाग 1982
- वासु, नागेन्द्र, हिन्दी विश्वकोष बीसवाँ संस्करण
- सिंह, रंधावा महेन्द्र, कांगड़ा (कला देश और गीत) साहित्य अकादमी प्रथम संस्करण, 1970
- सिंह, आर पी एन, कांगड़ा गजेटियर तथा महाराज संसार चन्द
- साथी, हीरा सिंह, लोकधारा
- सत्यार्थी, डॉ. देवेन्द्र, धरती गाती है
- सिंह, हीरा मणी, लोकधारा
- सोगवान, डॉ. गुणपाल, हरियान्वी लोकगीतों का सांस्कृतिक अध्ययन
- स्वामी प्रज्ञानानन्द, हिस्टोरीकल डिवेलपमेंट आफ इंडियन म्यूजिक 1973
- शंकर, गौरी भट्ट, भारतीय संस्कृति
- शांडिल, डॉ. राम स्वरूप, हिमाचल प्रदेश के लोक संगीत की परम्परा
- शर्मा, देव राज, हिमाचल प्रदेश का अतीत एवं भविष्य, किरण बुकडिपो, बिलासपुर 1975
- शर्मा, डॉ. गौतम 'व्यथित', हिमाचल की लोक नाट्य परम्परा शीला नेरटी
- शर्मा, डॉ. श्री राम, लोक साहित्य सिद्धान्त और प्रयोग, विनोद पुस्तक मन्दिर आगरा, 1973
- शर्मा, डॉ. गौतम 'व्यथित', ढोलरू चैती शीला प्रकाशन नेरटी
- शर्मा, डॉ. श्रीराम, लोक साहित्य: स्वरुप एवं मूल्यांकन
- शर्मा, डॉ. गौतम 'व्यथित', हिमाचल प्रदेश के लोकगीत, राष्ट्रीय पुस्तक न्यास 2013
- शर्मा, श्री राम, लोक साहित्य स्वरूप और मूल्यांकन
- शर्मा, डॉ. मदन लाल, राजस्थानी गीतों का मध्यपन
- शर्मा, डॉ. यादवेन्द्र, हिमाचल प्रदेश के मण्डी एवं बिलासपुर जिले के लोकगीतों का सांगीतिक पक्ष

- शर्मा, डॉ. लबली, राजस्थानी लोकगीतों की शास्त्रीयता
- शर्मा, डॉ. गौतम 'व्यथित', झूमें धरती गाए लोक, शीला प्रकाशन नेरटी
- शर्मा, डॉ. गौतम 'व्यथित', कांगड़ा जनपदीय छिंझोटी एवं पक्खड़ू गायन परियोजना, संगीत नाटक अकादमी नई दिल्ली, 2012
- शर्मा, डॉ. गौतम 'व्यथित', कांगड़ा जनपदीय गुग्गा गाथा गायन परियोजना संगीत नाटक अकादमी 2017
- शर्मा, कृष्ण चन्द्र, लोक साहित्य की रुपरेखा, मेरा विश्वविद्यालय, 1983
- शर्मा, डॉ. गौतम 'व्यथित', हिमाचली परम्परा शील लोकनाट्य: भगत कथ्य एवं शिल्प, जनचेतना शिक्षण संस्थान गाजियाबाद
- शर्मा, डॉ. गौतम 'व्यथित', हिमाचल की लोक नाट्य परम्परा, शीला प्रकाशन, राजमंदिर नेरटी, कांगड़ा
- शर्मा, डॉ. गौतम 'व्यथित', समै रा सच्च, शीला प्रकाशन, राजमंदिर नेरटी
- शर्मा, डॉ. गौतम 'व्यथित', हिमाचली ग्रामीण रंगमंच यात्रा, राजभाषा प्रकाशन शहादरा दिल्ली
- शर्मा, डॉ. गौतम 'व्यथित', कांगड़ा चम्बा जनपदों में ढोलरु गायन परम्परा 2019 शीला प्रकाशन नेरटी
- शर्मा, डॉ. गौतम 'व्यथित', हिमाचली लोक काव्य, शीला प्रकाशन नेरटी
- शर्मा, डॉ. गौतम 'व्यथित', धर्मवीर: पंजाब का इतिहास
- शर्मा, डॉ. गौतम 'व्यथित', कांगड़ा के लोकगीत: साहित्यिक विश्लेषण एवं मूल्यांकन जयश्री प्रकाशन शहादरा नई दिल्ली
- श्रीवास्तव, मुकन्दी लाल, ज्ञान शब्द कोष
- श्रीवास्तव, डॉ. पूर्णिमा, लोकगीतों में समाज
- ज्ञानी, शिव दत्त, भारतीय संस्कृति राजकमल प्रकाशन 1944 मध्यकालीन युगीन हिन्दी साहित्य का लोक तन्वित अध्ययन
- श्री मदभगवत गीता, गीता प्रेस गोरखपुर
- प्रकाशन लेखकों द्वारा संचालित - हिमाचल के साथ-साथ प्रकाशक
- कांगड़ा के लोक गीत: कटोच वंशीय उपलब्ध पुरानी एतिहासिक खंडित पुस्तिका के आधार पर
- जिला ग्जेटियर, कांगड़ा पंजाब सरकार, 1926
- सस्ता साहित्य मण्डल, हिन्दुओं के व्रत और त्योहार नई दिल्ली, 1995

- कांगड़ा इतिहास संस्कृति और विकास जयश्री प्रकाशन नई दिल्ली, 1984
- हिमाचल इतिहास और संस्कृति वैंग्लो रोड नई दिल्ली, 1986
- हचिंसन जे एवं बोगल, हिस्ट्री आफ पंजाब हिल स्टेट्स, भाषा विभाग हिमाचल प्रदेश 1982 (रिप्रिंट)
- मानक हिन्दी कोष प्रयाग 1965
- द मैकमिलन 1959 इनसाइक्लोपीडिया आफ सोशल सांइसिस न्यूयार्क आक्सफोर्ड डिक्शनरी, यूनिवर्सिटी प्रैस 1963
- कात्यायन, सामगान: उद्भव एवं सामान्य व्यवहार वैदिक साहित्य प्रकाशन होशियारपुर 1996
- सीता दमयन्ति लीला, धूलि धूसरित मणियां 1954

अंग्रेज़ी संस्करण

- History and culture of Himalayan slides
- Imperial Gazetia of India 1181
- Census of India
- Flunkener, Baldian, Cindaley and M C Hecht 2006
- Layers of meaning: An Analysis of definition culture
- G P Ferroco, The cultural dimensions of international leusiness

WKRISHIND
Nature's Creation

WKRISHIND
Nature's Creation

wkrishind.in
Instagram @wkrishind
9999568276
Email: contact@wkrishind.in

www.ingramcontent.com/pod-product-compliance
Lightning Source LLC
La Vergne TN
LVHW040015051026
849525LV00003B/855